O JEITO BENCH DE SER PROPAGANDISTA

O inusitado método que tem feito com que pessoas comuns sejam contratadas como representantes pelos melhores laboratórios da indústria farmacêutica.

Celso Dias - CEO na BenchMarking Treinamentos

A Deus, que está por trás de tudo que acontece na minha vida.

À minha mãe, Maria Ádria, a mulher mais fantástica do mundo – e não são somente seus filhos que pensam assim.

Ao meu pai, o Celso Dias original, que é também o pai da paciência.

À Nair, que sempre cuidou de mim.

À minha querida esposa Samira Dias, que esteve comigo nos momentos mais difíceis e nos mais alegres.

Aos meus queridos filhos, Samuel, Davi e Mateus, fontes de muita alegra e orgulho.

E à toda a minha Família. E, para aqueles que acham que ela é grande, o que pensariam se conhecessem nossos alunos?

ÍNDICE

Página do título
Dedicatória
Introdução
1. Por que minha história pode te ajudar   5
2. Como é que posso dizer que sonho com algo que mal conheço?   8
3. Treinando sem saber   11
4. O jeito Bench de se tomar decisões   17
5. Como defino a profissão propagandista   25
6. Uma nova espécie de profissionais na indústria farmacêutica   32
7. O que significa ser Bench?   35
PARTE 1: "Me fale sobre você"
Etapa 1: Quem é você?   38
8. Comece por seus valores   40
9. Entrando em harmonia com seus valores   44
10. Descubra seus valores Fundamentais   53
11. Um universo de possibilidades   55
12. Honrando a sua história   62
Etapa 2: O que você não é   67
13. Você não é um fracassado.   70

14. Você não é um coitado	75
15. Você não é pior do que ninguém	78
16. Como conseguir a coragem necessária para falar em público	83
Etapa 3: Quem você pode se tornar	88
17. O Jeito Bench de aprender	91
18. Comece agora a aprender diferente	99
19. As duas faces da mesma moeda	104
20. Seu nome é a sua marca	107
21. O Jeito Bench de fazer networking	111
22. A Síndrome da Garota Mais Linda da Balada	114
23. Potência combina com direção	118
24. Você não é melhor do que ninguém	123
Etapa 4: Storytelling	126
PARTE 2: "Por que você?"	
Etapa 1: O agora	133
25. Defina seu baseline	134
26. O presente exige presença.	137
27. A presença muda a sua realidade	146
28. O Jeito Bench de gerir seu tempo e energia	150
29. Acionando seu hiperfoco	163
Etapa 2: O Ambiente	167
30. Pensando estrategicamente	168
31. O que é estratégia e qual sua importância	171
32. O agir tático	174
33. Não tire os olhos do retorno	179
Etapa 3: Você no aqui e no agora	186
34. Resgatando a sua criatividade	187

35. Por que você deveria entender de inbound marketing	193
36. A ousadia de pensar grande e a coragem de começar pequeno	200
37. A maldição do conhecimento e o complexo do tablet	204
Etapa 4: Storytelling	208
PARTE 3: "Por que a indústria farmacêutica?"	
Etapa 1: O destino	212
38. Para onde apontam as transformações na indústria farmacêutica	215
39. A indústria farmacêutica no Brasil	221
40. A carreira de propagandista no Brasil	225
Etapa 2: A rota	231
41. Assimilando a lógica da incerteza	233
42. Modele: Faça benchmarking	236
43. O propagandista do futuro	239
44. A SUA mensagem mínima: você precisa de um pitch.	247
Etapa 3: O caminho	251
45. Vendas: Arte, Ciência e Estatística	254
45.1 O Mito do Talento	255
45.2 Todo mundo vende	259
45.3 Ressignificando o Vendedor	263
45.4 Um ex-UFC e Estilos de vendas	266
45.5 Ganhar a venda ou o cliente?	271
45.6 Técnicas de Vendas	278
46. Vendas como Ciência	284
46.1 Desenvolvendo seu potencial analítico	287
47. Vendas como Estatística	290

48. Transformando crises em grandes oportunidades	295
49. "Vamos descascar"	302
50. Qual o maior diferencial do seu produto?	307
51. Negocie!	310
52. Alcançando a velocidade de escape	314
53. Não existe nada mais importante do que acreditar	317
Etapa 4: Storytelling	326
Agradecimentos	329
Sobre o autor	331
Conheça também	333

INTRODUÇÃO

*A forma como decidi
escrever este livro*

Decidi escrever este livro com o objetivo de ser uma grande coletânea de histórias com profundas reflexões sobre a profissão propagandista e a indústria farmacêutica, organizadas de uma forma lógica, de tal maneira que possam contribuir tanto com quem não me conhece, não conhece a indústria farmacêutica, conhece pouco a profissão propagandista, e até mesmo para quem já fez o curso da BenchMarking, assim como para quem já atua no setor, seja como propagandista ou até mesmo na posição de gestor.

É uma tarefa ousada, admito, buscar falar com um público tão distinto, e isto só foi possível pelo fato de a obra lançar um novo olhar para esta antiga, mas em transformação, profissão, a qual consegue ser, ao mesmo tempo, apaixonante e desafiadora. Na verdade, o objetivo aqui vai além disto: no fundo, este livro tem a ver comigo, com você, com o ser humano que atua direta ou indiretamente em busca da saúde, ou de levá-la para as outras pessoas.

Em alguns momentos você irá se reconhecer em minhas palavras, em outros você se sentirá desafiado a se tornar uma pessoa maior e melhor. Alguns capítulos estão aqui para te provocar, para te fazer refletir profundamente e olhar com outros olhos para aquilo que, de alguma forma, já te despertava certa atenção, mas que talvez não parou para enxergar com mais profundidade.

E como este livro se trata de pessoas que atuam, ou buscam atuar, no mercado farmacêutico, eu escolhi organizá-lo segundo os dilemas existenciais mais fundamentais, que pairam ou já passaram pela cabeça de todo aquele que com seus pés pisou por este planeta: *De onde vim? Onde estou? E para onde vou?*

Associei estas palavras a três perguntas frequentemente feitas em entrevistas para propagandistas: "Me fale sobre você?"; "Por que você?"; "Por que a indústria farmacêutica?". Para mim, *para além do certo e errado* (vai me ver usando bastante esta expressão daqui para frente), há razões quase existenciais para tais perguntas aparecerem com tanta frequência em processos seletivos. Se você é gestor, talvez já as tenha usado, mas pode ser que nunca parou para pensar mais profundamente no porquê. Se é propagandista, certamente já precisou respondê-las algumas vezes, quem sabe até para familiares, quando insistem em te perguntar: "Mas o que você faz mesmo?" Se pretende atuar no setor, se prepare para ouvir perguntas assim e encontrar muita dificuldade em respondê-las!

Nestes três momentos existenciais distintos, que neste livro chamaremos de "Partes", selecionei uma sequência de conteúdos, histórias, conceitos para que entenda perfeitamente o que considero ser *o jeito Bench de ser propagandista*. Eu realmente acredito que é algo profundamente diferente, como um remédio para uma dor que a indústria sente hoje, mas que não é capaz de se curar sozinha. Como um organismo que luta contra uma infecção, mas que necessita de agentes "externos" - a ação de um medicamento - para solucionar o problema. E você, caro leitor, poderá nas próximas páginas compreender este conceito. E, se desejar, se tornar também um *Bench* da indústria farmacêutica, aplicando em sua vida o que lerá neste livro.

Aliás, devo lhe dizer que sou apaixonado pela prática, que é quando começamos a ver mudanças reais em nossa vida. Por isso, fiz questão de preencher as páginas deste livro com muitos desafios para você poder aplicar dentro da sua realidade hoje, independentemente de qual ela seja. Afinal, quem disse que para ser propagandista você precisa ser contratado? O que quer? Ser contratado, uma promoção, melhorar seus resultados, ser líder? Que tal começar a agir como o que quer hoje para conquistar tal posição amanhã? Vou te mostrar como isto é completamente possível. Na realidade, é a forma mais inteligente de se alcançar a excelência no que se faz.

Quero, de antemão, fazer um trato com você. Não se deixe levar pela pressa de finalizar esta leitura, pela vaidade de dizer que leu mais um livro inteiro (isto é comum e até natural). Quero te pedir para apreciar cada capítulo, buscando aplicar o que exponho a você dentro da sua realidade, mantendo o foco na transformação da sua vida a partir desta leitura. O que quero dizer é que este livro não lhe entregará valor apenas ao final. Cada parte, cada capítulo, na realidade, foi cuidadosamente pensado para já fazer isso por você. É claro que desejo que o leia todo, mas, mais do que isso, desejo que ele impacte profundamente a sua realidade e estou convicto de que é isto que acontecerá.

Por fim quero lhe dizer que, com a repercussão do sucesso de nosso método, existem grandes chances de você saber que possuímos um curso completo - ou até mesmo de já ser nosso aluno. Nosso curso tem o foco em desenvolver profissionais de acordo com as competências necessárias para se destacarem na profissão.

Um livro não é um curso. Um curso não é um livro. Por esta razão, você encontrará coisas aqui que não estão no curso da BenchMarking Treinamentos e vice-e-versa, o que torna a leitura relevante tanto para quem já é nosso aluno quanto para quem não é. Esteja certo de que me esforcei bastante para que esta leitura pudesse lhe entregar o que promete. Na verdade, nosso objetivo é sempre superar expectativas. Algo que também desejo inspirar você a sempre fazer daqui para frente. Eu espero, de coração, que ler este livro seja tão prazeroso para você quanto foi para mim escrevê-lo.

1. POR QUE MINHA HISTÓRIA PODE TE AJUDAR

"Tudo o que é popular é errado." Oscar Wilde, *A importância de ser prudente*

"**N**ão vou perder esta chance. Vou enviar meu currículo hoje mesmo e logo em seguida vou ligar para este número, confirmando o recebimento. Este era meu pensamento ao olhar para aquele papel rasgado com o nome, e-mail e telefone de um gerente da indústria farmacêutica. Estas eram as únicas informações que eu tinha a respeito daquela pessoa. Aliás, naquele papel rasgado estava *tudo* o que eu sabia, até aquele momento, sobre a indústria farmacêutica. Eram 21 horas. Eu liguei.

- Olha aqui, Celso, este é seu nome, correto? Eu recebi sim seu currículo, mas não é assim que funciona na indústria farmacêutica, meu jovem. Primeiramente porque não tenho vaga aberta no momento. Então me diga, por favor: o que eu vou fazer com seu currículo?

Vou pedir para você congelar um pouco esta cena, caro leitor.

Antes de lhe dizer exatamente o que eu respondi, eu gostaria que você tentasse se imaginar em meu lugar naquele momento. Tente se ver recebendo uma resposta assim de um gestor que você não conhece, após acabar de atendar à sua ligação. Tente imaginar o que provavelmente sentiria. Eu vou te dar algumas alternativas:

a) Arrependimento instantâneo;
b) Vontade de sumir e desligar o telefone, fingindo que aquela ligação nunca aconteceu;
c) Vontade de chorar;
d) Certeza de que você irá se auto flagelar depois que finalizar a ligação, por ter cometido uma gafe dessas;

Eu senti tudo isso ao mesmo tempo! Mas, frações de segundos depois, eu senti uma outra coisa: vontade de virar a mesa. E então, imediatamente, me veio uma luz da resposta que deveria dar àquele educado e compreensível (só que não) gestor:

- Entendo, Pedro (nome fictício). Antes de mais nada, eu quero te pedir desculpas por isso. Jamais lhe enviaria meu currículo e ligaria em seguida se não acreditasse que existia uma vaga em aberto. Realmente, você tem toda razão ao dizer que não tem o que fazer com meu currículo. Mas já que eu estou te incomodando, me permita te incomodar um pouco mais e fazer um pedido: guarde meu currículo e quando abrir uma vaga, lembre-se de mim. Eu tenho certeza de que eu e você formaremos uma parceria vencedora. Não irá se arrepender de ter gastado estes minutos no telefone comigo. Combinado?

Eu não me lembro de ele ter respondido nada, sinceramente. Mas a ligação não passou muito disso e, ao finalizar a chamada, eu tive absoluta certeza de que eu tinha acabado de fechar uma porta e feito uma tremenda bobagem.

Poucos dias depois, no entanto, meu telefone tocou. Do outro lado da linha, estava o gestor: - Celso, tudo bem? Aqui é o Pedro. Olha que curioso: naquele dia em que você me ligou, estava no aeroporto com o representante da minha equipe que acabou sendo desligado da empresa dias depois. Você me pediu para que eu me lembrasse de você e, de fato, me lembrei. Estamos com uma posição em aberto e começaremos o processo seletivo amanhã. Estou ligando para te convidar para uma entrevista amanhã, às 9h da manhã – numa cidade a 120 quilômetros de onde estava naquele momento - ainda tem interesse em participar?

No dia seguinte, lá estava eu, na hora e local combinados. E foi assim que começaram minhas tentativas de ingressar como propagandista na indústria farmacêutica. Aquela foi a melhor entrevista que havia feito em toda minha vida. Estava seguro, dei respostas claras e objetivas, fui criativo, assertivo na comunicação e apliquei um rapport perfeito. Tiveram outras etapas: provas (gabaritei), redação, testes, mais entrevistas (depois com o gerente regional também). É claro que fui contratado, você provavelmente deve estar pensando agora. Na verdade, não passei nem perto disso e, naquele momento, entendi que estava jogando um jogo completamente novo e diferente de tudo o que conhecia até então. Ser contratado como propagandista não seria algo fácil como eu imaginava. A partir de então, uma pergunta começou a ecoar na minha mente:

2. COMO É QUE POSSO DIZER QUE SONHO COM ALGO QUE MAL CONHEÇO?

Você já desejou profundamente crescer, mas se sentiu preso a uma realidade na qual já não queria mais viver, e da qual não conseguia se ver livre? É bem isto que eu sentia naquela época. Eu criei até um nome para este sentimento: a Síndrome da Caverna do Dragão. Aquele desenho animado em que os personagens, apesar de se esforçarem ao máximo e enfrentarem toda sorte de situações tenebrosas, nunca conseguiam sair daquele mundo no qual ficaram presos.

Eu sonhava em oferecer à minha família mais qualidade de vida, aos meus filhos uma educação de ponta, poder comprar minha casa própria, poder viajar para conhecer lugares interessantes no mundo, ajudar outras pessoas com as quais me importava. Para ser bem sincero, eu sonhava também em não ter que me preocupar com como eu faria para pagar a próxima fatura do cartão de crédito ou sair do cheque especial.

Na época, eu olhava para o meu emprego na empresa atual (à qual eu sou muito grato por ter aprendido tanto lá) e pensava:

"Que dia eu vou poder viver essas coisas que eu sonho? Daqui a quinze anos, se tudo der certo e se até lá eu não tiver morrido de infarto, ou adquirido uma crise de ansiedade, depressão, síndrome do pânico ou qualquer outra coisa do tipo, fruto de muito trabalho, preocupações em excesso, estresses e frustrações?"

E foi no meio desse "furacão" de questionamentos que meu primeiro contato com a indústria farmacêutica aconteceu, através de um amigo, o Rafael Rezende, que, certa vez me questionou por que, com um currículo como o que eu tinha, não buscava oportunidades como propagandista. Foi ele que me entregou aquele fatídico papel rasgado com o telefone e e-mail daquele gestor. Anos depois, este amigo viria a se tornar co-fundador da BenchMarking Treinamentos juntamente comigo.

Importante dizer que, nesta época, ainda nesta empresa onde trabalhávamos, dois temas eram bem recorrentes em nossas conversas: *educação e empreendedorismo*. Nós sempre falávamos sobre como o modelo tradicional de ensino de uma forma geral era ineficiente para formar profissionais, como a teoria estava distante da prática e como as coisas deveriam ser em relação a educação, mas não eram, e sequer davam vestígios de que mudariam a curto prazo. Eu falo de mudanças profundas e estruturais no modelo de ensino que mais para frente apresentarei para você. Sei que o que te apresentarei lhe fará, pelo menos, gastar algumas boas horas refletindo e se questionando, bem como fazíamos naqueles tempos.

Após este primeiro contato, comecei a buscar oportunidades, me aplicar a vagas. Em alguns deles, cometi erros gravíssimos, dos quais só fui ter consciência anos depois, quando finalmente ingressei. Aqueles erros que cometi por não conhecer a cultura do setor poderiam, facilmente, ter comprometido meu futuro profissional.

Pensa assim: eu não conhecia ninguém que atuava na área. Até aquele momento, eu nunca tinha ouvido falar sobre o setor - no máximo aquela história de que "vender remédio" dá dinheiro, mas tem que viajar e estudar muito. Quando eu descobri então o quanto diziam que este profissional ganhava, eu fiquei muito incrédulo! Aquilo estava muito distante do que eu era capaz de conceber.

Lembre-se de que estamos falando de uma época em que o Google não era tão generoso como hoje em dia e eu ainda não tinha criado o canal Vida de Propagandista para poder acessar informações sobre a profissão na internet.

Cada processo seletivo em um novo laboratório uma nova surpresa, muita porrada, provas, testes, entrevistas com GD, GR, GNV (para começar, quem não é do meio não entende nada dessas siglas!). Uma verdadeira "montanha russa" emocional. Muitos "nãos", muitas vezes sem *feedbacks*... Pensando: "já se passaram tantos dias... Ligo ou não ligo para o GD (gerente distrital)?" Coisas assim que quem já participou de processos seletivos conhece bem.

Estava cansado disto. Eu precisava conhecer mais sobre este mundo chamado indústria farmacêutica.

3. TREINANDO SEM SABER

Vários meses e processos depois, meu amigo ingressou primeiro. Após ele ser contratado, eu sempre o ajudava nos estudos dos produtos, treinávamos propaganda médica, analisávamos seus relatórios de auditoria de mercado e bolávamos juntos planos de ação para seus produtos. Isto me permitiu conhecer muito de perto a realidade do setor, mesmo sem, a princípio, atuar diretamente.

Em seu primeiro ano na indústria farmacêutica, conquistou o primeiro lugar Brasil em determinado produto da sua linha, ultrapassando muita gente experiente no setor! Aquilo foi um verdadeiro rebuliço. Gestores do laboratório em que atuava e de outros também começaram a ir até ele pedir indicações para novos representantes, desde que tivessem o perfil parecido com o dele.

Um ano depois, foi a minha vez. Finalmente ingressei e algo incrível aconteceu: na minha semana de curso de novos, meu gerente me proibiu de fazer propaganda simulada, porque estava assustando meus amigos, que pensavam que eu era uma espécie de propagandista experiente infiltrado ali!

Meus resultados foram maravilhosos, já no início da minha atuação. Alavanquei os números do setor rapidamente, me tornei o braço direito do meu gerente e continuávamos ouvindo: "onde é que conseguimos mais profissionais como vocês?"

Nós identificávamos talentos no mercado, os abordávamos e preparávamos de acordo com o que acreditávamos ser importante. Novamente a mesma coisa acontecia: as pessoas indicadas e treinadas por nós não eram apenas contratadas. Alcançavam resultados bem fora da curva normal, premiações nacionais, eram assediados por laboratórios concorrentes... uma verdadeira loucura!

Foi quando resolvemos encarar uma dura realidade. Amávamos a vida de propagandista, mas havia algo que amávamos ainda mais: *ser ponte para o sucesso de outras pessoas neste mercado*. Falávamos sobre como os treinamentos tinham que acontecer, resgatamos conversas lá do passado sobre como a *educação / aprendizado* precisava mudar urgentemente e pensamos em como seria bom se pudéssemos replicar aqueles resultados em todo o Brasil.

Mas, para isso, precisávamos "apenas" tomar uma "pequena" decisão: abandonar nossa carreira promissora na indústria farmacêutica. Para nós, não fazia sentido "viver pela metade". O projeto que, naquele momento, começou a nascer nas nossas mentes e corações dava todos os indícios de que merecia de nós atenção exclusiva.

Não combinava com o que acreditávamos fundar um curso e, paralelamente, trabalhar na indústria, o que é contrário às regras de compliance dos laboratórios. Ou então buscar a sindicalização para garantir a estabilidade e poder atuar como formadores de propagandistas. Nada contra, sabemos da importância dos sindicatos e de profissionais sindicalistas, quando tratam este objetivo com seriedade e não como mero artifício para obter estabilidade, mas, de toda forma, isto ia totalmente na contramão do nosso foco de levantar a bandeira da meritocracia.

Outro ponto que precisávamos encarar era: valeria a pena esperar para que adquiríssemos mais "bagagem" em tempo no setor, por mais dez ou quinze anos, com aquela ideia "encubada" em nosso coração, apenas para que o mercado nos visse como especialistas, por atuarmos como gestores e por mais tempo?

Na nossa visão, não. Não mesmo. Conhecíamos a dor do mercado, tínhamos pistas sobre "a cura" para esta dor, validamos esta solução com as pessoas que treinamos e agora era hora de transformar tudo aquilo em um produto de fato.

Ainda bem que, nesta época, já tínhamos algumas referências de pessoas que tomaram decisões como a que estávamos prestes a tomar. Pensa comigo: quão experiente era Steve Jobs quando, com apenas 23 anos de idade, fundou juntamente com Steve Wozniak a Apple na garagem de sua casa? Quão experiente era Mark Zuckerberg quando, com apenas 20 anos, criou a maior rede social do mundo? Quão experiente era Elon Musk quando decidiu fabricar os carros elétricos mais rápidos do mundo e lançar foguetes no espaço, competindo com ninguém menos que a NASA? Sem falar que ele fundou sua primeira empresa aos 13 anos.

A melhor forma que tenho para explicar isto é através desta frase do Prince EA: "Martin Luther King? Aquele cara não tinha um sonho. O sonho é que o tinha." Quando você tem um sonho do tamanho que tínhamos, simplesmente ele te toma por completo e você não consegue resistir a fazer o que precisa ser feito para ver aquela visão se tornar realidade.

Porque a grande verdade é que nada acontece por acaso. Ideias não são concebidas do nada, empreendimentos não nascem fora da cabeça de ninguém. É preciso abraçar a ideia e investir tempo, energia, esperança e, claro, dinheiro também, caso você queira que aquilo vire, de fato, algo capaz de transformar a vida das pessoas, incluindo a sua e da sua família.

A verdade é que ficar mais tempo na indústria para facilitar a compreensão das pessoas quanto à nossa capacidade real de preparar propagandistas não fazia sentido algum para nós. Nossa aposta era de que as pessoas são inteligentes o suficiente para entender este ponto, pois já estava claro que éramos plenamente competentes formar profissionais completamente fora da curva para este mercado, por um fato que considero como a principal "moeda" que existe no mundo: *resultados*. Qual maior constatação de autoridade do que resultados? Títulos? Tempo de atuação em gestão? Para nós, nada pode falar mais do que resultados.

O que estávamos fazendo, de fato, pode ser comparado a *queimar a ponte*, que era o único caminho de volta para a casa, ou como decidir escalar um penhasco sem corda. Ou você chega do outro lado ou você chega, não é mesmo?

Para além dessas motivações que estavam ligadas a nós, fundadores, havia outra ainda mais poderosa: *quantas pessoas deixariam de ser ajudadas se adiássemos esta decisão?* Esta, sem dúvidas, era nossa maior motivação: perceber que nossa falta de coragem de abraçar nosso propósito impediria que várias pessoas alcançassem seu próprio sucesso. Simplesmente não conseguíamos conviver com esta ideia.

Eu quero te motivar a pensar o mesmo também: quando faltar coragem ou energia para fazer o que precisa a fim de chegar onde deseja, lembre-se que sempre haverá pessoas cuja felicidade dependerá dessas decisões corajosas. Se faltar força para fazer por você mesmo, faça por elas.

Além disso, um ingrediente essencial neste método que você vai conhecer melhor mais pra frente, é o que nós chamamos de *"estourar a bolha"*. Ou seja: trazer melhores práticas de outros setores, de outros mercados, adaptando à realidade da indústria farmacêutica, dando um caráter autêntico à atuação dos profissionais, o que, por consequência, os faz gerar resultados únicos e totalmente fora da média. Ficar mais tempo no setor só nos faria acostumar com a realidade da indústria, reduzindo nosso olhar dentro da perspectiva de um ou poucos laboratórios. Em outras palavras: viciando nosso olhar, nos fazendo ser apenas mais do mesmo. Aquela visão, sinceramente, nos aterrorizava.

Naquele momento, tínhamos uma difícil decisão a tomar:

1. Investir energia, tempo, dinheiro e crença naquele projeto;

2. Ou abandonar esta ideia maluca de vez;

A escolha que fizemos você sabe qual foi e é somente por causa dela que este projeto existe e que hoje estou aqui, compartilhando todas estas informações com você. Se eu puder definir em uma frase a principal razão de eu ter feito a escolha que eu considero certa no lugar da mais fácil, seria esta: *sabíamos que o método que desenvolvemos poderia ajudar milhares de pessoas iguais a nós em todo o Brasil.*

E não é que estávamos certos?

Eu quero, com isto, poder te ajudar quando você também estiver diante de decisões importantes. Considere algumas coisas:

- Desconfie da forma como *todo mundo* tende a fazer. A decisão popular quase sempre não é a melhor;
- Se faltar coragem para decidir por você, faça por aqueles cuja transformação de vida também dependerá desta decisão;

- Faça-se uma simples pergunta: *Por que não?*

Minha história pode te ajudar porque o projeto que criei foi baseado em tudo que vivi antes até mesmo de conhecer a indústria farmacêutica, quando comecei a buscar oportunidades no setor, quando finalmente consegui ingressar e entender toda a lógica do setor por dentro, até que, finalmente, descobri meu propósito de vida e, corajosamente, escolhi abrir mão de uma carreira próspera em uma profissão apaixonante para me tornar ponte para o sucesso de outras pessoas.

E com este livro, eu acredito que poderei fazer isto por você também.

4. O JEITO BENCH DE SE TOMAR DECISÕES

E Perseverar

"O zero incita a imaginação" Eric Ries, A Startup Enxuta

Eu acredito que, de uma forma geral, tudo parece ser muito mais fácil do que realmente é no campo da imaginação. É, certamente, este mecanismo que nos faz olhar para uma pessoa bem-sucedida e pensar: "poxa, que cara de sorte."

Quase nunca conseguimos compreender todo o processo envolvido para que determinado resultado se concretize e, especialmente, se sustente. Isto sempre nos faz deslocar da realidade, pois ou passamos a acreditar que é uma questão de sorte, ou que determinadas pessoas são, de alguma forma, mais privilegiadas que outras por terem o que têm, desprezando completamente os esforços para fazer acontecer.

E talvez até sejam mesmo, quem saberá dizer? Eu, particularmente, escolho não acreditar em questões como privilégios, porque, sem dúvidas, não farão muita diferença para mim.

Chego a pensar que esta mentalidade tira de nós muita força vital de realização. E temos a terrível mania de enxergar as coisas de forma parcial. Por exemplo: o que seria um privilégio? Nascer em uma família abastada? Talvez sim, porém, não raramente, filhos criados em famílias assim não enfrentam muitas dificuldades, o que não contribui para que, entre outras coisas, desenvolvam competências como resiliência, empatia, relacionamento interpessoal, inteligência emocional, entre outras coisas.

Ao passo que não nascer em uma família abastada também pode trazer suas vantagens - não estou dizendo que seja fácil - que não estão tão evidentes a princípio, como, por exemplo: valorizar mais a ascensão social, aprender a viver de forma mais simples, humildade no trato com as pessoas, consciência de diferentes realidades. Eu acredito muito no que afirmava Napoleon Hill: "Cada adversidade traz consigo a semente de uma vantagem equivalente."

Alguma vez você já se permitiu imaginar como pode ser trágico, vazio ou sem significado nascer no que as pessoas chamam de "berço de ouro"? Nascer em uma realidade em que se tem tudo do bom e do melhor, sem entender o quanto isso é realmente bom e melhor, já que nunca experimentou algo pior? Você consegue imaginar o quanto deve ser lastimável ouvir de um filho a seguinte afirmação: "estou cansado de ir a Nova York"? Ou não ver graça nenhuma em jantar no melhor restaurante da cidade, já que aquilo é algo rotineiro na família desde sempre? Conheço pessoas assim e sinto muita pena delas, sinceramente. Não podemos saber o que é bom sem experimentar aquilo que não é tão bom assim. E como isso não seria um privilégio? Da mesma forma, como já não seria um privilégio caminhar por este mundo em nosso curto período de existência? Sou um profundo admirador do céu noturno e muitas pessoas não entendem este meu fascínio pelas estrelas. Acredito que me entenderiam melhor se um dia nos fosse tirado o direito de olhar para elas. Só porque estão lá "disponíveis" para nós deixam de ter valor? Como ter consciência de tudo isto não seria privilégio?

O que você já tem hoje que te faz privilegiado? Quais os benefícios que as adversidades pelas quais já passou te entregaram e ainda não conseguiu enxergar?

O que quero dizer é que visualizar o sucesso do outro como fruto de mera sorte, acaso, privilégios, destino ou puro talento gera, pelo menos, três efeitos negativos: o conformismo, que te fará aceitar uma posição inferior, acreditando no fato de que a vida, Deus ou o destino simplesmente não foram tão benevolentes com você; a simplificação, que reduz o impacto do esforço do outro em construir ou manter o que já foi construído e te desconecta dele, impedindo que o admire e aprenda com seu sucesso; a inércia, que te fará atrasar a decisão e ação, esperando um "sinal" praticamente divino de que, assim como os afortunados que você acha que conhece, a oportunidade que se apresenta bem agora na sua frente é de fato o destino sorrindo para você, te dando toda a certeza de que tudo dará certo e que foi para isso que você nasceu.

Isto, meu caro leitor, para o bem ou para o mal, não existe. Não espere que todos os semáforos da vida estejam verdes para que você decida por agir agora. Não existirão condições perfeitas de temperatura e pressão para que você aja. Perceba que esta é uma forma infantil e muito comum de encarar a vida, e muitas vezes pode refletir uma ambição igualmente infantil de apostar no potencial puro em vez do esforço em transformar este potencial em realizações. Potencial é um zero que, enquanto não utilizado, continuará sendo zero. E por trás do zero, como nos provoca refletir Eric Ries, autor do livro A Startup Enxuta cuja citação abre este capítulo, existe sempre a possibilidade de fazer acontecer e a facilidade de se justificar se, porventura, nada acontecer. Só que o custo disso é aumentar as probabilidades de nada, de fato, acontecer.

Perceba o quanto é confortável não escolher um caminho, não perseguir um sonho. Com certeza, estará evitando a exposição, até porque estará do lado da maioria das pessoas que tomam a mesma decisão. E estar do lado da maioria é sempre mais confortável e quentinho. Gostaria de dizer a você que não há como ter o que ninguém tem sem disposição para fazer o que ninguém faz. O palco sempre terá menos pessoas do que a plateia, justamente porque é muito mais fácil julgar quem faz algo do que quem não faz nada. Vença seu medo de exposição e suba no palco.

Ainda sobre privilégios, devo dizer que só fazem sentido em um mundo onde as regras para se alcançar o sucesso estejam fortemente estabelecidas. E isto não se parece nada com o mundo complexo no qual vivemos. A partir do momento em que percebemos isto, passamos a ter ao menos duas vantagens a nosso favor: sabemos que não existe respostas prontas e buscamos acessar um repertório quase infinito de conhecimento cujo custo tende a zero.

Definitivamente, estamos na era da informação, da abundância de recursos, mas nada poderá ser feito se não tivermos a clareza disto e, principalmente, se não soubermos aproveitar as vantagens que temos a nosso favor. Para ser mais explícito: já parou para pensar no potencial quase infinito que tem nas palmas das suas mãos bem agora? Sim, um smartphone pode te dar acesso a informações valiosas, pessoas, empresas, aplicativos para facilitar quase qualquer coisa que deseje, mas, ainda assim, para o que as pessoas mais os utilizam? Acessar redes sociais e tirar fotos cada vez mais bonitas.

Perceba mais uma vez o potencial desperdiçado. Perceba este "céu noturno" que você está deixando de ver, só porque está aí, disponível para você e todo mundo.

Nada muda se nossa mentalidade permanece inerte, fixa, fechada para todas as possibilidades que temos, alimentando crenças relacionadas a ideias deterministas de sucesso. Nossa imaginação é capaz sim de fazer isto, como também é muito poderosa para nos conduzir à vida que desejamos ter.

Mas existe o lado bom também de as coisas serem mais fáceis na nossa imaginação (para nós ou para os outros): talvez não nos arriscaríamos a fazer muitas coisas se tivéssemos a imediata consciência de todos os aspectos envolvidos para que certas coisas enfim se realizassem para nós.

Isto não foi diferente conosco, quando idealizamos o projeto da BenchMarking. É certo que já tínhamos avançado em vários pontos. Já havíamos produzido casos de sucesso, sabíamos que existia uma demanda real no mercado e que éramos capazes de gerar valor com nosso conhecimento. Ainda assim, aquilo ainda não era um negócio. Na verdade, estava longe de ser, como descobriríamos mais para frente.

Entenda: um negócio precisa dar lucros o suficiente para manter seus sócios e justificar o custo de oportunidade (o que se deixa de ganhar) de não se permanecer fazendo o que fazia ou qualquer outra coisa que seja capaz. Isto pode não ser possível no início, mas não pode deixar de ser o alvo.

E aqui vai meu adendo a quem decide se aventurar pelo volátil, incerto, complexo e ambíguo mundo do empreendedorismo: propósito é algo muito importante, mas ninguém vive disso. Não se pode sacar, transferir, nem mesmo pagar uma refeição com propósito. Bem-vindo ao mundo real.

E adianto que isto não é diferente para quem deseja ser propagandista também. É muito bonito dizer que se sonha em ser representante de laboratório desde criança, mas, por favor, não sejamos hipócritas: ninguém faria tal trabalho de forma voluntária, apenas para realizar um sonho de trabalhar arrumadinho, visitando médicos, com o único e imaculado objetivo de levar saúde às pessoas. Salários e benefícios são sim grandes atrativos e fazem diferença pra caramba. Laboratórios sabem muito bem disto, pode ter certeza.

O ponto comum entre mim, que escolhi o caminho do empreendedorismo, e você, que busca a excelência na propaganda médica é este: nossa proposta de valor (capacidade de entregar resultados) é que vai mandar nos rendimentos que teremos. Minha competência para gerir meu negócio e gerar resultados e a sua para gerir sua carreira, e também entregar resultados, é o que, de fato, nos dirá o quão bem-sucedidos nós seremos.

Quando decidimos fundar a BenchMarking, sabíamos perfeitamente o que não queríamos: um curso convencional, com método de ensino convencional, que entrega muito pouco valor aos gestores da indústria farmacêutica, explorando apenas o sonho das pessoas de ganhar um dos melhores salários do mercado sem, contudo, influenciar tanto assim na transformação deste sonho em realidade.

Isto, certamente, não era o que queríamos. Mas como fazer diferente? Como entregar algo completamente transformador e diferente de tudo que existia até então? E como fazer nossos futuros clientes, assim como a própria indústria farmacêutica, compreender que éramos radicalmente diferentes? Para responder a estas perguntas, tivemos que mergulhar em um processo de pesquisas, estudos, desenvolvimento, quebra de paradigmas e mudança de mentalidade que durou cerca de um ano e meio!

Isto mesmo, nosso projeto permaneceu encubado por cerca de um ano e meio até que conseguíssemos, finalmente, criar um programa de desenvolvimento que satisfizesse nossas exigências relacionadas à proposta de valor que definimos. Valeu a pena, com certeza, mas preciso reconhecer que foi muito mais difícil do que nossa imaginação poderia conceber quando idealizamos o projeto.

Talvez você também se sinta assim diante dos objetivos que possui hoje para sua carreira profissional. Se for o seu caso, saiba: eu conheço bem como é sentir algumas dúvidas, enfrentar desafios, resistências e ter que lidar com a falta de garantia (sim, nada é garantido).

Esta empatia real que sinto certamente é uma das razões para conseguir ajudar tantas pessoas, dentre elas nossos alunos, a alcançarem o sucesso profissional que perseguem. Não é como se, diante de uma frustração, alguém simplesmente dissesse a você: "Vamos lá, bola pra frente. Erga a cabeça, porque precisa ser forte" quando a vida, seja por qual motivo for, não ofereceu muitas resistências para que esta pessoa tivesse sucesso em sua carreira. É de alguém que escutou muitos "nãos", lidou com um volume enorme de frustrações, conheceu a face mais feia e obscura das pessoas, e, APESAR de tantas portas fechadas, decidiu, diante de cada obstáculo, acreditar em si e em seu sonho.

Por tudo que passei, eu posso te garantir: minha história de vida não foi a mais difícil que irá conhecer, e nem a mais fácil. Mas se eu consegui, se estou aqui escrevendo este livro e te contando tudo isso, você também pode. Eu não sou melhor do que você, disto tenho certeza.

Perseverar vale a pena. Querer muitas vezes conta mais do que ser o mais qualificado. Por favor, me responda: quantas pessoas mais qualificadas poderiam ter escrito um livro como este que hoje você lê? Por que não escreveram? Quantas delas enfrentaram e venceram o medo da crítica? O medo de que outras pessoas as pesassem, medissem e as achassem em falta?

Todos sentimos isto. Todos temos a dúvida e o medo dentro de nós, dizendo que não deveríamos fazer algo, mas nem todos damos ouvidos a eles e deixamos que nos paralisem.

Mais cedo ou mais tarde, perceberemos que a vida é feita de decisões corajosas que tomamos ou deixamos de tomar. Não haverá garantias de que, a partir de uma decisão que tomemos, não poderemos nos arrepender mais à frente. A pergunta não deveria ser se irá ou não se arrepender de uma decisão, mas sim com qual tipo de arrependimento você suportaria conviver.

Eu, certamente, não sou o tipo de pessoa que suporta conviver com o arrependimento de não ter tido coragem de perseguir meus sonhos e convicções. E você? Com que tipo de arrependimento suporta conviver?

Eu me arrependeria muito se, neste exato momento, não dividisse com você minha visão sobre o que significa ser um propagandista de excelência mediante ao atual cenário da indústria farmacêutica, com todos os desafios que se configuram. Isto, certamente, estabelecerá melhor o que espero que você adquira a nível de conhecimento e desenvolvimento até o final desta leitura.

5. COMO DEFINO A PROFISSÃO PROPAGANDISTA

"Mais arriscado que mudar é continuar fazendo a mesma coisa." Peter Drucker

Algumas pessoas têm problemas com a nomenclatura *propagandista*. Eu, particularmente, não tenho nenhum, mas também compreendo quem tenha. Normalmente a crítica está relacionada ao fato de o nome não expressar a complexidade do que, de fato, o profissional faz. Eu concordo, mas nenhuma outra nomenclatura seria capaz de atingir este objetivo. Seria o propagandista um consultor? Um representante, como muitos o chamam no mercado? Um executivo?

Certamente, ele é tudo isso e muito mais. Por isso, cheguei à conclusão de que não há um nome capaz de expressar a importância deste cargo e é por isso que precisaremos ir além da nomenclatura para compreender melhor o que, de fato, este profissional faz.

Mas antes, precisamos compreender de onde vem este nome. Em 14 de julho de 1975, a profissão propagandista e vendedor de produtos farmacêuticos foi regulamentada pela Lei 6.224, de Ernesto Geisel O nome se dá ao fato de que este profissional é o responsável direto pela divulgação dos produtos farmacêuticos juntamente ao tomador de decisão que, diferentemente de outros mercados (como o de bens de consumo não duráveis, por exemplo), o consumidor é, frequentemente, o próprio tomador de decisão. No caso específico das vendas de medicamentos, o médico é quem decide o que o paciente irá consumir, obviamente por deter o conhecimento das patologias, tratamentos necessários etc. Portanto é para ele que são direcionados os esforços das empresas em divulgar seus medicamentos, na maioria das vezes, por intermédio do propagandista vendedor.

É, portanto, o propagandista vendedor um dos grandes responsáveis por um dos 4 Ps do marketing, defendido por Phillip Kotler: o P da promoção (divulgação dos produtos).

Dentro da lógica de livre concorrência em que opera as indústrias farmacêuticas na maior parte do mundo, a atenção aos 4 Ps do marketing é fundamental. Eles são: produto, preço, praça (ou canais de distribuição) e promoção (divulgação do produto). E é justamente desta lógica essencial que é possível se extrair a importância da atuação deste profissional. Sem o propagandista, como os médicos poderiam entender melhor sobre os medicamentos fabricados pelos laboratórios, conhecer seus principais diferenciais competitivos e se decidirem por qual escolher na hora de prescrever ao paciente?

O propagandista faz isso através de visitas realizadas a médicos de acordo com as especialidades para as quais seus produtos são direcionados. Eles realizam propagandas em consultórios médicos, com o apoio muitas vezes de materiais visuais, além de outros informativos científicos ou amostras grátis (também chamadas de inícios de tratamento) que podem ser deixadas no momento do contato, através de visitas muito bem planejadas e objetivas, procurando evidenciar os principais diferenciais competitivos de seus medicamentos, levando sempre informações cientificamente relevantes para que os médicos possam realizar seu trabalho com cada vez maior eficácia. É uma profissão, portanto, que, por lidar diretamente com a saúde das pessoas, exige que o profissional estude constantemente e realize provas para validar seus conhecimentos e domínio a respeito de seus produtos.

Isto não significa dizer que as funções deste profissional se reduzem a tais aspectos, assim como seria um terrível equívoco afirmar que permanecem as mesmas desde a época em que a profissão fora regulamentada. A profissão propagandista vem sofrendo importantes mudanças e o que se gerava resultados décadas atrás está longe de ser o que faz este profissional ser bem-sucedido nos dias atuais. Reconhecer as transformações vivenciadas nesta profissão ao longo dos anos é essencial para se ter sucesso nos dias atuais, seja para quem deseja ingressar nesta área, como para quem já atua e deseja permanecer relevante, apresentando resultados crescentes.

Dentre tantos marcos significativos que alteraram drasticamente a realidade da propaganda médica, um que se destaca mais que qualquer outro foi a Lei dos Genéricos, instituída no ano de 1999. Os genéricos mudaram completamente a lógica do setor e demandou uma adaptação gigantesca por parte dos laboratórios de uma forma geral, assim como dos profissionais que atuavam na linha de frente.

De uma indústria farmacêutica dominada por laboratórios multinacionais, com tratamentos caríssimos devido à escassez de concorrentes, para um mercado muito mais competitivo, com tratamentos mais acessíveis para pacientes, que passou a demandar, consequentemente, por um perfil de propagandista, antes predominantemente técnico, agora muito mais dinâmico, comercial e com visão ampla de negócios.

E isto não foi uma mudança pequena. Antigamente eram bem

menos profissionais no campo. De uma forma geral, tinham mais tempo para realizarem seu trabalho dentro dos consultórios médicos, suas visitas eram muito bem programadas, mais espaçadas e, muitas vezes, esperadas pelos médicos. Hoje em dia, a atenção dos médicos é competida por muito mais profissionais, suas agendas estão cada vez mais lotadas e é necessário muita habilidade para, entre outras coisas, interpretar as informações fornecidas por relatórios, além daquelas captadas a partir da própria percepção e senso investigativo do representante, seja nos pontos de venda (PDVs), salas de espera ou até mesmo dentro dos consultórios médicos, a fim de alinhar uma comunicação efetiva e objetiva para cada contato.

Tais necessidades configuram um novo perfil de competências deste profissional, que precisa apresentar um repertório bem variado de conhecimentos, habilidades e atitudes, destacando como nunca os aspectos comportamentais e emocionais, além de novas competências técnicas.

Uma ótima pista para compreender as principais competências demandadas para propagandistas que desejam atingir o nível de excelência em performance nos dias de hoje é esta lista levantada a partir de uma extensa pesquisa realizada pelo World Economic Forum, as Competências do Século XXI:

1. Resolução de problemas complexos;

2. Pensamento crítico;

3. Criatividade;

4. Gestão de pessoas;

5. Coordenação com os outros;

6. Inteligência emocional;

7. Julgamento e tomada de decisão;

8. Orientação a serviços;

9. Negociação;

10. Flexibilidade cognitiva;

Ao longo do livro, abordaremos o real significado de cada um dessas competências, a sua amplitude, o que significam dentro do contexto da propaganda médica e como você pode desenvolvê-las.

Você entenderá como o perfil profissional desejado pelos laboratórios vem mudando drasticamente ao passar dos anos. E, como podemos constatar em casos similares na história, em que mudanças de mentalidade e disposição para abraçar as inovações foram demandadas, houve aqueles que se adaptaram, mas também os que permaneceram no estado de negação, querendo acreditar que a indústria farmacêutica voltaria a ser o que era antes, o que obviamente nunca aconteceu.

Esta resistência oferecida por alguns profissionais mais saudosistas infelizmente culminou no desligamento de muitos, abrindo espaço para pessoas que não tinham registros em sua memória de outros tempos e que, por esta razão, estavam prontas para os desafios e sedentas pelas oportunidades que se abriam para suas carreiras profissionais dali para frente. E este processo de "seleção natural" neste setor culminou em um perfil de profissionais que acabei denominando como uma "nova espécie": os *neo-neófitos*. E é sobre eles que falaremos no próximo capítulo.

O fato é que a indústria farmacêutica, após o advento dos genéricos e com o passar dos anos, jamais voltou a ser a mesma de antes. Isto não significa que é melhor ou pior. Inegavelmente, no entanto, é diferente. E o mais impressionante é que até os dias atuais encontramos uma ou outra pessoa que tem dificuldades em assimilar esta nova realidade e dinâmica do setor. Arrisco em dizer que, se não se dispuserem a se atualizar, seu tempo como propagandistas, muito em breve, fatalmente terá chegado ao fim.

Laboratórios sempre estiveram em busca de profissionais completos, que apresentassem uma amplitude de competências distintas e que, portanto, fossem capazes de os representar de forma satisfatória. Este livro é, portanto, muito mais do que um material para compartilhar assuntos de interesse de quem quer se tornar propagandista ou sequer atuar na área. Ele fala sobre o que é necessário para se tornar um profissional de alta performance, atrativo para as melhores oportunidades do mercado que, obviamente, incluem a profissão propagandista, mas não se restringem a ela.

Não é, portanto, um livro que se dedicará a explicações extensas sobre a rotina do profissional da propaganda médica, cujo conhecimento não fará outra coisa por você senão matar uma curiosidade sobre coisas que você descobrirá quando estiver de fato atuando na área (caso ainda não esteja) e que, se aprender agora, apenas ocupará espaço desnecessário em sua mente e do que, por não encontrar oportunidades de aplicar em sua realidade atual, se esquecerá dentro de pouquíssimo tempo. Em outras palavras, nenhuma empresa te contratará por dominar noções de farmacocinética, por saber o nome dos ossos ou por entender o mecanismo da cascata do ácido araquidônico. Então não percamos tempo com isto.

Nosso foco, como verá com mais detalhes daqui em diante, é falar de coisas que você pode mudar na sua vida agora para conquistar as melhores oportunidades amanhã. Isto sim tem valor para laboratórios e outras empresas interessantes no mercado e já seria de grande valia se estivéssemos mirando apenas no perfil desejado por eles atualmente, mas faremos mais. Estamos focando no futuro deste setor e no que será valor para ele amanhã. Estamos correndo para onde a bola está indo e não para onde ela está hoje. É assim que chegaremos no instante exato para fazer o gol. É assim, na realidade, que já temos produzido tantos resultados. Conheça os neo-neófitos, o futuro dos propagandistas.

6. UMA NOVA ESPÉCIE DE PROFISSIONAIS NA INDÚSTRIA FARMACÊUTICA

"O que não me mata não me fortalece, mas mata os menos aptos e torna a população sobrevivente mais forte como um todo." Nassim Nicholas Taleb

Eis que nasce uma nova espécie na indústria farmacêutica: os *neo-neófitos*. A expressão neófito se refere a quem não tem experiência no setor. Os neo-neófitos são algo mais.

Como tudo que é novo, seu aparecimento foi silencioso. Não houve estardalhaço. Eles nasceram da resistência. À primeira vista, parecem idênticos aos neófitos. Contudo é só observar seu comportamento e perceber que as diferenças são gigantescas.

Como bactérias que sobrevivem a um antibiótico, eles são

resultados de vários "nãos" que receberam e escolheram não desistir. Mas não foi apenas uma questão de não desistir. Foi uma questão de se reinventar, transformar, evoluir, até estar à altura do objetivo que traçaram para sua carreira.

Tornaram-se antifrágeis.

Essa classe quis tanto ingressar na indústria farmacêutica, e entendeu que a concorrência é gigante e igualmente competente, que decidiu ir além.

"Tenho que estudar mais, ler mais, me preparar mais, treinar mais..."

Eles não somente querem. Eles querem *muito*. E permaneceram assim por tanto tempo, que melhorar se tornou um *hábito*. Já faz parte de seu DNA.

Estamos deflagrando a evolução bem na frente dos nossos olhos. Eles são o futuro. Eles são o futuro do profissional que hoje chamamos de propagandista.

O comportamento desta nova espécie é tão atípico que está fazendo a palavra propagandista perder o sentido. Fazer propaganda médica? Isto é apenas uma de suas atribuições. E nem dá para dizer mais que é a principal.

Eles cuidam do negócio da empresa. São protagonistas. Analisam de forma profunda e orientada a resultados as auditorias. Fazem projeções inteligentes. Diagnosticam os problemas em seu setor. Propõem soluções criativas para velhos problemas. O PDV é sua segunda casa. Sabem o que fazer lá. Compreendem a verdadeira dimensão da palavra "recurso". Não reclamam. Não se contaminam com visões negativas.

Cuidado! Estar perto deles pode ser altamente contagioso. Ou melhor, contagiante. A energia que emanam é forte, é irresistível. Eles influenciam muito mais do que são influenciados.

Você pode me perguntar: o que será da velha espécie propagandista? Há como evitar o fim certo? Primeiramente, é importante dizer que muitos propagandistas, pela necessidade que a indústria vem impondo, já vêm sofrendo a mesma evolução.

Estes estão se tornando os Neo-Propagandistas. Uma verdadeira "superbactéria". São praticamente "imparáveis", possuem carreiras brilhantes, conquistas memoráveis e resultados invejáveis.

Mas muitos ainda resistem. Querem acreditar que a indústria farmacêutica ainda é a mesma de trinta anos atrás. Mas não é, e não voltará a ser.

Para estes existe ainda um caminho. Um caminho que, para muitos parece a morte, mas não é: deixar-se infectar. Se desapegar de suas experiências e decidir aprender de novo, melhor, reconstruir suas verdades.

Nem todos terão a coragem (ou talvez humildade) de dar este passo. Estes, infelizmente, não sobreviverão para ver o futuro da profissão e, talvez, jamais entenderão por que, "da noite para o dia", se tornaram desinteressantes para o setor.

7. O QUE SIGNIFICA SER *BENCH*?

Ser *Bench* vai muito além de estar qualificado para uma profissão específica. Vai além até mesmo de ser um *neo-neófito*.

Ser *Bench* significa absorver, reforçar e compartilhar conceitos e valores de vida. Valores que fazem bem para todos os envolvidos direta e indiretamente à sua própria história.

Ser *Bench* é fazer parte de uma comunidade de pessoas que busca o desenvolvimento e crescimento contínuo, não apenas como uma resposta à decisão de se comprometer com o próprio sucesso, mas, principalmente, como forma de assumir a missão de transformar o mundo em um lugar melhor. Mesmo que este mundo seja, a princípio, o de apenas mais uma pessoa além de si mesmo. Não importa. Sendo o mundo um sistema indivisível, quando mudo um aspecto nele, necessariamente mudo o todo.

Ser *Bench* significa prezar por valores sólidos, pelo respeito às pessoas, às empresas, às diferentes culturas, às diversas crenças. É respeitar e honrar a própria história e a história, crenças e valores do seu próximo.

Ser *Bench* é não se intimidar perante as adversidades que certamente surgirão, mas confiar que em sua essência encontrará os insumos necessários para transformar tais adversidades em oportunidades. E nos recursos que estão à sua disposição (como pessoas, mentores, demais Benchs, informações, tecnologia), as ferramentas para transformar tais insumos em resultados sólidos. Afinal, você já fez isto antes: já provou a si mesmo que pode, porque realizou.

Ser *Bench* é agir como protagonista, é encontrar positividade em tudo, é ser antifrágil, respeitando seus limites e aceitando que nem sempre vencerá (esta é uma visão imatura da vida) mas em tudo pode e deve encontrar aprendizados e oportunidades para chegar onde quer.

Ser *Bench* é rejeitar com todas as forças a mediocridade. É se sentir merecedor do que há de melhor na vida. É ser amigo do sucesso e da prosperidade. Não é um título, um cargo, ou algo que é adquirido. É uma mentalidade. Uma forma pensar, de sentir, de agir e de ser.

Ser *Bench* é ajudar outras pessoas a despertarem seu verdadeiro potencial. É ser ponte para elas, como um dia alguém também foi ponte para você.

Ao longo deste livro, compartilharei com você histórias, conceitos, conquistas, dados, pesquisas e tudo o que for possível para construir melhor o que, de fato, significa ser *Bench*. Acima de tudo, apresentarei desafios para que você comece a experimentar estas coisas em sua vida e comece a sentir mudanças reais, especialmente em seus resultados, a partir do momento que começa a se tornar um *Bench*. A excelência te espera.

PARTE 1: "ME FALE SOBRE VOCÊ"

Quem é você e de onde veio? - o passado.

ETAPA 1: QUEM É VOCÊ?

"A empatia começa com a autoconsciência. Em outras palavras, para ser eficaz em sintonizar-se com as emoções alheias, você deve primeiro tornar-se hábil em afinar-se com suas próprias emoções e em reconhecer seus pontos cegos emocionais." Jeb Blount, Inteligência Emocional em Vendas.

O que você deve dizer quando o gestor lhe pede para falar mais sobre você? O que ele deseja que você fale? Ele quer saber da sua vida pessoal ou profissional? Esta dúvida é muito comum e a resposta é tão simples quanto se parece: ele quer conhecer *você*. A grande dificuldade em se responder a esta pergunta não está na pergunta em si ou nas reais intenções de quem a faz. Ela está, na maioria das vezes, na constatação de que você não se conhece o suficiente para saber falar sobre si mesmo. E o pior: frequentemente se descobre isso quando não há mais o que fazer no momento.

Este capítulo, portanto, se dedica a fazer com que você ganhe clareza sobre quem é e de onde você vem, conectando tudo isto às oportunidades que surgem para você.

Antes de mais nada, preciso lhe dizer que não estou lhe conduzindo a um mundo de respostas prontas. Não estou lhe oferecendo um guia passo a passo para se tornar um propagandista de excelência. Isto não existe e, se existisse, eu sinceramente não saberia lhe dizer se existiria algo mais trágico. Este livro não é sobre mim, é sobre você. Tudo o que está nele, mesmo as minhas histórias, está aqui para te guiar por uma jornada em que aprenda a encontrar e construir as suas próprias respostas, a fazer suas próprias análises, a questionar melhor todas as coisas. Isto, sem dúvida alguma, fará de você uma pessoa muito mais autêntica e com poder de fazer coisas que não acreditava ser capaz.

Não estou aqui para lhe dar respostas. Estou aqui para lhe fazer perguntas, provocar, te incomodar, e lhe ensinar a questionar suas verdades também, a fim de se aprofundar conhecimento de si mesmo. Se tudo der certo, ao final deste livro, você se sentirá muito mais autoconfiante e menos interessado em dizer o que alguém possa querer ouvir.

A sua verdade é o seu melhor produto. Portanto, é hora de conhecê-la mais e, só depois, encontrar a melhor forma de vendê-la.

8. COMECE POR SEUS VALORES

"Seu tesouro está onde está o seu coração." Jesus Cristo

N esta época, ainda não era propagandista. No dia, estava em rota com meu chefe quando, de repente, seu telefone tocou. Era o chefe dele e queria falar comigo.

- Oi, Celso, tudo bem? Aqui é o Marcelo (nome fictício).

- Tudo bem, Marcelo. E com você?

- Como estaria bem, Celso? O que tem a me dizer sobre estes últimos resultados na sua Unidade?

- Nossa, que bom que você me ligou, Marcelo. Eu estou trabalhando forte nisso e...

- Trabalhando? Você tem coragem de dizer que está TRABALHANDO? - ele me interrompeu.

Começava a gritar no outro lado da linha. O que viria a seguir seria a manifestação da mais pura falta de respeito materializada em palavrões, gritos e todo tipo inimaginável de assédio moral. Mas eu disse *seria*, porque não deixei que acontecesse. Eu já havia presenciado ele fazer isto com outras pessoas antes. Na primeira vez que vi, prometi a mim mesmo que não aceitaria que ele (nem ninguém) falasse daquela forma comigo. Estava disposto a arriscar meu emprego, se fosse preciso, para impedir tamanho desrespeito. E foi exatamente o que fiz quando seu tom começou a subir nesta fatídica ligação.

- Olha, Marcelo, vou ser bem objetivo com você: ou você abaixa o seu tom de voz comigo agora ou vou desligar este telefone e te deixar falando sozinho. Não confunda: você não é melhor do que eu porque tem um cargo acima do meu na empresa. Com as qualificações que tenho, eu poderia muito bem estar no seu lugar e talvez faria um trabalho até melhor que o seu, quem saberia dizer? Se quiser conversar civilizadamente, estou muito interessado em sua ajuda para resolvermos juntos este problema, mas já fique sabendo que não preciso de seus gritos. Você pode me ajudar?

Houve um silêncio. Em seguida, ele retomou um tom respeitoso e sugeriu que começássemos novamente. A conversa, a partir de então, foi ótima e muito produtiva. E o melhor: sem gritos nem desrespeito.

Após desligar, meu chefe disse:

- É assim que você fala com seu chefe?

E eu o respondi:

- É assim que falo com qualquer pessoa que acha que pode me desrespeitar, indiferentemente de qual seja seu cargo.

Nunca fui demitido por ter agido assim. Muito pelo contrário.

Pouco tempo depois recebi uma promoção sem precedentes

pela companhia. E adivinhe, foi o Marcelo quem estava lá para anunciá-la a mim. Não estou dizendo que fui promovido *por causa* desta situação, isto seria de uma tolice enorme. Obviamente, aconteceu por mérito e performance. O respeito, entretanto, especialmente o autor respeito, é fundamental. Isto é fato.

Neste capítulo, me dedicarei a falar mais sobre valores e todos os benefícios que você terá ao respeitá-los. Várias das contratações de nossos alunos simplesmente não aconteceriam se eles não cultivassem valores universais (também conhecidos como virtudes) e tivessem alcançado clareza sobre seus valores pessoais.

Não há como negar, valores são essenciais para se alcançar o sucesso a longo prazo. Não ter clareza sobre eles lhe conduzirá para uma vida que, talvez, pode até causar inveja em algumas pessoas, mas que não te trará empolgação, que não te fará uma pessoa feliz e realizada.

Você provavelmente conhece histórias de pessoas que pareciam ter tudo, mas que eram profundamente infelizes. É de se assustar, por exemplo, que uma das profissões com a maior taxa de suicídio seja medicina, de acordo com um levantamento realizado em 2016 pelo *American Journal of Preventive Medicine*. Por quê? Se tornar médico não é o sonho de tantas pessoas? Não é algo honroso, difícil, desafiador e do que pessoas deveriam se orgulhar? Médicos, em geral, possuem ótimas remunerações, sem falar no impacto social desta profissão. Então onde está o motivo de um índice tão elevado de suicídios?

Não quero simplificar algo naturalmente complexo aqui. Não pretendo também dar uma resposta definitiva a este tema. Dentre as causas possíveis levantadas pelo estudo, uma delas teria relação ao acesso mais fácil a meios para se dar cabo da vida, o que justificaria índices altos também entre profissões como policiais e soldados. Outra suspeita seria o fato de tais profissões envolverem um alto nível de stress cotidiano. Na minha opinião, estas coisas até explicam, mas não justificam. Meu palpite é que algumas dessas pessoas viveram para realizar o sonho de outras, talvez o de seus pais. E quando se vive sem se respeitar os próprios valores (aquilo que é importante para você), mais cedo ou mais tarde a conta chega. Então é hora de compreender melhor o que realmente significa este sistema de valores e como você pode saber quais são os seus e viver em consonância com eles.

Para contextualizar melhor este assunto sobre como entrar em *harmonia* com seus valores, te convido a participar de uma aula de música comigo. O ano é 2004.

9. ENTRANDO EM HARMONIA COM SEUS VALORES

"Felicidade é quando o que você pensa, o que você diz e o que você faz estão em harmonia." Mahatma Gandhi

Era o primeiro ano de quatro ao todo de um programa de ensino de música oferecido pala Escola Tenente Oswaldo Machado (TOM), o qual era dedicado a ensinar os fundamentos da música, que envolvem noções de melodia, harmonia, leitura de partituras, além da promessa de se sair "fluente" em um determinado instrumento.

- Quando der certo, vocês saberão, e sentirão. Enquanto isso, continuaremos treinando e tentando até acertar.
- Disse nossa professora Bete, que era nitidamente apaixonada por música e por despertar esta paixão em seus alunos. Ela estava determinada a nos fazer *sentir* o que significava harmonia. Para isto, dividiu a sala em três: os alunos da esquerda solfejavam a nota Dó. Os do centro, a nota Mi. Os da direita entoavam a nota Sol.

Tentamos a tarde inteira. Para nós, alunos, parecia estar tudo certo, mas ela parava, apontava para um de nós e dizia coisas como: "você precisa subir o tom um pouco".

E novamente tentávamos. Depois de inúmeras tentativas, finalmente aconteceu. Quando todos acertamos nossas notas, tudo começou a tremer. Foi incrível, indescritível, como mágica. Parecíamos possuir uma única voz. Foi maravilhoso. Estávamos, literalmente, em harmonia.

A gente sempre sabe. A gente sabe quando alguma coisa está fora do tom, em frequência diferente, fora de sintonia. Sintonize sua frequência com quem realmente é, com o que realmente quer. Escolha com quem quer conviver, onde realmente deseja trabalhar, onde quer morar, a vida que realmente deseja viver, porque ela é uma só. A gente não está aqui neste mundo treinando. Este já é o jogo!

E vá ajustando até sentir. Você saberá quando acontecer. Vai sentir tudo vibrar diferente, bem da forma que tem que ser. E o que esta história teria a ver com nosso sistema de valores?

Primeiramente, é importante se entender melhor o que seriam nossos valores. São basicamente as coisas para as quais damos importância. Podemos ainda organizar tais valores de forma coletiva e individual. Existem valores que são virtudes. Ou seja: são aqueles que deveriam ser universais, pois estão relacionados a caráter, ética e moral. Eles são muito menos discutíveis. Por exemplo: o valor à vida deveria ser um consenso, o respeito ao bem alheio, à integridade física, moral e intelectual das outras pessoas.

Outra categoria de valores, no entanto, é mais pessoal. Há pessoas que valorizam uma vida em família, por exemplo, enquanto outras preferem viver solteiras. Há quem valorize viajar e morar em diferentes partes do mundo, enquanto outras criam raízes e buscam cultivar relações mais duradouras com as outras pessoas em um único lugar a vida toda. Quem estaria certo? Na minha opinião, quem está feliz.

Em relação ao que já falamos até o momento sobre valores, já posso lhe fazer, pelo menos, duas perguntas:

Você tem agido em consonância com os valores que são também virtudes?

Questione-se sem pressa. Estes valores são fundamentais para que qualquer ser humano viva bem consigo mesmo e com outras pessoas, e ignorá-los invariavelmente te colocará em uma rota de sofrimento, que pode até não ser identificado, a princípio, como consequência desta desatenção aos valores fundamentais. Mas é, então cuidado com isto.

O que quero dizer é que virtudes não são questionáveis ou negociáveis. Certa vez li um absurdo nas redes sociais em que a pessoa afirmava o seguinte: "Caráter é uma via de mão dupla". Não deveria ser. Na verdade, não é. Esses são os tipos de valores que não deveriam ser negociáveis. Ninguém deveria se comportar eticamente dependendo de qual seja o comportamento de outros. O comportamento ético vem da paz de conviver consigo mesmo. Por favor, dedique um tempo para pensar melhor sobre isto que acabei de lhe dizer. Como diria a Monja Cohen em uma de suas palestras:

> *"Você já percebeu que não é possível deixar de conviver consigo mesmo? Para onde quer que você vá, você estará lá. Por isso, garanta uma boa convivência consigo mesmo e com seus pensamentos."*

A segunda pergunta é: *o que é importante para você?*

Uma pergunta simples, mas que, pela frequência com a qual já a fiz, se assombraria pela quantidade de pessoas que não sabem respondê-la, porque nunca pararam para pensar sobre isto. E, muitas vezes, quando respondem, sai algo "bonitinho", claramente demonstrando a intenção de agradar alguém com esta resposta, como se estivesse sendo avaliado. Esta é a hora de você ser egoísta, então repito novamente:

O que é importante para *você?* - Sem certo ou errado. Sem a preocupação de ser julgado. Sem culpa, remorso... Só tente ser o mais honesto com você mesmo nesta hora, tudo bem?

Quando faço esta pergunta, me refiro a uma classe de valores que dependerá do que faz mais sentido para você. Neste caso, seria conveniente dizer mais uma vez que não há respostas certas. Na verdade, há respostas que fazem mais sentido de acordo com quem você é, com o que te empolga de verdade.

Ignorar esta verdade lhe trará sofrimento em juros compostos. E isto está relacionado a algo que trataremos mais vezes neste livro: fuja de juros compostos. Neste caso, em específico, obviamente não estou me referindo a juros financeiros. Estou falando de adiar conversas difíceis para evitar se indispor com quem precise. E isto serve, especificamente, para quem vive para realizar o sonho de outras pessoas. A longo prazo, isto nunca funciona e gera um sofrimento terrível.

Especificamente para o relacionamento com os pais, é preciso se cortar este "cordão umbilical" com muito amor, vale lembrar. Isto não quer dizer que entenderão imediatamente suas razões. Quase nunca isto acontece. Mas, à medida que o tempo passa, a felicidade de ser você mesmo responde a eles e os ensina que não somos donos dos nossos filhos e não podemos imputar a eles a missão de viver a vida que nós não tivemos coragem, ou a oportunidade, de viver.

É nesta hora que seu egoísmo de ser feliz se sobrepõe ao egoísmo de seus pais em se julgarem capazes de determinar o que te fará feliz. Ainda assim, este enfrentamento tem como missão adquirir a confiança de se afirmar perante a vida. Fará isso outras vezes. Não há neste enfrentamento a intenção de destruir os laços de amor. Na verdade, o amor sempre aumenta em relações em que o (auto) respeito é fortalecido. E o tempo tem papel fundamental neste processo também.

Algo curioso sobre relações onde há presença do desrespeito é a frequência em que isto acontece quando, primeiramente, não se identifica o respeito a si próprio por uma das partes. Estamos, indiscutivelmente, navegando por áreas mais delicadas no momento e, por esta razão, quero lembrar que desejo ir além do que se entende por certo ou errado. Relações desrespeitosas são, de toda forma, abomináveis. Há, contudo, um processo de permissão por uma das partes quando não reage ao menor dos estímulos, porque há ali uma percepção equivocada de si mesmo e de seu valor inestimável. Não há motivos ou circunstâncias que justifiquem a tolerância a comportamentos desrespeitosos, por menores que sejam. Lembra da história que te contei? Percebe como minha postura ao menor sinal de desrespeito impôs os limites?

Pode ser que você não se veja fazendo isto hoje, mas pode começar a desenvolver esta capacidade e logo se tornará algo natural. Uma boa forma é aprender a dizer *não* quando não deseja fazer algo, mas se sente impelido. Aprender a se respeita, sem sentir culpa na compreensão da sua mensagem pelo outro. Você é responsável pelo *que* diz e *como* diz. O outro, por como interpreta.

Para ficar mais claro, vou compartilhar com você a história de um Bench.

Ele possuía quinze anos de vivência na indústria farmacêutica quando decidiu fazer o curso da BenchMarking. Atuou como propagandista em excelentes casas e teve também seu período como gestor. Em determinado momento, se viu desmotivado, porque não concordava com a forma com a qual seu gestor o tratava, o que impactou diretamente em seus resultados. Muitas vezes, seu líder o assediava moralmente, abusando de sua autoridade e ferindo sua integridade moral.

Aquilo se estendeu até ficar insuportável e ele então fora desligado por apresentar resultados insuficientes. Quando me contava esta história, pude perceber o quanto ainda sofria com tudo aquilo. Além de sentir culpa por ter permitido os resultados caírem, se perguntava o que poderia ter feito de diferente, já que realmente não concordava com aquele comportamento inapropriado.

Perguntei o que faria de diferente se pudesse reviver aquela situação. Ele disse:

- Sinceramente, Celso? Eu teria dito a ele o quanto antes o quanto era estúpido, e o quanto sua atitude só me desmotivava ainda mais. Só me arrependo disto. Talvez seria demitido antes, mas teria sido melhor.

Quando passamos por determinadas situações, nem sempre temos a devida clareza sobre o que realmente está em jogo ali. Por isso, quero recomendar a você que respeite uma hierarquia, caso deseje ter uma carreira próspera e feliz:

1. Vida;
2. Valores;
3. Carreira;
4. Emprego;

A vida vem acima de tudo. Se você faz algo que, conscientemente, põe em risco a sua vida ou de outras pessoas ou que negligencia a vida, espere por sofrimento. Ninguém é capaz de suportar tamanho peso moral sem "desligar" uma série de mecanismos morais, ou sofrer uma tortura incessante pela incoerência. Em outras palavras, quando deixa de se importar com a vida de outras pessoas, a sua também perde imediatamente o valor para você mesmo. Muitos vícios adquiridos são apenas uma forma de autopunição por não se respeitar ou respeitar aos outros.

Seus valores vêm logo em seguida. Aqui incluo os universais e aquilo que importa para você. Se seu emprego te "força" a fazer algo que conflita diretamente com seus princípios, espere por sofrimento. É preciso ter consciência de que você se acovarda e se deixa dominar pelo medo de perder o que tem, quando não tem coragem de defender seus valores. Neste momento você imputa a você mesmo o verdadeiro valor que acredita ter e, saiba, não é muito. Aqui você começa a abrir espaço para ser desrespeitado por outros, já que você mesmo já tem o feito.

Só para deixar claro, sua carreira precisa vir depois da vida e depois dos valores, mas antes de seu emprego. Esta clareza é fundamental para evitar uma série de armadilhas, como as que, infelizmente, pegaram este Bench em uma determinada época de sua trajetória profissional. Entender que a carreira vem antes do seu emprego, te permite perceber que deve cuidar dela estando empregado ou não. E, em alguns momentos específicos, seu emprego pode até mesmo ser colocado em risco em nome de sua carreira. De toda forma, a responsabilidade por sua carreira deveria ser sua e não da empresa que te contratou. Há pessoas que passam um enorme tempo sem se qualificarem, entendendo que a parte mais interessada em fazer isto deveria ser a empresa. Ledo engano. Assim como há pessoas dispostas a inferiorizar outras pessoas ou empresas, distratar clientes, sem entender que amanhã poderá estar batendo na porta dessas empresas. Ou ainda, há aquelas que possuem dificuldade em dizer "não" a práticas duvidosas, por terem sido pedidas por pessoas de cargos superiores, desconsiderando a possibilidade de mancharem sua carreira para muito além de seu emprego.

Certa vez ouviu algo de um amigo que guardei com muito carinho: "Celso, imagine que exista uma linha imaginária em torno de você e que ela te acompanhe para onde vai. Não há nada de errado em exigir a pessoas, que eventualmente atravessarem esta linha, que deem um passo para trás imediatamente. Se não fizer isto, será corresponsável pelo que fizerem com você por não ter se posicionado de forma adequada."

E, por fim, claro: honre seu emprego. Eu realmente fico assustado com quão rápido as pessoas, em geral, se acostumam com seus empregos. Algo pelo que lutaram tanto, participaram de processos seletivos extensos e exaustivos, afirmaram com veemência que valorizariam aquela posição e, quando finalmente são escolhidos, frequentemente não leva muito tempo para começarem as reclamações. De repente, as metas ficam altas demais, o líder se torna um carrasco, as tarefas já são muitas... o que não se percebe é que, como seres habituais, só estão repetindo uma série de comportamentos padrões aos quais se condicionaram já há bastante tempo. É uma forma viciada de enxergar o mundo e as circunstâncias que, assim como um elástico, busca retornar ao estado inicial após um breve período de estresse.

É por isso que a auto responsabilização é algo tão poderoso. Encare seu emprego como um caça. Mesmo com todo o aparato disponível, sem a habilidade do piloto, aquilo tudo não passará de um monte de ferro que não chegará nem mesmo a decolar. E quando começar a alçar voos, lembre-se de que existe um botão de ejetar. Seu emprego também tem. Se está tão ruim assim, o que te impede de apertar o botão? Ou será que você só está reclamando mais do que deveria mesmo?

Seu gestor é mesmo um carrasco ou sua habilidade interpessoal não é tão boa quanto imaginava? As metas estão altas ou é você que precisa se desenvolver para gerir melhor os resultados de seu território? As coisas estão chatas ou é você que precisa ter mais disciplina e prefere responsabilizar outros pelos resultados que não tem conseguido entregar?

É minha função te provocar, espero que compreenda. Não irá se desenvolver sem a disposição de confrontar suas verdades, lembra?

A partir de agora, espero que se atente mais aos seus valores. As empresas bem-sucedidas possuem os delas também e estão em busca de pessoas que têm valores compatíveis. Alcance clareza sobre isto, não se iluda. Você não será feliz apenas por receber altos salários e benefícios, mesmo que isto seja um de seus valores. É preciso se levar em conta a compatibilidade de seu sistema de valores com o das empresas nas quais almeja trabalhar. Em alguns casos, é preciso também buscar fortalecer mais um ou outro dos valores virtuosos e descobrir, sem medo de errar, *o que realmente te faz feliz*. Tudo isso certamente fará de você um profissional mais valioso e valoroso.

E quando encontrar a oportunidade certa, você saberá e todos saberão, como aconteceu naquela sala, quando tudo ao redor vibrava em resposta ao som que produzíamos. A harmonia é algo verdadeiramente poderoso.

10. DESCUBRA SEUS VALORES FUNDAMENTAIS

Pegue uma folha de papel A4 em branco, pode ser pautada ou não, mas garanta que seja algo que possa resgatar sempre que desejar.

Escreva nesta folha as 30 coisas mais valiosas para você. Escreva coisas como família, viajar, estudar ou qualquer coisa que realmente tenha valor para você, sem influência de "filtros". É somente sua verdade que conta agora.

Após escrever estas 30 coisas, risque 10 delas com as quais seria capaz de sobreviver sem. Pode parecer difícil, mas lembre-se de que é apenas um exercício e você não está realmente riscando estas coisas da sua vida.

Após sobrarem 20, risque mais 10. Talvez seja um pouco mais difícil agora, mas lembre-se que não estamos falando de coisas fáceis, contudo, por pior que seja, você conseguiria sobreviver sem elas.

Agora que sobraram apenas 10, risque mais 5. A esta altura, se você for uma pessoa como eu deve estar sentindo um aperto enorme no peito e uma vontade irresistível de chorar. Não se culpe, é somente um exercício, e o resultado é recompensador.

Mas agora preciso que continue: circule estas 5 coisas que restaram e risque mais duas. Estes são os seus 3 valores fundamentais. E agora preciso que os circule novamente e risque mais dois. Não existem respostas certas. Existe apenas o que é valor para você. E agora você acabou de descobrir qual é o seu *valor fundamental*.

Se quer ter sucesso na vida a longo prazo, honre este valor, tome decisões sempre baseadas nele, aja em conformidade com ele. É importante lembrar que, com o tempo, seus valores podem mudar e tudo bem. Repita este exercício sempre que sentir necessidade.

11. UM UNIVERSO DE POSSIBILIDADES

"Gnōthi seauton." (Tradução: Conhece-te a ti mesmo) Sócrates, Pitágoras, Heráclito ou até mesmo Tales de Mileto. Ninguém sabe ao certo.

Ela estava completamente travada. Simplesmente não conseguia encontrar nenhuma resposta satisfatória para aquela etapa do projeto. Mas também, como poderia? O projeto exigia que ela analisasse relatórios de auditoria de seu produto fictício: DDD (Dados de Distribuição de Drogas), Audit Pharma, Tabela de Preços de seu produto versus concorrentes e mais o que desejasse incluir.

Se tem algo que ela tinha certeza é de que não nasceu para os números, não era nada analítica, tanto que fugiu sempre de matérias relacionadas à área de exatas e só fazia cálculos quando não tinha outra saída.

- Celso, eu não consigo. Nunca fui boa com números. Certamente não sou uma pessoa analítica.

- Ok, Gabrielly, tudo bem. As pessoas são mesmo diferentes e não podem ser boas em tudo. Mas e se você esquecesse por alguns instantes o que acredita saber sobre você mesma? E se esquecesse que pensa que não á analítica, abandonando o objetivo de dar a resposta certa, simplesmente nos dizendo o que vê nestas planilhas? O que nos diria?

Ela ficou calada por alguns instantes. O que veio a seguir poderia ser descrito muito bem como algo próximo a um milagre. De repente, ela começou a falar, a descrever o que via e, sem qualquer exagero, fez a análise mais completa que já vi um *Bench* fazendo em um encontro ao vivo, nesta etapa do projeto. Foi indescritível e maravilhoso. Todos ficaram chocados com aquilo, incluindo a própria Gabrielly.

Eu quero começar este capítulo te encorajando a desconfiar de si mesmo e dos conceitos que formulou até aqui a seu respeito, do que acredita que é ou não capaz de fazer. Muito do que pensamos a nosso respeito simplesmente não é verdade, mas sim algo que passamos a acreditar após escutarmos pessoas referências para nós - sempre muito bem intencionadas, claro - afirmando o que pensam a nosso respeito ou, até mesmo, medindo nossa capacidade por um sistema ineficaz de pontuação que possui muito pouca correlação com sucesso na vida real.

Se você sempre teve uma média de pontuação baixa em Matemática, por exemplo, a conclusão mais óbvia é a de que você não leva jeito com números e não que a forma de se ensinar este conteúdo simplesmente não é compatível com a sua forma de aprender, ou que o método de se medir sua capacidade seria ineficaz, se o objetivo for alguma coisa, além de se tirar uma nota alta na prova.

Seria algo como dizer a um bebê com cerca de um ano de idade que ele não teria sucesso na desafiadora tarefa de aprender a andar, a julgar pela quantidade de tombos que leva nesta fase da vida. Ainda bem que bebês ainda são pouco influenciados por nossas percepções e crenças limitadoras, ou não tenho dúvidas de que teríamos uma quantidade significativa de adultos acreditando que não são bons em se equilibrar sobre suas próprias pernas.

Se quer mesmo seguir uma jornada em busca do autoconhecimento, precisa, antes de mais nada, assumir que não se conhece. Quanto mais espaço der para a incerteza do que é ou não capaz de fazer neste momento, mais dará abertura para conhecer algo que os orientais chamam de seu *Eu Maior*, uma fonte infinita de possibilidades e capacidades.

O que você seria capaz de fazer se se esquecesse do que acredita ser ou não capaz de fazer?

Refletindo sobre grandes ícones, pessoas que tanto admiramos pelos feitos, conquistas e transformações que geraram ao mundo - como Steve Jobs, Walt Disney, Einstein... - me veio à mente o que eles possuem em comum. E percebi que eles apostaram todas suas fichas na sua essência, em sua singularidade, naquilo que eles tinham certeza que traria uma contribuição ímpar ao mundo.

Mas, diferentemente do que somos tentados a imaginar quando conhecemos a fundo a história deles, percebemos que eles não fizeram coisas incomuns porque *eram* pessoas extraordinárias. Na realidade, eles a fizeram porque se engajaram em grandes objetivos que *os transformaram* em pessoas extraordinárias.

Isto é lindamente retratado no filme Matrix, em que o protagonista Neo recebe uma resposta do oráculo a respeito de sua possível predestinação a ser o escolhido que viria a salvar toda a humanidade. O oráculo diz que não ele não é o escolhido - sabendo que ele o é - porque era necessário que ele descobrisse isso por si só. Caso contrário, se ele achasse que era, provavelmente não passaria pelo que tinha que passar e, consequentemente, não se tornaria quem precisava ser para o que precisava fazer. Um paradoxo de fritar o cérebro, mas que encaixa muito bem ao contexto. Não se trata, portanto, de ser ou não destinado a coisas grandiosas, mas sim de se tornar alguém melhor, capaz de fazer coisas cada vez maiores, quando se engaja em objetivos verdadeiramente grandiosos. Trata-se de seguir uma jornada que necessariamente irá te transformar e te capacitar a realizar coisas grandiosas.

Você não nasce bom. Você se torna bom.
Einstein não nasceu Einstein. Pelo menos não o Einstein que reverenciamos. A essência já estava lá. Mas ele teve que seguir uma "jornada" em busca dessa essência. Aprimorar, estudar, errar, aprender, refazer... Ele precisou conviver com certos dilemas e enigmas que ele próprio se lançava, que permaneceram incompreendidos por mais de uma década! Alguns dos quais ele jamais foi capaz de solucionar completamente (com demonstrações empíricas principalmente) em vida. E até hoje, em pleno século XXI, há cientistas engajados em provar suas mais ousadas teorias. E isso só demonstra quão genial fora sua mente para a época. Se optar por seguir essa jornada, você também não será reconhecido de cara. Antes disso, será posto à prova, questionado, indagado, sabotado... Portanto, prepare-se.

Nesta busca, existem também sacrifícios. A vida vai exigir, mais cedo ou mais tarde, que você abra mão de algo em prol de seus objetivos. É neste momento que precisa estar claro para você mesmo o porquê da sua existência. Por esse motivo, os grandes gurus insistem tanto em dizer que ganhos financeiros são uma espécie de motivação fraca para te sustentar quando tudo parece ficar de cabeça pra baixo. Com uma certa frequência, as coisas tendem a piorar bastante antes de dar certo, e nesta hora, é preciso se apegar à sua missão, ao seu verdadeiro objetivo de fazer o que faz, algo consideravelmente mais valioso que apenas dinheiro, por mais estranho que isso te pareça. Espero que tenha boas razões e coragem para superar essas tempestades. É preciso, além de tudo, ser persistente: não desistir de você, especialmente quando todos já o fizeram.

Quer provas do que estou dizendo? Já assistiu ao filme "Walt antes de Mickey" (disponível no Netflix)? Se ainda não, sugiro veementemente que faça isso o quanto antes. Vai entender melhor do que estou falando. Perdoe o pequeno spoiler (caso não queira ver, pule imediatamente para o próximo parágrafo), mas o cara chegou a comer lixo! Imagina o que teria acontecido caso ele tivesse desistido de acreditar em seus sonhos. Jamais conheceríamos a magia do mundo Disney, porque a Disney simplesmente não existira, já que um talento resolveu desistir de acreditar em si mesmo antes que tudo pudesse dar certo!

É preciso ouvir seus instintos e, muitas vezes, fugir do caminho convencional. No discurso de Jobs a formandos da Stanford University (caso ainda não tenha visto, é imperativo que assista também!), ele afirmou que "há pontos que só é possível ligar olhando para trás". Ele se referia a escolhas que fez (como cursos avulsos, por exemplo), que impactaram completamente o futuro dele e, de tabela, de todo o mundo, que ele não fazia a menor ideia de como aquilo poderia ser usado no momento em que escolheu. Apenas seguiu seus instintos. Prefiro o termo: "ouviu a voz da sua essência".

Eu realmente acredito que cada um de nós nasceu para um objetivo particular, e que deveríamos despender grande parte de nossa energia para descobrir tal objetivo. Vale inclusive recorrer à sua infância, suas características que te diferenciavam dos demais coleguinhas, irmãos ou primos. Frequentemente se descobre coisas importantes ao se lembrar dessa época, em que podemos ser, de forma descomprometida, nós mesmos! É como encontrar o espaço exato onde nos encaixamos no Universo. Isso não tem necessariamente a ver com a escolha de uma simples profissão, ou uma religião específica, por exemplo. É algo bem mais profundo. Trata-se do real motivo da sua existência, da sua verdadeira missão aqui na Terra.

Quero dizer que, à medida que você se encontra no Universo, seguindo algumas de suas intuições, o que antes se parece com um eco sutil lá no fundo, uma faísca distante, quanto mais você avança rumo à sua essência, vai se tornando uma força tão potente que, em determinado ponto, já não mais conseguirá resistir a ela.

Essa jornada certamente irá te conduzir para um feito único, uma contribuição ímpar para a humanidade. Simplesmente porque você decidiu ser você mesmo, mas você na melhor forma. Vale lembrar também que, por se tratar de uma decisão, nunca é fácil seguir a jornada pela essência. Desculpe-me a afirmação forte, mas o sucesso nunca foi um lugar para covardes. Por isso, prepare-se para fazer escolhas difíceis, decisões não compreendidas pela esmagadora maioria das pessoas que te acompanham. Não as culpe. Elas ainda não são capazes de ver o que você vê. Poderão te pregar um rótulo de louco, o que é um ótimo sinal, nestes casos!

Por mais que se defenda este ponto de vista, sempre haverá pessoas que insistirão em dizer que sucesso, muitas vezes, se trata de sorte e pronto. Não as julgue ou tente mudá-las. Apenas compreenda o ato de defesa de se afirmar algo assim.

Na minha opinião, nada pode ser tão danoso a alguém quanto a sorte, quando este não está preparado para ter aquilo o que não se transformou para receber. Todos conhecemos histórias de pessoas que enriqueceram da noite para o dia e que voltaram à mesma condição inicial - ou até pior - pouco tempo depois. As coisas precisam permanecer. Eu acredito que só o que é verdadeiro pode permanecer, e isso exige uma transformação. Precisamos de mais do que meros "castelos de areia". Precisamos *ser* muito antes de *ter*.

Quando reflito sobre isso e sobre todos esses personagens citados aqui, dois pensamentos me sobem à mente. O primeiro, mais óbvio é: o quão corajosos e determinados foram esses seres, capazes de persistirem em percorrer sua jornada pela essência, contra tudo e contra todos. O outro, menos óbvio é: quantos Einsteins, Jobs, Walts deixaram de existir e de, consequentemente, nos brindar com suas contribuições ímpares, pela falta de coragem em seguir sua jornada pela essência? Queria que fossem menos especiais, que existissem mais deles no mundo. Talvez possa ser você, talvez não. Acredito que esta escolha seja completamente sua e a respeito, seja ela qual for.

Mas quero lhe fazer um pedido: não se veja mais como inferior a ninguém, tão pouco superior. Trata-se apenas de buscar ser, a cada dia, um pouco melhor do que você foi ontem. Se quer mesmo viver uma vida extraordinária, é hora de tomar consciência de algumas coisas, como, por exemplo, da importância de se honrar sua história e cada uma das escolhas que fez até este momento.

12. HONRANDO A SUA HISTÓRIA

"Só é possível libertar-se do passado chegando a um acordo com ele." Srim Prem Baba, O Propósito

Eu já ouvia muito se falar sobre a necessidade de se honrar a própria história e ser coerente com seus valores pessoais. Eu acreditava que era algo que eu já havia assimilado, porém foi meu aluno Mateus (nome fictício) quem verdadeiramente me ensinou a fazer isto. E agora compartilho esta história com você.

Ele tinha entrevista marcada no Laboratório Libbs e em outro de igual relevância. Naquela época, nossos cursos já eram 100% online, porém formatados em encontros ao vivo, pois era a forma como eu, até aquele momento, conseguia fazer para que nossa metodologia de ensino fosse preservada na íntegra.

Marcamos então uma videoconferência por Skype extra curso. Ele estava ansioso, o que é completamente compreensível dado ao que chamo de "um jogo muito alto". Ser contratado como propagandista por um grande laboratório farmacêutico representa uma transformação de vida irreversível. É claro que, em sua maior parte, uma mudança extremamente positiva, mas é quase impossível toda esta expectativa não vir acompanhada de medos: de não dar conta das novas tarefas, de não conseguir corresponder às expectativas dos gestores que o contratarão e, até mesmo, bem antes de tudo isso, o medo de não ser escolhido.

É este hábito de nossa mente de persistir em vagar num futuro hipotético qualquer... adoramos fazer isso, não é mesmo?

Então vamos voltar àquele encontro, caro leitor, que marcamos, eu e o Bench Mateus. Conversamos muito. Minha função nesses momentos, em geral, é basicamente acalmar o aluno, relembrá-lo o quanto ele merece estar ali (quando é verdade, claro) e fazê-lo encontrar a clareza necessária para conseguir ser ele mesmo no processo seletivo. Em geral, quando o profissional não se torna seu próprio obstáculo nas entrevistas, ele vai muito bem. Não perder para si mesmo em momentos assim já é uma grande vitória.

A conversa transcorreu superbem, ele se acalmou, resgatou sua confiança, até que chegamos num tema polêmico. A propósito, assuntos polêmicos são bem comuns em meu ramo de atuação. Naquela ocasião, estava recebendo muitos *feedbacks* de gestores que abertamente se posicionavam contra "cursos de propagandista", muito embora não conhecessem a proposta da BenchMarking. Eu compreendia aquilo. Entre outras razões, eles estavam frustrados com experiências negativas com profissionais que haviam feito alguns cursos e não apresentaram desempenho satisfatório e acabaram generalizando. Todos fazemos isto. Mas aquilo não deixava de prejudicar diretamente meus negócios, que, dentre outros diferenciais, sempre tiveram o gestor como figura central.

Foi então que eu disse a ele:

- Sobre colocar o curso no currículo, Mateus...

- Celso, por favor - ele me interrompeu antes mesmo que eu

tentasse convencê-lo a não fazer isto – não sei qual sua opinião sobre isso e, honestamente, não me importa. Já estou decidido e não há o que você (ou qualquer pessoa) me diga que me convencerá a tirar o nome do curso da BenchMarking do meu currículo. Eu honro minhas escolhas, sou completamente grato a este curso, porque me transformou muito como pessoa e profissional. E, se os gerentes não concordam com o fato de eu ter feito um curso como o seu – mesmo sem o conhecer – eles terão de me convencer, ou serão convencidos.

Eu fiquei mudo.

Senti uma mistura de vergonha por ter pensado o que pensei e muito orgulho daquele *Bench*, que, naquele exato momento, me ensinava uma lição preciosa: **eu devo sempre honrar minhas escolhas e a minha história.**

Naquela hora eu tive certeza de que ele seria contratado. Minha convicção veio da atitude dele, de sua postura e segurança para defender o que acreditava. Na condição de gerente, diante de um profissional com tamanha confiança e segurança, eu jamais conseguiria dizer não.

Precisa dizer em qual laboratório o Mateus é propagandista hoje?

Aquela mesma lição que aprendi com meu aluno é a que quero deixar para você aqui: honre sua história e suas escolhas. Antes de querer convencer alguém daquilo que acredita (perceba que isto é muito diferente de ser teimoso) garanta que a dúvida foi completamente extinguida dentro de você primeiro.

Quantas pessoas têm vergonha de sua história, de suas origens, daquilo que, de certa forma, as torna únicas? É preciso olhar para trás e perceber como tudo o que aconteceu, e que em algum momento de sua vida você possa ter classificado como "bom" ou "ruim", forjou a pessoa que é hoje.

Meu conselho é que vasculhe suas lembranças e perceba

momentos com os quais ainda não conseguiu fazer as pazes. Sim, exatamente aqueles que geram em você sentimentos negativos, como raiva, frustração, arrependimento, vergonha, tristeza... Existem pessoas que vivem coisas realmente ruins e a tendência natural é afastar os pensamentos dessas lembranças. Mas é aí que está o verdadeiro poder da ressignificação. Aceitar é diferente de concordar.

Aceitar é perceber que aquilo também faz parte da sua história e também de quem você é hoje. Mesmo nos maiores desastres e situações inesperados é possível nascerem sementes benéficas. Entender isso, honrar isso, aceitar e perceber as dádivas daquelas circunstâncias, nas quais antes você só via o lado negativo, é ganhar forças (você realmente sente isso acontecendo).

Então se pergunte: *que dádiva exatamente esta situação me entregou e que até hoje não percebi?*

Não descanse até encontrar uma resposta satisfatória, que te faça se sentir diferente em relação à lembrança desta experiência. Não se assuste se não encontrar uma resposta imediata. Na verdade, saiba que, se você "travou", é porque está, neste exato momento, mudando fisicamente as estruturas do seu cérebro, o fazendo criar novos caminhos neurais.

Acredito que você irá concordar comigo que realizar um curso está longe de ser uma experiência passível de ser qualificada como negativa. Então por que aceitar do outro, que não vivenciou a experiência, uma avaliação preconceituosa ou precipitada? Não estaria você neste momento desonrando suas escolhas, gerando incoerência de pensamentos e literalmente perdendo forças?

E olha que interessante: quando você está em paz com suas escolhas, o que surge não é um sentimento de mudar a visão do outro sobre aquilo a todo custo. Ninguém é obrigado a pensar de forma diferente só porque você quer que seja assim. O que existe é uma compreensão da sua parte do porquê a outra pessoa enxerga daquele jeito hoje, a partir dos "insumos" que ela possui, e a paz para oferecer novos insumos para que ela tenha a possibilidade de criar uma nova percepção por si só. E isto se chama influenciar, o que considero muito mais eficaz do que a tentativa de convencer, que sugere, na maioria das vezes, um ganhador e um perdedor.

Pense melhor sobre isto: influenciar gera ganhadores. O ato de convencer alguém, por outro lado, gera ganhadores e perdedores. Ninguém gosta de perder, não é verdade? É por esta razão que, muitas vezes, ser convencido de algo pode ter o mesmo sabor que se dar por vencido e, normalmente, quando isto acontece após um longo e desgastante debate (ou embate) o convencimento se dá às custas da autoconfiança do outro ou, em alguns casos, até mesmo da admiração dele por você.

Outro ponto importante que espero que extraia desta história do Mateus: ninguém vende aquilo que não compra. Então, para buscar influenciar alguém com suas ideias, antes se convença. Só então estará pronto para modificar percepções de outras pessoas sobre a realidade. Aí é partir para a ação.

Falando em vender, quero dizer a você o motivo pelo qual eu acredito tanto que Vendas deveria ser uma disciplina obrigatória na escola e isto porque, independentemente de quem seja, eu defendo fortemente que todas as pessoas no mundo vendem. Tendo consciência disto ou não, sendo boas nisso ou não.

ETAPA 2: O QUE VOCÊ NÃO É

"As palavras reduzem a realidade a algo que a mente humana é capaz de entender, o que não é muita coisa. A linguagem consiste em cinco sons básicos que se originam nas cordas vocais. Eles são as vogais a, e, i, o, u. Os outros sons são consoantes produzidas pela pressão do ar: s, f, g, e assim por diante. Você acredita que uma combinação desses sons básicos é suficiente para explicar quem é você, o propósito supremo do universo ou até mesmo o que uma árvore ou uma pedra são em essência?" Eckhart Tolle, Um novo mundo - O despertar de uma nova consciência.

Tão importante quanto entender quem você é, é ter consciência de quem você não é. Alguns dos maiores problemas que as pessoas vivem se originam de uma percepção equivocada sobre sua própria identidade. Na psicologia, quando se fala em identidade, frequentemente são citadas as diferentes instâncias da personalidade: Id, Ego e Superego. Na filosofia oriental, ouve-se muito sobre o Eu Menor, Eu Maior e o Ser. É possível encontrar pontos de conexão entre esses conceitos sobre esse tal de "eu".

Sem aprofundar muito no tema e trazendo a você noções

mais práticas, eu vou fazer um breve resumo desses conceitos, apenas como aspecto introdutório. O Id é o seu "Eu" mais primitivo e infantil. Ele fala sobre os desejos, as vontades, as necessidades. É aquele com o qual o indivíduo já nasce. Uma criança chora quando quer se alimentar. O que ela quer fazer, ela simplesmente faz. À medida que cresce, a noção do Ego e do Superego vai sendo formada. Ela se percebe como o indivíduo no meio de uma sociedade e começa a entender que, para viver em comunidade, é impossível satisfazer a todos os desejos do Id de forma desenfreada e esta noção é reforçada a partir de valores sociais apresentados por aqueles que exercem papel de autoridade sobre este indivíduo, e, portanto, constroem o que é chamado de Superego.

Já, segundo a filosofia oriental, o Eu Maior, é o indvíduo em sua totalidade que não pode ser expressado ou definido em palavras ou quaisquer outros tipos de signos. Toda tentativa de se fazer isso aproxima o indivíduo ao que é chamado de Eu Menor, que é a sua identificação, a fim de atender total ou parcialmente as expectativas de determinado grupo. Para entender melhor isto, pense nesta pergunta: *quem é você?*

Provavelmente sua resposta irá mudar dependendo de quem faça esta pergunta. Importante saber que qualquer resposta não conseguirá satisfazer o objetivo de definir seu Eu Maior, e somente irá te identificar perante um ambiente específico. O Eu Menor, portanto, é necessariamente uma redução do que é seu Eu Maior. Se passar muito tempo acreditando que é quem diz ser, certamente reduzirá o escopo do que acredita ser capaz de fazer e se distanciará de seu verdadeiro potencial de realização que alguns defendem ser infinito.

Quanto ao Ser, ele seria algo como a transcendência deste Eu Maior, o permitindo acessar o que poderia ser definido como o divino, que ligaria todos os seres a uma coisa só. Tem a característica de ser indivisível e o alcance deste estado de consciência permitiria ao indivíduo se sentir completo, inteiro, conectado a tudo e a todos, semelhantemente ao que aconteceria com o homem no momento que preenchesse sua vida totalmente com a presença de Deus.

Da compreensão desses conceitos, pode-se dizer que todo sofrimento seria gerado pela desconexão do indivíduo com quem ele realmente é, a partir do momento que passasse a acreditar em inverdades sobre si mesmo. Descobrir, portanto, essas inverdades levaria o ser humano a se conectar novamente ao seu Eu Maior e, quem sabe, ao Ser.

É por esta razão que, neste capítulo, focaremos em desconstruir algumas coisas, afirmando o que você, certamente, *não é*.

13. VOCÊ NÃO É UM FRACASSADO.

"Transmita o que aprendeu. Força, mestria. Mas fraqueza, insensatez, fracasso também. Sim, fracasso acima de tudo. O maior professor, o fracasso é." Mestre Yoda, Star Wars - os últimos jedi

*Você pode assistir a esta cena **clicando aqui** ou escaneando o QR Code abaixo:

O processo tinha começado com cerca de 15 mil candidatos em todo Brasil. Restavam menos de 300. Era a oportunidade que sonhava já há algum tempo. Mas quem não sonha em atuar como *trainee* da empresa que foi eleita por vários anos consecutivos como a melhor empresa para se trabalhar?

Eu não fui selecionado e fui convidado a ouvir o feedback - Já deu pra sentir o porquê de a empresa ter tal prestígio, não é verdade?

A psicóloga educadamente se sentou em uma mesa e me convidou a fazer o mesmo.

- Você faz ideia de por que não passou, Celso?

- Amm... talvez eu tenha exagerado na apresentação. - Eu tinha até cantado uma música! É claro que exagerei. Não me restavam dúvidas quanto a isto.

- Nossa, você está completamente enganado! A partir de sua apresentação, nós tivemos certeza de que era a pessoa que buscávamos. Sua energia é contagiante... mas algo mudou no meio do caminho. Você deixou alguma coisa te afetar e simplesmente sumiu no processo.

Ela não podia estar mais certa. Quando vi a apresentação dos outros candidatos, supernovos, com vivência no exterior, poliglotas... pensei: "Eu não tenho chance alguma! O que estou fazendo aqui?"

Ela continuou:

- Celso, infelizmente o processo seletivo é o único momento que temos para te conhecer. Você precisa avaliar o que te fez sumir neste processo e, faça um favor a si mesmo: não permita mais que nada tire este seu brilho.

- Muito obrigado. Você não faz ideia do quanto isto é importante para mim. É claro que estou triste agora, porque cheguei longe e alimentei muitas expectativas. Mas seu feedback vai me permitir mudar para sempre, saiba disso.

Eu não imaginava o quanto. Às vezes as coisas não acontecem como imaginamos. E isto não significa que são ruins. A menos que as classifiquemos assim.

Este processo, em especial, foi muito importante para meu amadurecimento profissional. E hoje inspiro centenas de alunos com este e vários outros cases que vivenciei.

E qual a mensagem quero passar te contando esta história?

Se você é gestor, veja o quanto pode presentear uma pessoa com um simples feedback. Se você está em busca de oportunidades, jamais deixe de ser você mesmo. Jamais. E sempre aprenda com as vitórias, mas principalmente com os fracassos.

Esta é uma lição essencial a quem deseja ter sucesso na profissão propagandista, e isto já começa quando se tenta ingressar, e se começa a participar de processos seletivos de grandes laboratórios. Nada impede de você ser escolhido já no primeiro processo, mas posso dizer que isto está longe de ser típico. A maioria das pessoas participa de vários processos até conseguir a contratação. Muitos desistem no caminho, e penso que é até melhor que seja assim, porque, para quem não desiste, é possível se perceber que os "nãos" dos processos já fazem parte do treinamento para o que virá em seguida.

Você acredita mesmo que todos os médicos implorarão por sua visita? Que as portas estarão sempre abertas, que as secretárias estarão sempre de bom humor e que seu gestor não cometerá erros? Pense de novo. A realidade não tem nada a ver com tal delírio.

Você enfrentará frustrações desde o primeiro dia que se tornar propagandista, se ainda não o é. A começar pelo volume absurdo de informações que terá que absorver já nos primeiros dias. Você vai descobrir que pode ler muito mais rápido do que imaginava, que pode memorizar muito mais informações que acreditava, que pode aprender muito mais, por uma razão muito simples e brutalmente realista: você precisará! Não há alternativas: ou se aprende ou se aprende. É por isso que valorizo tanto a necessidade real por determinado conteúdo para a aceleração no processo de aprendizado. Nestas situações, já vi coisas muito próximas a milagres acontecendo.

Mas isto não é nem o começo. Ao planejar seu roteiro de visitas, você perceberá que terá que desenvolver uma nova forma de lidar com seu tempo ao longo do dia, caso queira atingir sua meta de visitação diária. Eu não tenho em mãos agora dados científicos para corroborarem com o que direi, mas eu tenho grande convicção que as dores de se planejar um roteiro efetivo e de se executar o que se planejou muda, inclusive fisicamente, as estruturas cerebrais da pessoa. É uma forma completamente nova de pensar e agir mediante os desafios.

Tudo acontece muito rápido. Dificilmente as coisas ocorrerão conforme você previa: médicos irão se ausentar ou alterar seus horários de atendimento, o trânsito vai parar, secretários esquecerão de anunciar sua chegada, seu gerente pedirá algo em cima da hora, pacientes se irritarão com sua presença... enfim, coisas inesperadas acontecerão com tal frequência que você passará a planejar tudo de forma a incluir essas variáveis. É o que eu chamo de aprender a lidar com a lógica da inequação, a incluir a incerteza em seu planejamento, sabendo que as coisas não acontecerão conforme previu e está tudo bem, porque você irá se antecipar e se adaptar rapidamente ao longo do dia.

Você poderá treinar o quanto desejar, ou realizar uma pré-visita incrível, isto não impedirá que, vez ou outra, você não escorregue e faça um trabalho medíocre dentro do consultório médico. Sim, cometerá inúmeros erros, sempre querendo acertar. O problema mesmo é quando não tem paz de encarar esses erros, procura evitar pensar neles, como se precisasse sentir vergonha ou, pior, comece a culpar outras pessoas ou circunstâncias pelo ocorrido. Nada disso é saudável. Precisa de paz e de reduzir bastante a auto cobrança para poder se fazer uma pergunta importante e obter uma resposta realista e satisfatória: eu vendi?

O que quero defender aqui é a importância de você ressignificar os fracassos na sua vida. Nós sempre receberemos muito mais "nãos" do que sim, logo não dá para sofrer com cada coisa que sai fora das nossas expectativas. O grande segredo é transformar os fracassos em aliados, em professores. É aprender com cada resultado, bom ou ruim. É entender que os acertos são conquistados após muitos erros e, por isso, não há nada de errado em errar, mas sim em evitar cometer erros - o que atrasa aprendizados e sempre eleva os riscos, até tornar o acerto algo improvável de acontecer. Tolice mesmo é não aprender com cada erro cometido.

Falando sobre erros, preciso te dizer que cometerá vários, mesmo fazendo tudo certo e dentro do que esperam que você faça, e isto não é, necessariamente, um problema. O real problema é você não saber sua real capacidade. É acreditar que é menos capaz do que é e isto pode ter relação com vencer a cultura de *coitadismo*.

14. VOCÊ NÃO É UM COITADO

— P ai, compra esta bala para mim, por favor. - O Samuel tinha uns três anos na época. Não gosto de comprar besteiras para ele, mas, naquele dia, ele tinha feito algo bem legal e decidi premiá-lo.

- Samuel, eu compro sua bala, mas você abre o pacote, tudo bem? - Ele ainda não sabia fazer isso.

- Tudo bem, pai.

Lembro-me de que se esforçava tentando abrir o pacote enquanto uma menina que estava no caixa daquela padaria comentava com a outra:

- Tadinho.

O pacote rasgou e as balas quase caíram no chão, mas não caíram. Ele ficou nervoso e disse:

- Viu, pai! Eu não sei fazer isto direito.

Eu o levei num canto, longe daquelas meninas e disse:

- Por que está nervoso? Você conseguiu e foi só a sua primeira vez! Estou orgulhoso de você. Samuel, você pode fazer o que quiser, mas tudo no começo parece difícil. Então tem que se esforçar para melhorar. Mas quero que ouça bem o que vou dizer: você não é "tadinho", você não é coitado. Entendeu?

Ele abriu um sorriso largo e me deu um abraço bem forte:

- Entendi, pai.

Cultura é algo tão presente na nossa vida, na qual estamos há tanto tempo mergulhados que, muitas vezes, não conseguimos sequer perceber a influência dela em nossos pensamentos e emoções.

E algo que infelizmente está presente na nossa cultura é a pena, a dó, o vitimismo. E isto começa bem cedo.

Quer ver um exemplo? Qual é a reação mais comum de pais quando seus filhos caem? Se você reparar bem no olhar da criança nas primeiras vezes que isto acontece, perceberá que ela não sabe muito bem como reagir e então olha diretamente para o pai, a mãe ou a figura que seja sua referência de autoridade naquele ambiente.

E normalmente os pais agem da pior forma possível. Eles saem correndo e dizem algo como: "Ah, meu filho, você caiu... oh dó, vem cá no papai (ou mamãe)... não foi nada, tá tudo bem. Pulou! Oh..." É neste momento que a criança aprende que cair é algo ruim. E mais: que é normal sentir pena de si mesmo quando falha, quando erra, quando cai.

Se é pai ou mãe de crianças menores, apenas faça um teste. Quando seu filho cair, antes de sair correndo desesperado falando alguma coisa, apenas observe. Primeiramente veja se houve ali algum ferimento grave. Se sim, não precisa dizer nada. Pegue a criança e tome as medidas necessárias para resolver o problema.

A situação mais provável, no entanto, é que não terá sido nada grave, por uma razão muito simples: crianças caem mesmo, é normal. Nestes casos, continue tranquilo, olhe bem para o olho dela com muito amor, um sorriso sincero no rosto e diga algo mais ou menos assim: "Está tudo bem, meu filho, levante-se e continue brincando. Cair é algo super comum. Não foi nada."

Você se surpreenderá com a reação de seu filho. Parece algo pequeno e insignificante, mas, neste momento, no lugar de ensiná-lo a ter pena de si, você o encorajará a tratar seus problemas do dia a dia de uma forma super prática, entendendo que fracassos são comuns e desenvolvendo sua autoconfiança.

É impressionante como os profissionais de hoje (que foram as crianças de outrora) são, na maioria das vezes, pessoas inseguras, frágeis, que não sabem lidar com as frustrações, que dramatizam insucessos e que frequentemente se vitimizam. O mercado carece de pessoas maduras. Você não é um coitado. Pare de ter dó de si mesmo. Você pode fazer o que quiser se se esforçar. E se tiver disposição de tentar e errar mais, sem essa de vitimismo.
O Samuel já aprendeu esta lição. Desejo que você também aprenda.

15. VOCÊ NÃO É PIOR DO QUE NINGUÉM

"Eu sou um homem velho e conheci vários problemas enormes, mas muitos deles nunca aconteceram." - Mark Twain

O Samuel tinha cerca de quatro anos quando aconteceu o fato mais estranho com ele até então. Ele desenvolveu um medo terrível de formigas "do nada". Eu sempre uso aspas para dizer "do nada", porque para mim, isto não existe. Não conhecer a causa de algo não significa que ela não exista. Depois do relato de sua professora na reunião dos pais, dizendo que ele se coçou todo e tirou a camisa desesperado dentro da sala de aula, gritando "tem formiga!", novamente algo inusitado aconteceu, logo após a aula de Judô.

- Celso, preciso conversar com você. O Samuel não se comportou bem hoje. Ele não quis descer do brinquedo, mesmo eu pedindo várias vezes." Disse-me o *sensei* de Judô.

- O que está acontecendo, Samuel?

Ele respondeu baixinho:

- Tinha formiga, pai. - Tremia muito e tinha um semblante de desespero.

Naquele momento, sendo bem sincero, senti uma vontade de puxá-lo pelo braço e dizer para que parasse com frescura. Ainda bem que venci este pensamento estúpido e tomei a decisão mais inteligente.

Pedi licença ao *sensei* e levei-o, primeiramente, até uma sala, para conversarmos a sós.

Agachei para poder olhar em seus olhos e perguntei:

- Meu filho, o que está acontecendo?

Ele então respondeu:

- Não sei pai. Hoje a aula de Judô foi no parquinho. Subi em um brinquedo e vi uma formiga no chão. O *sensei* pediu para eu descer várias vezes, mas eu estava com muito medo.

Aquilo era muito estranho e vi nos seus olhos medo e decepção.

Perguntei a ele:

- Samuel, você confia em mim?

A resposta dele me fez querer chorar:

- Sim, pai, mais que tudo nessa vida.

- Então vai acreditar em mim quando te disser que não precisa ter medo de formigas. Elas não podem fazer nada com você.

- Eu acredito pai, mas continuo com medo. Não quero ir andando até o carro. Por favor, me leve no colo.

Aceitei seu pedido: peguei-o no colo e levei-o até ao carro. Disse ao *sensei* que depois conversaríamos melhor.

No carro, apliquei uma técnica de *coaching* que havia aprendido: olhei bem nos olhos dele e, eu sei o quanto vai parecer estranho, mas disse exatamente estas palavras:

- Medo de formiga do Samuel, o que você quer *para* ele?

Ele arregalou os olhos assustado, sem entender nada. Respondeu qualquer coisa, mas eu sabia que a resposta que eu queria viria no momento em que ele se sentisse mais relaxado, pelo seu subconsciente.

Ainda na mesma rua da escola, enquanto saía com o carro da vaga, ele começou a falar - e eu tinha certeza que era a resposta que precisava:

- Pai, por que você não assiste mais desenhos comigo?

Na hora entendi: sua mente criou o medo de formiga para que eu o carregasse no colo. Estava carente. A partir deste dia, criei o "Dia Oficial dos Meninos" e começamos passeando no parque da cidade. Lá, enquanto brincávamos, ele me disse:

- Pai, engraçado... as formigas daqui não me dão medo.

Que *mentira* sobre você sua mente inconsciente criou para buscar o amor de quem você deseja? De quais "formigas" você passou a ter medo? Eu espero que esta história motive você a questionar suas debilidades. Quando foi que você passou a acreditar que era tímido, doente, incapaz ou qualquer qualidade que, de alguma forma, te tornasse vulnerável e passível de atenção daqueles que você ama? Isto pode ter sido útil para você na infância. Felizmente não é mais.

Entenda que, muitas vezes, nossas incapacidades, vulnerabilidades, medos, inquietudes, comportamentos exigentes ou sensações de inadequação podem ser apenas reflexo de uma carência emocional e afetiva de nossos pais, ou aqueles que exercem ou já exerceram este papel em nossas vidas, na forma que gostaríamos de receber o amor deles. Nossa mente, especialmente na fase infantil, é capaz de criar subterfúgios diversos para suprir esta carência e, o pior, nos faz acreditar que aquilo é verdadeiro e diminui nossa percepção de nós mesmos e de nossas capacidades, da mesma forma que o Samuel estava convicto de que tinha mesmo medo de formigas.

Naquela situação em específico, para o bem de todos, eu tinha algum conhecimento sobre o assunto e consegui desfazer algo que poderia se tornar grande e mais difícil de ser superado no futuro. Nem todos terão esta oportunidade. A boa notícia, entretanto, é que você não precisa que alguém faça isso com você ou por você. Você mesmo pode fazer, buscando perguntar para suas debilidades o que elas querem *para* você. Pode fazer isto olhando no espelho, se perguntando e se dando um tempo para deixar que a resposta surja. Seja ela qual for, perceba a mentira que anda contando a si mesmo sobre o que é ou não capaz de fazer e busque romper este "contrato" infantil de que precisa receber o amor dos seus pais da forma que você considera que eles deveriam demonstrar.

Seus pais, independente de quem sejam, de estarem vivos ou não, não te devem absolutamente nada. Fizeram o melhor que podiam, por mais estranho que isto possa soar em alguns casos específicos, e, acertando ou errando, acreditavam que faziam por amor. É importante que reflita um pouco sobre isso, que perdoe seus pais se necessário, que se perdoe também, mas que, acima de tudo, honre todos aqueles que vieram antes de você. Você também cometerá erros, mesmo tentando evitá-los ao máximo, e desejará que seus filhos valorizem mais suas virtudes que seus vícios.

Perceba, acima de tudo, que você só está neste mundo por causa de seus pais, para dar continuidade ao que começaram, para fazer melhor no que for possível e replicar o que acertaram. Aprendi num processo muito importante para mim que não podemos ter um futuro próspero sem que antes façamos as pazes com nosso passado. Contudo preciso te alertar que não se trata de um processo de evolução para se tornar melhor do que ninguém, a não ser você mesmo.

Alcançar esta consciência te fará se sentir mais forte e perceberá que suas limitações não são tão "indestrutíveis" quanto você possa ter imaginado um dia. E, consequentemente, verá que não é inferior a ninguém. Isto inclui médicos e gerentes. Muitas pessoas imaginam que falar com médicos está além de suas capacidades, pois acreditam que sejam seres superiores. O mesmo acontece com gerentes em processos seletivos. Não raramente, é desta percepção equivocada que surgem os famosos brancos em entrevistas ou a fobia do jaleco branco nas propagandas médicas. Ainda bem que esta forma de enxergar pode ser completamente superada. Para falar melhor sobre isso, gostaria de lhe apresentar o Gustavo (nome fictício).

16. COMO CONSEGUIR A CORAGEM NECESSÁRIA PARA FALAR EM PÚBLICO

> *"Assim que você descobre um simples fato, esse fato é que tudo ao seu redor, que você chama de vida foi inventado por pessoas que não são mais inteligentes que você, e que você pode mudar, influenciar tudo, pode construir suas próprias coisas que os outros poderão usar. É só esquecer essa ideia equivocada de que a vida está aí e que você só vai passar por ela em vez de agarrá-la, modificá-la, incrementá-la, deixar sua marca nela, quando aprender isso, você nunca mais será o mesmo!"* Steve Jobs

Era minha primeira vez atuando como mentor no *Startup Weekend*, o maior evento do mundo de educação empreendedora voltado para quem deseja conhecer o mundo das *Startups*. Eu estava me sentindo em casa. Primeiramente, porque tive a feliz surpresa de descobrir que a metodologia de ensino adotada pelo evento é muito parecida com a da BenchMarking, ou seja: *aprendizado pela prática*. Isso é levado tão a sério, que muitas empresas nascem desses eventos. Um exemplo é a brasileira *Easy Taxi*, fundada em 2011 por Tallis Gomes e Daniel Cohen. O segundo motivo era o fato de esta versão ser a *Youth*, que é destinada para o público adolescente. Cara, eu adoro trabalhar com este público, de verdade. Eles são tão desafiadores, ácidos, rebeldes, intensos, explosivos... E eu adoro isso neles! Esta energia canalizada para o lugar certo é muito poderosa.

Foi um final de semana intenso, repleto de aprendizados para mim, mas quero ir já direto para o último dia, horas antes do momento do *pitch*, uma apresentação hiper objetiva que fundadores de startups precisam fazer para conseguir angariar parceiros estratégicos, investidores ou seus primeiros clientes.

Lá estava o Gustavo, isolado num canto completamente assustado, tentando decorar sua apresentação. Sentei-me na mesa e comecei a conversar com ele:

- Que que tá rolando, Gustavão?

- Celso, eu não consigo, cara. Eu tenho fobia de falar em público. Simplesmente some tudo da minha cabeça.

- Que bom, Gustavo. Então isto significa que você foi a pessoa certa a ser escolhida. Este é o dia para superar este obstáculo de vez, meu amigo. Independentemente de o que vocês criaram aqui ir para frente ou não, esta experiência fará uma tremenda diferença na sua vida, entende?

- Entendo, Celso. Mas e se eu não conseguir? E se eu falhar?

- E se você não conseguir? E se você falhar? O que de pior pode acontecer? Será algo tão ruim assim que justifique esta sua preocupação? - houve silêncio por um tempo.

- Minha equipe está contando comigo, Celso.

- Com certeza, Gustavo, e acredito que estão certos de confiarem em você. Eu também confio, mas vamos tirar um pouco desta carga aí? Me conte um pouco sobre o que você está fazendo agora.

- Estou tentando decorar minha fala.

- E por que está fazendo isto? Eu acompanhei seu trabalho do início ao fim. Você participou ativamente de todas as etapas da elaboração deste projeto. Sabe falar sobre qualquer coisa dele sem ter que decorar nada. Por que complicar se pode facilitar?

- E se eu esquecer?

- Não é possível se esquecer do que você realmente sabe. Este bloqueio é uma ilusão e o problema reside em outro lugar. Quer saber de onde ele vem, Gustavo?

- Quero.

- Vem de uma mentira que conta para você mesmo de que naquela sala haverá pessoas mais inteligentes ou melhores do que você. Isto não é verdade e se desrespeita quando pensa assim. As pessoas só são diferentes, não melhores ou piores. Podem se sentir mais seguras em relação a algo com o qual trabalham ou estudam a mais tempo e isto é normal, mas te garanto que são completamente ignorantes em outros assuntos. Então veja a verdade.

- E qual é a verdade?

- Você não é pior nem melhor do que ninguém. Visualize que naquela sala haverá uma criança no palco apresentando para várias outras crianças na plateia assistindo. Se veja assim e automaticamente sentirá empatia com você mesmo (sim, isto existe!) e com as outras pessoas também. Sentirá espaço para errar e corrigir, rir de você mesmo, quem sabe até fazer uma saída cômica se cometer alguma gafe e terá a leveza necessária para falar do que sabe. Você está pronto, Gustavo. Só precisa saber disto.

Naquele momento, parecia que um peso de uma tonelada e meia havia sido tirado das suas costas. Ele me agradeceu e ficou bem mais relaxado para apresentar seu *pitch*. Seu projeto ganhou o prêmio *Espírito Startup Weekend* naquele evento e ele me agradeceu na frente de todos por tê-lo feito acreditar que poderia falar em público sem dificuldades.

O mesmo que eu disse ao Gustavo digo também a você. Se realizar este mesmo exercício de visualizar a sua criança e as outras pessoas com as quais interage na "versão criança" delas (como você imagina que eram) terá muito mais facilidade para ver a verdade: elas são tão imperfeitas quanto você e, por isso, não precisa temê-las e será capaz de compreender algum comportamento inadequado que tenham, sem se penalizar ou julgá-las por isto. Terá outra postura perante pessoas que você considerava serem melhores do que você. Para facilitar, proponho um exercício que aprendi no livro de Shirzard Chamine, Inteligência Positiva: mantenha por perto (na carteira ou proteção de tela do celular) uma foto sua de quando tinha cerca de quatro anos de idade em um momento em que estava sendo você de verdade. E toda vez que se sentir inseguro, que estiver com medo, se culpando, arrependido, se achando menor ou qualquer sentimento ruim a respeito de si mesmo, olhe para esta foto por alguns instantes e tente direcionar todos esses sentimentos para a pessoa que estará enxergando ali. A incapacidade em fazer isso te conectará com a realidade:

você e todas as outras pessoas do mundo *são somente crianças*. Não se martirize tanto e terá a leveza para fazer o que precisa. Pratique.

ETAPA 3: QUEM VOCÊ PODE SE TORNAR

"Ninguém põe vinho novo em odres velhos" Jesus Cristo

"**O** que você quer ser quando crescer?" Pobres crianças que são desafiadas a responder uma pergunta que já nasce errada. Você não será nada diferente do que já é hoje. Continuará, inevitavelmente, sendo você por toda a vida. "Mas, Celso, o objetivo da pergunta é saber se a criança tem inclinações para alguma profissão específica, uma área, esse tipo de coisa." Então pergunte assim, oras!

Esta confusão entre profissão e *ser* é algo muito comum em nossa sociedade. Eu até entendo, porque talvez nos falte vocabulário para distinguir uma coisa da outra. Entenda o seguinte: independentemente de qual profissão você exerça hoje ou passará a exercer no futuro, você é você, ponto. É assim desde o primeiro dia que nasceu e será até o seu último suspiro na Terra e, depois disso, aí cada um vai dizer uma coisa, mas até este momento, acredito que eu e você possamos fechar um acordo.

E por que esta distinção é importante? Porque é justamente em saber quem você já é que está a chave para saber para onde vai. Visualize duas imagens distintas: a primeira é uma linha em que o ser humano anda olhando para uma projeção à sua frente, buscando alcançá-la, mas ela é como o horizonte: apesar de andar em sua direção, a distância nunca diminui. No andar está o crescimento, mas há sempre um sentimento de frustração e inadequação por nunca conseguir alcançar aquela projeção, que é quem esta pessoa deseja se tornar.

A segunda imagem é diferente: pense numa flor, que, desde quando era semente, já tinha tudo o que precisava para se tornar o que deveria ser, e cresce desabrochando de dentro para fora.

Esta é a diferença entre uma coisa e outra: você já é a pessoa que irá se tornar. Está em você, nos seus gostos, na atração natural que tem por determinados assuntos, em suas aptidões, naquilo em que você melhor se encaixa hoje. Muitas pessoas que não se sentem realizadas em suas profissões são infelizes porque não entenderam isso. Sua profissão não te realizará. Assim como na imagem que criamos, a projeção se manterá distante de você até o fim. Sua profissão não é o que você irá se tornar, mas apenas uma parte do que você faz para exercer seu papel neste mundo. É um meio, não o fim. Ou seja: sobre vocação, não existe resposta certa, e espero que isto te conforte.

Srim Prem Baba, autor do livro Propósito - a coragem de ser quem somos, afirma que o propósito fundamental de todo ser humano está em amar. Que fique claro: amar, e não ser amado. Segundo ele, assim como uma árvore nasce para produzir frutos que alimentarão outras vidas, enquanto extrai da terra, da luz e do ar os nutrientes necessários para sua subsistência, o ser humano também utiliza seus dons, talentos, vocação, labor para servir ao próximo e sua realização vem do cumprimento de seu propósito fundamental, que é amar.

Então mantenha isto em mente: o que quer que o futuro

reserve a você, lembre-se de que você só se sentirá feliz, completo e realizado quando buscar servir outras pessoas, buscando tornar a vida delas mais feliz, completa e realizada.

Com esta consciência fica muito mais fácil entender o que virá nas próximas páginas. Estamos cuidando para colocar vinho novo em odre novo, o que evitará algumas possíveis confusões. Agora sim, estamos prontos para começar a falar de futuro.

17. O JEITO BENCH DE APRENDER

"- Por que meus olhos doem? - Porque você nunca os usou." Conversa de Neo com Morpheus logo após se desplugar da Matrix pela primeira vez (Filme Matrix - 1999)

Este, certamente, é um daqueles "momentos Matrix", em que eu vou provocar você a questionar suas verdades, oferecendo uma pílula azul (a fuga para continuar seguindo o que acredita ser o correto) e uma pílula vermelha (um caminho completamente novo). Quero alertar você que, muitas vezes, verdades podem ser desconfortáveis. E isto tem uma explicação bem simples: nosso cérebro, embora preparado para isto, não gosta nem um pouco de mudanças. Esta é, por acaso, a principal razão de a educação permanecer a mesma, apesar de se mostrar cada vez mais ineficaz. É por isso que, no curso da BenchMarking, uma das primeiras coisas que trabalho com nossos alunos é a ressignificação do desconforto. Na maioria das vezes, desconforto é sinônimo de crescimento. Lembre-se disso enquanto, neste capítulo, eu banco o Morfeu, mostrando a você um mundo completamente novo sobre sua real capacidade de aprender.

E se eu dissesse a você que existe uma maneira melhor e mais rápida de se aprender do que aquela com a qual eu e você fomos educados desde sempre? E se eu dissesse que ela está bem aqui, descrita para você nas próximas páginas deste capítulo, mas que, para que você possa experimentá-la, terá que se dispor a questionar o que acredita ser verdade absoluta sobre o que hoje se entende por ensino?

Está preparado? Então começamos lá no meu colégio, nos meus anos de ensino fundamental e médio. Tenho certeza de que irá se identificar.

Na minha época de escola, eu já sentia um terrível incômodo. Algo que, para mim, não estava no lugar, mas que não tinha ainda condições de compreender o que exatamente era. Sempre tive uma intuição muito forte. Deveres de casa, imposições, fila indiana, uniformes, toque de sinal (meu ouvido ainda dói só de lembrar)... Não sei bem por que estas e outras coisas me incomodavam tanto, mas apenas pensava que não precisava ser assim.

Lembro-me de que era um aluno difícil para os padrões convencionais. Não por ser tipicamente levado, mas sim pelo excesso de curiosidade, que não raramente era confundida com vontade de testar o professor. "Você parece que quer nos testar", um professor me disse certa vez. E eu pensei: "O que isso significa?". Eu nem entendia a lógica disto. Testar com qual finalidade? O que sempre quis, na verdade, era compreender as coisas, a vida, as dinâmicas de verdade, e não apenas decorar algo para fazer uma prova. Não me conformava em simplesmente colocar coisas na minha cabeça sem entender bem o que estavam fazendo ali. Para mim, não fazia sentido algum decorar fórmulas, por exemplo, apenas para conseguir boas notas. Surpreendentemente, o que eu queria mesmo era *aprender!*

Mas o sistema não dava espaço para isso. E, por muitas vezes, escutava os professores dizendo: "Se você estuda aqui, é porque quer passar no vestibular. No dia que o vestibular mudar, nós mudaremos também.". Eu aceitei entrar na dança, mas, sinceramente, isto não me fez sentir mais feliz. Não sabia mesmo se o que eu queria de verdade era passar no vestibular. Mas se dizem, então deve ser mesmo esse o caminho.

Os anos se passaram, eu fiz vestibular, passei, me formei... E, no momento em que decidi criar minha própria empresa, a BenchMarking Treinamentos, resolvi desenvolver uma metodologia que satisfizesse esses anseios antigos, relacionados à educação, como relatei na introdução deste livro. Pesquisei muito nesta época. Conheci cases e mais cases pelo mundo afora e, a partir disto, fui elaborando um método único de aprendizagem. Algumas das coisas que vi, para ser bem sincero, eram apenas mudança de roupagem, variações de um mesmo tom. Isto eu deixei para trás. Outras eram realmente mudanças radicais que valiam a pena ser replicadas.

O resultado foi esplêndido e surpreendeu até quem o criou. Vários dos meus alunos alegaram que jamais viveram uma experiência de aprendizado e transformação tão intensa num intervalo tão curto de tempo. Disseram que nem mesmo em cursos de faculdade, MBA, Empretec (Sebrae), entre outros, vivenciaram algo tão intenso. Confesso que me assustei com tais feedbacks, mas fazem todo sentido quando vemos a insistência de instituições em se apegarem ao modelo tradicional de ensino.

E, para falar melhor sobre este novo método de aprendizagem e mostrar a você como se beneficiar dele, quero te apresentar meu, já falecido, professor de Biologia do ensino médio, o J.B.

"Na natureza nada se perde, nada se cria. Tudo se ECO-

NOMIZA." J.B. - professor de Biologia (in memoriam)

O objetivo do J.B. (ou *Jotabê*, como preferir) em usar esta frase - que é uma paródia da afirmação original da Lei de Lavoisier: "Na natureza nada se perde, nada se cria, tudo se transforma" - era mostrar que a natureza é completamente contra desperdícios. Uma flor não é bonita e cheirosa à toa. Uma fruta não é suculenta por acaso.

Tudo tem uma finalidade bem específica e, nos casos citados, é a reprodução e perpetuação da espécie. É preciso chamar a atenção de insetos e animais para poderem espalhar suas sementes pelo mundo.

Em outras palavras, a natureza é enxuta.

A primeira vez que a palavra enxuto revolucionou a gestão das empresas foi no sistema de produção da Toyota.

Resumindo a filosofia: é entregar o máximo de valor com a menor quantidade possível de recursos (mão-de-obra, tempo, insumos etc.). E, para isso, é necessário combater todo e qualquer tipo de desperdícios.

Este conceito, antes aplicado à produção, veio a inspirar novos conceitos e é a base da gestão de Startups hoje em dia. Caiu como uma luva para gerir empresas que precisam atuar em cenários de total incerteza.

Mas então o que viria a ser Educação ou Aprendizagem Enxuta?

Quando fundamos a BenchMarking, apesar de escolhermos atuar especificamente na formação de propagandistas para a indústria farmacêutica, decidimos que queríamos entregar a maior transformação possível, para que tivéssemos altos índices de resultados no que viríamos a fazer.

Isto nos levou a um estudo profundo de diversas metodologias de ensino e cases de sucesso em todo mundo. Então chegamos a uma constatação: a educação pode entregar muito mais valor do que entrega hoje, especialmente no Brasil.

Por mais óbvio que isto pareça, está longe de ser o que ocorre na prática. Pergunto: para que estudamos? Por que aprendemos o que aprendemos?

E se pudéssemos desenvolver uma metodologia de ensino que buscasse entregar valor no menor espaço de tempo possível? E que combatesse todo tipo de desperdício, incluindo de tempo e de talentos?

E se entendêssemos melhor como funciona o mecanismo de aprendizado do nosso cérebro, a fim de potencializá-lo, desde que a premissa básica seja respeitada (entregar valor)?

Foi assim que cunhamos a Lean Education (Educação Enxuta). Primeiro vou apresentar as premissas desta metodologia e depois suas implicações. Veja:

- O aprendizado precisa gerar valor imediato, com o mínimo de recursos possível, e no menor intervalo de tempo.

- O cérebro precisa assimilar a necessidade de aprender algo novo, do contrário grande parte do conteúdo será desperdiçada. Pessoas são essencialmente diferentes. Tratar a trajetória de aprendizado delas como linear é o mesmo que desperdiçar talentos, pois sempre a menor parcela apenas dessas pessoas terá o "aproveitamento" desejável.

- Sistemas tradicionais de recompensa baseados em pontuações evidenciam a ineficiência do processo de ensino no mundo. A forma de se criar questões precisa mudar. Chamo de "questões *verdadeiramente* abertas".

- A forma de se avaliar precisa sair do objetivo de se responder à pergunta "aprendeu?" para responder à pergunta "entregou valor?" Aprender algo é bem diferente de apenas assimilar um conceito. O contato com a prática não precisa ser apenas multiplicado, ele deve vir antes da teoria. É preciso desconstruir ideias rudimentares como: existem espaços exclusivos destinados ao aprendizado ou o professor é a principal fonte de conhecimento, além de ser a mais confiável.

- Ressignificar o papel do professor, que deixa de ser o detentor do conhecimento para ser o guia, assim como a ideia de um desenvolvimento linear, a partir de uma grade rígida e pré-formatada, para o desenvolvimento individual, a partir da essência de cada aluno.

- É preciso considerar que pessoas diferentes assimilam o aprendizado de forma diferente. A tecnologia deve ser o meio de fazer esta educação acontecer, não o fim. Mesmo com pouca tecnologia, é possível aplicar este conceito, desde que se ressignifique o processo de aprendizado.

- O intuito da educação não é transmitir verdades, mas capacitar pessoas para pensarem e construírem suas próprias soluções.

"Mas, Celso, como seria possível entregar valor em uma educação primária, por exemplo? Você quer que nossos filhos vendam?"

Estaria longe de ser ruim esta proposta, a julgar pela necessidade que temos de educar nossos filhos financeiramente, por exemplo. Mas isso seria reduzir drasticamente o significado de entregar valor. Vai muito além.

A melhor forma de explicar seria com exemplo. Então pense um pouco neste caso.

Na escola em que meu filho estudava, ele teve que criar, com a ajuda dos professores, objetos artesanais baseados em uma leitura de uma historinha que fizemos com ele em casa. Houve então uma exposição onde os pais puderam ver os trabalhos artesanais que seus filhos fizeram. Ficaram lindos!

À luz das premissas da Educação Enxuta, este trabalho entrega valor? A princípio, parece que sim. Você pode afirmar: o valor foi o desenvolvimento da criatividade, habilidades manuais, interesse pela leitura etc. Mas aí te pergunto: para quê? Com qual finalidade? "Você é louco, Celso? Não é óbvio? Olhe bem o quanto esses temas são importantes..."

Ok. Eu disse que era uma provocação. Então vamos lá. Mude a perspectiva para o aluno. Tente ver o mundo com os olhos dele. Ele fez um trabalhinho, foi divertido (ou não), entregou, acabou. Para quem este trabalho entregou valor? Que mudança no mundo ele gerou? Continue com a perspectiva da criança em mente. Ele consegue assimilar a finalidade no que fez?

E se, ao realizarem este trabalho, eles recebessem a missão de recontar as histórias que leram, a partir dos objetos que criaram, gravando um vídeo e enviando a crianças que estão em tratamento de câncer, por exemplo? O objetivo seria alegrá-los e gerar interação.

Perceba que neste caso, na perspectiva da criança, ela está desde cedo assimilando que o seu aprendizado é capaz de gerar valor real ao mundo.

Gerar valor é transformar realidades.

Não basta transformar a pessoa alvo da educação. É preciso capacitá-la para transformar outras pessoas também. Esta educação empodera. É nesta educação que eu acredito.

Alguém pode dizer que isto está completamente fora do que predomina hoje no mundo. E infelizmente é uma realidade.

Contudo isto só corrobora com o quão disruptivo é o tema. Vale a pena pesquisar o que a mudança de olhar sobre a educação está gerando na Finlândia, por exemplo.

Afinal, a natureza anda nos cobrando que sejamos mais eficientes no que fazemos. E isto inclui o ato de educar e aprender.

18. COMECE AGORA A APRENDER DIFERENTE

Etimologia da palavra desenvolver: "Ela vem de desenvolver, que descreve um ato de 'desenrolar, permitir a saída ou aparecimento de algo que estava tolhido', que se forma pelo prefixo des-, de oposição, mais envolver. E esta, por sua vez, veio do Latim VOLVERE, 'rolar, fazer girar'." Site Origem da Palavra

Eu diria a você que seria maravilhoso se vivêssemos no Brasil algo parecido com o que aconteceu na Finlândia cerca de 60 anos atrás: uma decisão inesperada pelos representantes do Poder Legislativo no país deu abertura a uma mudança radical na educação no país. Dentre outras coisas, o projeto englobava transformar todo o ensino do país em público. Não haveria mais, portanto, educação privada. Outra mudança radical foi equiparar o salário dos professores ao que um médico ganha, aproximadamente, no país. Obviamente que o currículo teria que ser tão interessante quanto.

Dá para imaginar o quanto medidas como estas tiveram seu peso na transformação da educação neste país. Como disse, *seria* algo maravilhoso, mas sejamos realistas: extremamente improvável. Isto não significa que devamos perder as esperanças. Se a educação não dá qualquer sinal de mudanças significativas, a aprendizagem pode ser bem diferente. A diferença entre uma coisa e outra está no sujeito causador da mudança. Mais uma vez, convido a você a ser o verdadeiro protagonista da sua história.

Você pode sim mudar a forma como aprende tudo. E agora eu vou te dar a matéria prima necessária para que esta mudança aconteça para você. Preparado?

1. Pare de aprender o que não terá utilidade prática imediata. Faça uma dieta radical de conteúdos.

Na era da informação, nosso problema não é mais a escassez, mas sim o excesso. O que estou sugerindo a você aqui seria facilmente interpretado por educadores ortodoxos como um estímulo à alienação. E, de fato, não deixa de ser. A verdade é que é impossível absorver toda informação do mundo. Esta é uma ambição infantil que sobrevive no imaginário dos seres humanos por milênios.

Se você quer ter foco, precisa aprender a dizer não. Se quer se especializar em algo, precisa conscientemente escolher todos os outros assuntos para os quais permanecerá, intencionalmente, ignorante.

Parece contra intuitivo e realmente é. E como já aprendeu a esta altura, este é um sinal de que está no caminho certo. Nesta hora você pode estar pensando em como se tornará desinteressante em conversas com amigos que falarão sobre assuntos aleatórios e receberão uma resposta persistente de você: "Não sei".

Acontece que, diferentemente do que nossa imaginação nos propõe, o que nos torna pessoas interessantes não são as afirmações que fazemos. Com frequência, isto nos distancia das pessoas e passa uma mensagem de arrogância. O que nos torna verdadeiramente interessantes é sermos pessoas interessadas, de forma a fazermos perguntas legitimamente interessadas em respostas, dando ao outro a oportunidade de falar mais sobre aquilo que gosta.

Perceba os múltiplos ganhos! Além de ter poupado tempo aprendendo o que não teria utilidade ao seu propósito, você agora se permite se informar por meio de pessoas que se dispõem a gastar seu tempo de forma menos comprometida com seus objetivos e ainda passa a mensagem de uma pessoa mais empática, interessada e ouvinte.

2. Ao aprender algo novo, pergunte-se: o que vou ganhar aprendendo isso? Como isto me fará gerar valor imediato e contribuirá com meu objetivo pessoal ou profissional?

Sem uma resposta satisfatória a esta pergunta, você incorrerá no item 1 e, portanto, já sabe que não deve aprender. Pelo menos, não agora.

A resposta a esta pergunta fará com que sua mente mantenha o foco no objetivo e não se perca no caminho. Quem disse que você precisa ler um livro inteiro? Quem disse que precisa assistir a um filme ou série até o final?

Seu objetivo com isto é se divertir? Isto está acontecendo? Se não, por que continuar? Se, para atingir a um objetivo que você definiu, é suficiente ler apenas dois capítulos de um livro de mil páginas, por que se engajaria na leitura completa desta obra? Pela vaidade de dizer que leu um livro de mil páginas? Então de repente seu objetivo mudou, percebe? Ou seria para justificar o valor investido ao comprar este livro? O que justifica um investimento é o retorno que terá sobre ele. Sendo assim, quanto mais eficaz for a sua forma de utilizar seu tempo, maior serão suas chances de obter retorno sobre o investimento.

Esta, caro leitor, é a verdade por trás da diferença entre eficácia e eficiência: a capacidade de se manter fiel a seus objetivos no lugar de dar satisfação a quem não tem nada a ver com eles.

3. Assuma o protagonismo de seu processo de aprendizado.

Não se limite a apenas o conteúdo que lhe é passado. Adote uma postura ativa, investigue, procure por novas fontes, faça perguntas inteligentes e, novamente, mostre-se interessado muito mais pelo processo do que pelos resultados em si, que sempre serão consequências.

O que lhe ajudará muito é o objetivo que estabeleceu. Pelo próprio princípio da economia da natureza defendido pelo sábio professor J.B., a energia que tenderemos a despender será a estritamente necessária para cumprir o objetivo estabelecido. Isto significa dizer que, se seu objetivo é adquirir um diploma, fará o mínimo esforço necessário para que isto aconteça. Já quando o que você quer é se tornar um profissional de excelência, isto naturalmente mudará sua postura mediante os desafios, afinal excelência não é para qualquer um e você sabe bem disto.

4. Garanta que seus objetivos de aprendizado sejam SMART

Muitas pessoas, mesmo aquelas que são da área comercial, acreditam que metas são feitas para ser alcançadas. Estas pessoas, com frequência, têm problemas em "jogar a real" de quantas vezes realmente não conseguiram atingir suas metas. Se metas fossem automaticamente alcançáveis elas nem precisariam existir.

A verdade de não haver garantias também está presente no estabelecimento de metas. Todo mundo estabelece metas objetivando alcançá-las, mas a verdade é que não há jogo ganho antes de jogar. Um fato reconhecido por todos que estabelecem metas é: ter uma meta sempre será melhor do que não ter meta nenhuma. Metas, portanto, não são determinações, elas são alvos. Direcionam esforços em função de algo objetivo, ou seja, algo que eu, você e quem mais tenha acesso possa ver e medir da mesma forma.

E para garantir que você tem, de fato, uma meta, você precisa validá-la através do método SMART: specific (específico), measurable (mensurável), attainable (atingível), relevant (relevante) and time bound (com tempo pré-determinado).

Ou seja, você só tem uma meta se puder comprovar esses elementos. Isto é importante, porque poderá verificar se atingiu ou não sua meta dentro do espaço de tempo que definiu para que isto acontecesse.

O mesmo sugiro que faça com seus estudos. O que você espera alcançar com seus esforços em aprender algo novo? Seja específico. Como você pode transformar isto em algo capaz de ser mensurado? Você quer participar de mais processos? Quantos? Quer receber quantas propostas? Seja criativo na hora de "amarrar" números aos seus objetivos. É a única forma de medir o quão perto chegou de sua meta, se a atingiu ou se a ultrapassou. Seus esforços são coerentes com os objetivos que traçou? Isto está atingível e realista? Se sim, ótimo. Se não, precisará alterar os esforços ou o objetivo. Não se engane. É relevante? Isto te empolga? Te faz pular da cama motivado para fazer o que tem que fazer a fim de atingir o que deseja? E, por fim, estabeleceu um prazo limite *(deadline)* para que isso aconteça?

Respondendo a estas perguntas e adequando sua meta a estes critérios, você certamente terá uma meta SMART no final. Algo capaz de ser mensurado objetivamente. Parabéns!

19. AS DUAS FACES DA MESMA MOEDA

"O caminho dos paradoxos é o caminho da verdade."
Oscar Wilde

Eu adoro analogias. A cada nova analogia que crio e compartilho, fico imaginando sinapses neurais acontecendo em meu cérebro e no das pessoas com as quais compartilho estas ideias, novas pontes sendo criadas e novos pensamentos surgindo, outros tantos sendo fortalecidos. Para mim, isto é a própria inteligência em ação.

E uma analogia que gosto muito de fazer é entre pessoas e medicamentos. Se você fosse um medicamento, para que serviria? Qual "dor" você amenizaria? Você nasceu para curar o mundo de qual enfermidade que ele sofre hoje? Meio filosófico, concordo, mas pensar um pouco nisso e buscar responder estas questões lhe trará mais clareza de quem você realmente é e na diferença que é capaz de produzir na vida das pessoas.

E advinha? Você compreenderá melhor também quais são os "efeitos colaterais" que pode causar. Sim, isto é inevitável.

Algo interessante sobre medicamentos é que efeitos adversos são, na realidade, a outra face de uma mesma moeda. Não existe ação medicamentosa sem geração de efeitos adversos.

Não quero ser técnico aqui, porque, como você sabe, está muito longe de ser o objetivo deste livro. Então só quero que fique com esta ideia: um medicamento, para fazer efeito, precisa de, necessariamente, produzir efeitos adversos. Ou isso, ou estamos falando apenas de efeito placebo.

E não há nada de errado em saber os possíveis efeitos causados por determinado tratamento. O verdadeiro problema mesmo é quando não conhecemos tais efeitos. Neste caso, não teremos a chance de nos prepararmos para o que irá acontecer, ou até mesmo, decidir se optamos por esta ou por outra terapia.

Se pararmos para pensar melhor sobre isto, a mesmíssima coisa acontece conosco, seres humanos.

Em geral, gostamos de falar sobre como somos bons em algo, mas temos muita dificuldade em apresentar os "efeitos adversos" que possuímos justamente por este mesmo motivo. Pense assim: se você dedicou milhares de horas da sua vida para se tornar excelente em jogar futebol, significa que sacrificou muito tempo para se tornar um pianista. Então, para alguém que te avalia pelas habilidades de pianista, você teria pouca utilidade, já para jogar bola, quem sabe não estamos diante do próximo Pelé?

Eu compreendo as razões pelas quais você não se sente à vontade para falar sobre seus "defeitos" hoje. A começar pela própria palavra em si. Veja como ela expressa um significado determinante, taxativo, imutável... Veja como parece, nesta hora, que somos avaliados como uma peça em uma linha de produção que, a partir da identificação do defeito, seria imediatamente descartada. Não gosto desta palavra. Não combina com seres humanos. Eu prefiro *oportunidades de desenvolvimento*.

Soma-se a isto uma sociedade culturalmente avessa a erros, punitiva, que se conduz pela lógica da culpa no lugar da responsabilização. Somos tão viciados em procurar culpados que nem pensamos tanto mais se esta é mesmo a melhor forma de se conduzir as coisas. Estamos, na maior parte do tempo, no automático em relação a isto, como acontece com todo tipo de cultura, é claro.

Mas entenda como oportunidades de desenvolvimento são apenas o outro lado da mesma moeda de suas maiores virtudes! Conhecê-las e estar em paz para falar sobre elas permite-lhe que as controle, que as amenize e que crie formas de desenvolvê-las. Bem como acontece com medicamentos também, que evoluem com o tempo, ou são associados a outras drogas para que se reduzam os efeitos adversos. Afinal de contas, não conhecer seus "defeitos" está longe de significar que eles não existam, não é mesmo?

Sendo assim, mais uma vez eu lhe pergunto: se você fosse um medicamento, para que exatamente serviria? Que "dores do mundo" você ameniza? Que problema você resolve? Que doença você cura? Quais são seus efeitos adversos? Como você pode evoluir para amenizá-los? Com quais pessoas você pode se associar para que seus efeitos benéficos possam ser potencializados?

Acredito que, com esta consciência, não terá mais dificuldades de falar sobre isso nas entrevistas de emprego. Tudo bem ter fortalezas e pontos de melhoria. Melhor mesmo é reconhecer isto, pois assim tem chances de controlar e desenvolver tais pontos.

É, de fato, uma evolução absurda. Atrelada à definição do seu próprio posicionamento de marca, estou pressentindo que alguém aqui está prestes a pisar na Lua no quesito desenvolvimento pessoal! No mínimo será um grande passo para sua carreira, disto eu tenho certeza.

20. SEU NOME É A SUA MARCA

"As pessoas acham que foco significa dizer sim para a coisa na qual você está concentrado. Significa dizer não para centenas de outras boas ideias que existem. Você precisa escolher com cuidado." Steve Jobs

No curso online Bench Experience da BenchMarking Treinamentos® incentivamos nossos alunos a desenvolverem um plano estratégico completo de um produto fictício: o Benchflan®. Aplicamos todos os conceitos de aprendizagem que agora você conhece e fazemos isto através de um programa que vai desde a definição do posicionamento de marca até a criação do próprio Visual Aid do produto (a apresentação visual que os propagandistas utilizam ao fazer a propaganda de seus produtos aos médicos).

Um propagandista não tem que fazer nada disso. Na realidade, recebe tudo pronto e definido e precisa apenas executar. Se um propagandista não recebe esta tarefa, por que fazemos desta forma no curso?

Primeiro porque só existem vantagens em o profissional adquirir um olhar mais estratégico sobre seu território e seus produtos, tal qual entender melhor as movimentações de seus concorrentes. Em segundo lugar, é utilizando o desenvolvimento de um produto fictício como pano de fundo que desenvolvemos o verdadeiro e mais importante produto: nosso aluno, suas competências chaves e sua consciência sobre si mesmo.

A primeira tarefa no curso é definir o posicionamento de marca do produto. Uma das tarefas mais importantes e mais desafiadoras, na minha opinião. É também a menor: tudo ficará registrado em uma ou duas frases, com poucas palavras em não mais do que um slide. O problema é todo o esforço para se chegar à clareza do que se escrever.

Posso garantir a você que é simplesmente impossível se chegar a uma resposta satisfatória (e não certa, pelo amor de Deus) sem consultar várias vezes o estudo do produto, sem se debruçar nos relatórios de mercado, sem entender como está a dinâmica atual do seu produto e de seus concorrentes.

E é justamente neste esforço que está o real aprendizado do nosso aluno, só que um aprendizado com um objetivo claro, com uma necessidade, com um fim muito bem definido. E é agora que trago esta realidade também para você.

Que tal definir o seu posicionamento de marca?

Se o seu nome fosse uma marca que representasse uma empresa, que, neste momento, vamos definir como seu "Eu Profissional", como você gostaria de ser visto por seus clientes (quem irá contratar seus serviços) no futuro?

Busque responder a esta pergunta em poucas palavras, mas garanta que a resposta seja autêntica, que leve seu "DNA", que expresse quem você realmente é.

Se quiser fazer isto, é hora de vasculhar alguns elementos da sua história. É hora de identificar quais são suas grandes fortalezas, dentre tudo que possui, que valem a pena estar presentes nesta frase. É preciso pensar em seu cliente final também. O que você tem que mais o atrairia, desde que seja fiel às suas verdades?

Normalmente, a dificuldade em se definir algo se encontra no excesso de possibilidades. É por esta razão que o sucesso está relacionado à coragem de escolher um caminho, e necessariamente fechar outras possibilidades. É por isso que deixei no início deste capítulo, a inspiradora citação de Steve Jobs, como advertência contra esta armadilha. Felizmente, conheço muitas histórias de sucesso e, infelizmente, mais ainda de não sucessos. E a maior parte delas está relacionada a indecisão. Por isso, reforço: *foco é dizer não* e ter coragem de escolher um caminho. Ainda que as coisas não aconteçam da forma como você espera (poderá sair até melhor, quem saberá?) não conheço quem se arrependeu de perseguir seus objetivos intensamente. Não posso dizer o mesmo dos indecisos.

Por fim, quero deixar claro algo que, por mais que pontuemos, acaba sendo uma confusão comum nas primeiras vezes que nossos alunos tentam definir este posicionamento. Neste momento, não estamos em busca de um slogan comercial, de uma frase de efeito que gere impacto nas vendas. Estamos em busca de uma frase que servirá como uma bússola, um direcionamento para tudo o que será definido a seguir, e que irá orientar os seus próximos passos, canalizar suas energias a favor de um objetivo.

Ao mesmo tempo, cuidado com a armadilha do excesso de perfeccionismo. Você não está cravando nada em pedra. Não está selando seu destino e, por isso, vale lembrar que qualquer resposta imperfeita sempre será melhor do que uma não resposta perfeita.

Com um posicionamento definido, tudo tenderá a funcionar muito melhor, inclusive algo muito falado hoje em dia e, na minha visão, feito, na maioria das vezes, de uma forma pouco eficaz: o *networking*.

21. O JEITO *BENCH* DE FAZER *NETWORKING*

Muito se fala sobre a importância de se fazer *networking*. A meu ver, entretanto, pouco se entende de verdade sobre como se conectar com pessoas de uma forma que realmente gere valor para todas as partes envolvidas.

Perceba que *network* hoje em dia é frequentemente confundido com audiência. Quantas vezes, ao falar sobre alguém, não se ouve algo como "mas quantos seguidores esta pessoa tem?" Isto não é *network*. Isto é audiência. Meça o *network* desta pessoa não pela quantidade de seguidores, mas pela qualidade das pessoas que *ela realmente segue*.

O que quero dizer a você é que, a menos que você viva de produção de conteúdos, o objetivo aqui não é se tornar o mais popular, aquela pessoa cheia de amigos ou seguidores, e sim construir uma rede de contatos de qualidade dentro do objetivo que você possui.

Um bom exemplo disso é nosso Canal no YouTube, o Vida de Propagandista. Desde quando o criamos, nosso foco permaneceu o mesmo. Não nos preocupávamos com audiência, ou teríamos desanimado quando passávamos mais de um mês sem ao menos mais um novo inscrito. Nosso foco estava no objetivo para o qual foi criado (a estratégia definida), garantindo que a qualidade desta audiência fosse interessante para o propósito de nosso negócio. Quando escrevi este livro, tínhamos cerca de 5.700 inscritos e, com este número, já somos, de longe, o primeiro e maior canal sobre a profissão propagandista do Brasil. E o mais curioso: sem nunca nos preocuparmos com isto. E, pela estratégia que traçamos (que não tem nada a ver com ganhar dinheiro com anúncios), eu posso te garantir que esses cerca de 5.700 geram muito mais renda do que algumas centenas de milhares de outros canais, cujo assunto atinge o interesse de uma parcela maior da população, como, por exemplo, *funk*.

Esta coisa toda de grandes números é algo que faz muita diferença para quem ainda não conhece a pessoa e precisa decidir se dará a ela uma chance de ser ouvida ou não. Facilita muito, eu reconheço, e posso comparar ao efeito que seu currículo gera no recrutador nos primeiros segundos em que tem contato com ele, por isso precisa investir tempo em elaborar um currículo atrativo. Mas é só isto. Existem pessoas que supervalorizam o poder dos grandes números de sua audiência, assim como há pessoas que confiam demais em seu currículo, e vivem para construir métricas de vaidade, que não se convertem em resultados, porque não há energia despendida em transformar isto no que importa: contratos, vendas e aumento de rendimentos financeiros.

Felizmente, quando o objetivo é capturar a oportunidade de emprego da sua vida, você não precisa de muitas pessoas que te deem atenção. Na realidade, você só precisa de uma, ou melhor: de algumas. Um verdadeiro funil de vendas que só precisa gerar uma conversão ao final. Esplêndido!

Olhando por esta ótica, não parece uma tarefa tão difícil, dado o nível de acesso que temos nos dias atuais a pessoas, empresas e vagas como nunca antes na história do mundo. O que, então, impede você, eu e todas as demais almas viventes de nos conectarmos de forma inteligente com as oportunidades mais interessantes para nós? Basicamente duas coisas: falta de estratégia e medo da rejeição. E agora vou lhe mostrar como resolver isto e destravar de vez suas oportunidades, independentemente se você já conhece pessoas no setor ou se nunca interagiu com ninguém ainda.

Para começar a falar sobre isto, preciso te apresentar a "Síndrome da garota mais linda da balada".

22. A SÍNDROME DA GAROTA MAIS LINDA DA BALADA

"Entre a faca e o queijo, eu fico com a fome." Flávio Augusto da Silva

Quando iniciamos o projeto da BenchMarking, muitos propagandistas da nossa região, na época, lançaram críticas severas ao projeto e a nós fundadores, sem de fato, se darem ao trabalho de procurar saber mais sobre o que criticavam. Uma sequência de patacoadas vergonhosas, sendo bem sincero.

Dentre todos os sentimentos que pude captar nas dezenas de mensagens desprezíveis e de mal gosto que alguns deles escreviam e que acabavam chegando até mim, pude perceber especialmente três, mas vou citar apenas dois e o terceiro deixo a cargo da sua imaginação ou discernimento: *medo e arrependimento*.

Medo porque eles conheciam nosso perfil e, portanto, sabiam que logo lançaríamos mais "tubarões" para nadar naquela "praia". E também por uma questão inegável: ninguém perde tempo criticando e tentando sabotar aquilo que não teme.

Sim, chegaram a ligar para os prospectos e para o local onde marcamos para realizar o evento, tentando convencê-los a desistir. Não funcionou, é claro.

Arrependimento porque em algumas das mensagens era possível se perceber o texto implícito, como de quem diz: "poxa, eu pensei nisso também, mas nunca tive coragem de realizar". Pelo menos, é o que tendo a interpretar quando alguém diz algo como: "Como eles podem se dizer 'formadores de propagandistas' se eu, que tenho 30 anos de experiência, já fui dono de drogaria e fiz cursos como Empretec, não me sinto pronto para dizer formador?"

Eu, sinceramente, tive muita vontade de pegar no ombro desta pessoa e dizer algo como: "Quando é que você espera estar pronto? Depois de morrer?" Ou como diria o executivo Ryan Bingham, do filme Amor sem Escalas, ao questionar um colaborador que estava sendo demitido da companhia: "Quanto estão te pagando para você desistir de seus sonhos?"

De coração, eu senti muita pena desta pessoa que disse isso e, ao mesmo tempo, muita vontade de não ser o próximo a falar ou sentir algo parecido. Aquilo me deu muita força para fazer o que queria fazer. Para falar a verdade, apesar de nunca ser legal ver pessoas falando bobagens a nosso respeito, todas aquelas mensagens reunidas me passavam uma grande mensagem principal:

Você acertou em cheio, Celso! Parabéns!

Sem imaginar, eles validaram meu sonho, meu projeto com a reação que tiveram. Nunca tive tanta certeza de que estava no caminho certo.

Tim Ferris defende uma hipótese em seu livro Trabalhe 4 Horas por Semana que é muito interessante: metas medíocres são muito mais difíceis de serem alcançadas do que metas incríveis. E a razão para isto é bem simples: em se tratando de metas incríveis, a concorrência é muito menor, simplesmente porque a maioria das pessoas acredita ser impossível.

Pense um pouco sobre isto. É o que eu chamo de SMLB, ou "A Síndrome da Garota Mais Linda da Balada". Confesso que já faz muito tempo que estou fora deste "mercado", mas, na minha época anos atrás, se um rapaz quisesse ter uma chance com a garota mais linda de um lugar, precisava tomar coragem de *chegar* nela. Não sei se ainda é assim. Estranhamente, já vi garotas lindas passarem a festa inteira sem falar com ninguém.

Você também deve conhecer mulheres maravilhosas que se relacionam com homens, digamos, não tão bonitos assim. Não há ciência nenhuma no que estou afirmando aqui, apenas percepção, claro. É óbvio que devemos levar em conta que beleza é um critério superficial, subjetivo e não garante o sucesso em relacionamentos. Trate o que estou dizendo aqui de forma leve e descontraída, apenas como uma ilustração, uma ideia. Não leve tão a sério assim, mas não descarte completamente também. A meu ver, pelo menos, é algo curioso. Nos casos que conheço pessoalmente, os companheiros dessas mulheres são pessoas autoconfiantes, também conhecidas como "caras de pau" (na forma divertida de dizer isto).

O que eu quero te provocar a refletir é: quantas oportunidades realmente incríveis você já deixou passar por não ter sido um pouco mais "cara de pau"? Obviamente é uma pergunta válida para homens e mulheres, apesar da situação que utilizei como exemplo.

O medo da rejeição é algo que todos nós, seres humanos, compartilhamos. O grande segredo é se levar menos a sério. É se divertir à medida que tenta, é rir mais de si mesmo e saber que, se quer mesmo capturar uma grande oportunidade, precisará estar disposto a ouvir mais não do que sim. É a regra do jogo e, só para lembrar, não fui eu que o inventei. Reclame com Deus. A vantagem desta lógica é que, se somos todos inseguros, tenderá a ter mais sucesso quem se arrisca mais em se expor, quem enfrenta seus medos e se lembra de prospectar as melhores oportunidades. Sim, aquelas que realmente têm poder para tirar o seu fôlego.

23. POTÊNCIA COMBINA COM DIREÇÃO

– **C**elso, vamos tomar um café lá em casa? Preciso muito conversar com você. - Ele estava com um semblante péssimo, o que é muito comum quando pessoas estão passando por problemas. Neste caso, ele já estava há um bom tempo sem conseguir um emprego.

Respondi com bom humor, buscando trazer um pouco de alegria àquela alma tão bonita, mas em sofrimento naquele momento:

- Claro, amigo. Precisamos apenas programar com antecedência, afinal moramos muito longe um do outro! - Somos vizinhos de porta. Quinze minutos depois, estávamos tomando café.

- Celso, passei a semana passada inteira entregando currículos e farei isto novamente, mas até agora ainda não fui chamado para nenhuma entrevista.

Perguntei a ele em quantas empresas já havia entregado seu currículo. Disse para que fizesse isto até que chegasse o mais próximo possível de 50 oportunidades. Mostrei a ele que, estatisticamente, ele seria convidado a participar de dez a cinco processos e, desses, se fizesse tudo certo, tenderia a capturar ao menos uma oportunidade, o que já seria o suficiente.

Ele ficou um pouco cético:

- É só isso mesmo que tenho que fazer?

Respondi que já era um bom começo. Ele se animou. Na semana seguinte, ele bateu na minha porta todo feliz, porque havia feito o que orientei e tinha sido convidado para três entrevistas.

- Acontece, Celso, que ontem mesmo participei de uma entrevista sem saber e foi um desastre.

- Como assim? - perguntei um pouco confuso.

- A diretora do colégio me convidou para um bate-papo, mas, na realidade, era uma entrevista com ela e a diretoria inteira e, sinceramente, não esperava por isso.

- E isto muda o quê? - ainda estava confuso.

- Como assim? Era uma entrevista surpresa. Me fizeram perguntas as quais nem imaginava que fariam e, honestamente, não fazia ideia do que queriam que eu dissesse.

- Ah sim, agora entendi. Seu problema não tem nada a ver com saber ou não que era uma entrevista. Seu problema é o que acredita ser uma entrevista e pensou que precisava seguir algum tipo de protocolo criado por algum guru fajuto de entrevista, que adora dizer o que se deve ou não dizer e fazer em seleções.

- Oi? - agora era ela que estava nitidamente confuso.

- Como seria sua performance se esquecesse que aquilo era uma entrevista e, no lugar de tentar responder o que acha que as pessoas querem ouvir, apenas dissesse o que acredita ser a verdade para você? Em outras palavras, se fosse você mesmo e desenvolvesse um bate papo, exatamente como estamos fazendo agora?

- Caraca, Celso, eu nunca pensei desta forma...

- Infelizmente, meu amigo, o resultado mais comum que vejo em entrevistas é a pessoa perder para ela mesma. Uma pena. Eu tenho uma forte intuição de que foi o que aconteceu com você.

- Foi sim, com certeza. Mas, depois desta conversa, não acontecerá mais, pode ter certeza. Compreendi completamente a mensagem.

- Nunca tive dúvidas disso, meu amigo! Não tenha também.

O próximo café foi totalmente diferente. O semblante dele já era outro e o motivo não poderia ser melhor: estávamos comemorando sua contratação!

Na Parte 3 deste livro me dedicarei a lhe mostrar o que significa vender, em três diferentes, mas complementares perspectivas: *ciência, arte e estatística.* Estou falando um pouco sobre isto com você agora porque eu, sinceramente, não consigo ver muitas diferenças conceituais entre vendas (negociações) e *networking.*

Então façamos um paralelo rápido aqui entre estas duas coisas. Imaginemos que sua contratação como propagandista por um grande laboratório farmacêutico seja a concretização de uma venda. Vendas podem acontecer por pura sorte ou por fatores externos, eu reconheço. Nestes casos, porém, prefiro dizer que o cliente comprou a afirmar que o vendedor vendeu. A venda que trato neste livro é fruto de esforços significativos em prol de um resultado esperado. Não tem nada de acaso nela. Até que uma venda se realize, houve uma sequência de processos bem-sucedidos. Estou abordando, portanto, a natureza estatística das vendas.

Se ser contratado por um grande laboratório farmacêutico pode ser comparado a uma venda bem-sucedida, o que seria o cliente, os *prospects* (oportunidades de vendas) e o produto? Seu cliente é o tomador de decisão, quem de fato fechará ou não negócio com você, ou seja, o laboratório. Seus *prospects* são todas as oportunidades que terá para fazer sua venda, ou seja, os laboratórios que poderão te convidar para processos seletivos. Seu produto é o seu *Eu Profissional*. Gosto sempre de lembrar que este produto não é *você*, apenas a pessoa capaz ou não de resolver os problemas da empresa. Esta desidentificação é fundamental para facilitar o processo, evitando que você sofra mais do que deve com as inevitáveis rejeições que irá encarar. Não é você, na essência, que é avaliado em processo seletivos, mas sim seu *Eu Profissional*. Logo, se for rejeitado, não estarão rejeitando você, e sim apenas seu *Eu Profissional*, naquele momento. Se você mesmo não se conhece na totalidade, quanto mais um estranho que passa alguns minutos conversando com você. Ainda assim, esta é a forma mais viável até hoje de se contratar profissionais e vamos lidar com ela de forma tranquila e natural, tudo bem?

O fato é que podemos enxergar todo este processo com um olhar muito mais estatístico, como no caso do meu amigo Lucas.

Veja tudo como um funil, em que, necessariamente, sairá uma quantidade menor de seja lá o que entre no topo dele. Às vezes, só o que você precisa é de um universo estatístico maior para que as coisas possam acontecer. Às vezes, precisa melhorar sua taxa de conversão, como o Lucas fez ao ressignificar o que acreditava ser uma entrevista de emprego. Exatamente como acontece num processo de vendas: às vezes precisa aumentar a quantidade de contatos (topo de funil). Às vezes precisa melhorar as argumentações de vendas ou habilidades para compreender melhor seu cliente a fim de ajudá-lo, de fato. Em alguns casos, porém é preciso se cuidar da qualidade do que coloca neste funil. Você não capturará as melhores oportunidades se não focar nelas, buscar entender o que as melhores empresas buscam e se preparar de acordo com isto. É isto que significa conhecer seu cliente.

É como fazer café coado: você coloca muita água em cima, sai um pouco menos ao final, mas a qualidade da bebida está atrelada à qualidade intrínseca do produto e ao processo para se fazer um bom café.

Indo para a prática, que é o que faz a diferença, o que você sabe hoje sobre os laboratórios onde você mais deseja trabalhar e como está se preparando especificamente para resolver os problemas deles e atrair sua atenção?

24. VOCÊ NÃO É MELHOR DO QUE NINGUÉM

"O primeiro princípio é que você não deve enganar a si mesmo, mas você é a pessoa mais fácil de se enganar." Richard P. Feynman, físico ganhador do Prêmio Nobel

Um dos maiores desastres, na minha opinião, é se esquecer. Não me refiro a esquecer uma tarefa importante, o nome de alguém ou coisas triviais assim. Me refiro a se esquecer da sua trajetória de vida, de suas origens, especialmente após ter conquistado o que tanto almejava. Poucas coisas me entristecem tanto quanto ver pessoas se achando melhores do que outras pelo que possuem, se sentindo no direito de distratar quem é diferente delas. Você não se torna melhor do que você mesmo para se sentir melhor do que os outros. Não é para isso que serve o autoconhecimento. Cada pessoa tem uma jornada única e espero que, ao alcançar clareza sobre isto, valorize quem hoje está em um momento similar ao que você viveu um dia.

Infelizmente preciso tratar deste assunto porque vejo muito comportamentos assim na indústria farmacêutica hoje em dia. Não seja mais um. Ficaria muito triste se chegasse ao meu conhecimento que Benchs têm agido assim, apesar de batermos constantemente nesta tecla. Até hoje, felizmente, só tive notícias que evidenciam o contrário, graças a Deus.

A esta altura do livro, desejo que você tenha alcançado mais clareza sobre quem realmente é e o que é importante para você, assim como espero também que você tenha disposição para se redescobrir, questionando o que acredita ser capaz de fazer e tendo disposição para ampliar sempre esta consciência sobre si mesmo.

Este ainda é o início da sua jornada em busca de se tornar um propagandista de excelência. Ainda temos mais duas partes pela frente, mas este é o fundamento de tudo. Sem o que viu nesta parte do livro, é impossível extrair o potencial máximo do que virá nas próximas páginas. É aqui que você conhece melhor a identidade que agora ganhará força, presença e será potencializada em busca de gerar muito sucesso. Nesta parte, nos ocupamos em cuidar dos fundamentos, desconstruindo, inclusive o que não faria sentido mais, já que deseja ser um profissional de destaque. Agora começaremos, de fato, a construir esta *mentalidade Bench de ser, pensar e agir*. Estou muito empolgado com o que ainda virá e espero que você também esteja!

Por ora, eu te faço a primeira e mais importante recomendação: *jamais traia a sua essência*. Isto significa não se deixar atrair *apenas* por oportunidades que venham de empresas que ofereçam bons salários e benefícios, mas que sejam incompatíveis com seus valores; significa buscar honrar sempre sua história e escolhas; ressignificar os fracassos; começar a aprender tudo de uma forma mais orgânica (o que será muito útil em sua carreira na indústria farmacêutica); alcançar paz para falar sobre seus *defeitos* e *qualidades;* definir seu posicionamento de marca; realizar um *networking* mais inteligente e eficaz; entender que você se vende o tempo todo; e, por último mas não menos importante, perceber o poder que você tem para fazer grandes coisas e que não é um coitado e não deveria aceitar se ver - e nem ser visto - desta forma.

Dá para imaginar que isso tudo é só o começo?! Mas antes de ir para a próxima parte do livro, que tal a aprender um pouco sobre como contar sua história de vida de uma forma vendedora e original?

ETAPA 4: STORYTELLING

A Arte De Se Contar Histórias – 1º Ato

"Não vamos ao cinema para vermos uma boa atuação, vamos ao cinema para nos ver." Charlize Theron

A arte de se contar histórias é tão poderosa, no meu ponto de vista, que decidi abordar este assunto ao final de cada parte deste livro, já que cada uma delas tem o objetivo de gerar mais clareza sobre os dilemas existenciais mais antigos com os quais convivemos, adaptados ao contexto de se tornar propagandista (ou um profissional de vendas) de alta performance. Após isto, é natural que desejemos transmitir esta clareza a outras pessoas. Imagine o quanto isto representará uma vantagem para você em entrevistas de emprego, por exemplo, ou em contatos com clientes.

E como é a primeira vez que falo sobre isto neste livro, preciso apresentar a você o que é *storytelling* e, somente depois disso contextualizarei este conceito com a clareza que alcançou sobre sua história de vida até o presente momento.

O ser humano é completamente aficionado por histórias. Elas

estimulam nossa capacidade imaginativa (criação e combinação de imagens), trabalham a nossa memória e nos permitem abstrair realidades extremamente diferentes da nossa. Histórias conectam pessoas. Há quem diga que fazemos isto há milênios, quando reunidos sob o luar, em volta de uma providencial refeição a ser preparada na fogueira, repassávamos aos filhos as histórias que aprendíamos com nossos pais. Histórias sobre como surgiram as estrelas, como passamos a dominar os animais, o surgimento das civilizações e tudo o que se podia ver ou criar. Memórias se misturavam a imagens novas, fatos se confundiam com lendas e nasciam assim os mitos.

Histórias foram importantes para unir pessoas, estabeleciam códigos morais, permitiam que indivíduos com diferentes ímpetos se mantivessem unidos em busca de construir o que hoje conhecemos como sociedade, nem que em alguns momentos, fosse necessário se utilizar o medo para manter tais alianças firmes. Através da nossa habilidade de comunicação, deixamos muitas histórias registradas nas paredes de cavernas, pinturas, obras de arte, arquiteturas, livros, canções e, mais recentemente, no cinema.

Mas por que histórias nos encantam tanto?

Porque, como afirma Charlize Theron, elas falam sobre nós. Revelam, muitas vezes, uma outra face de nossos comportamentos e paixões, nos conectam com outras pessoas, nos levam a refletir sobre o impacto de nossas atitudes, motivações e emoções na nossa vida e na de outras pessoas. E, ao mesmo tempo, nos dão a segurança para falarmos sobre tudo isso sem nos expormos, pois, afinal de contas, estamos falando de outras pessoas, não de nós mesmos!

Neste aspecto, a ficção tem um papel fundamental. Personagens encarnam comportamentos típicos. É possível se falar sobre toda sorte de sentimentos, sejam eles bons ou ruins: ira, medo, culpa, inveja, ganância, traição, desejos... Muitas vezes, personagens assumem uma visão caricata sobre esses comportamentos. Ao compartilhar histórias, nos distraímos, divertimos, ensinamos e aprendemos um pouco mais sobre nós mesmos.

Gostar ou não de uma história tem tudo a ver com o quanto você se sente participante daquilo. Dificilmente você gostará de uma história cuja linguagem não tem relação com a sua, cujos problemas expostos não possuem relação com os seus, quando a realidade experimentada pelos personagens possui pouca semelhança com a sua. Gostar ou não de uma história, portanto, tem relação direta com *o quanto você se vê* nela, em forma de identificação direta (realidade atual) ou de aspiração (realidade desejada).

E é por isso que contar histórias é um elemento tão poderoso para, entre outras coisas, se vender.

Um erro comum de quem busca contar histórias é querer se vender como alguém perfeito, que passa por poucos problemas, é mais inteligente que todos e não enfrenta quase nenhum obstáculo para chegar onde se deseja. Viver costuma ser um desafio desde o primeiro suspiro de vida até o último. Histórias que não apresentam, ou omitem, desafios não soam realistas e, por esta razão, geram pouca ou nenhuma conexão.

E o que, normalmente, acontece em entrevistas de emprego? Profissionais, na ânsia de se venderem perfeitos, por acreditarem que assim possuem mais chances de serem escolhidos, omitem problemas, insucessos, erros cometidos em sua jornada, o que faz com que o interlocutor frequentemente se desinteresse ou desacredite naquela história perfeitinha demais para ser verdade.

Ninguém espera contratar um super-homem ou uma supermulher. Gestores buscam contratar pessoas de verdade, como eles também o são. E estas pessoas, assim como eles, estão longe de ser perfeitas. Foi o que o *Bench* Daniel aprendeu antes de ser contratado por um grande laboratório nacional.

- Celso, não sei o que acontece... - Ele estava desolado, sentado na mesa do meu escritório, logo após ser eliminado de mais um processo para propagandista - Tenho uma trajetória profissional interessante, conquistei várias coisas, tenho resultados, já participei de inúmeros processos seletivos na indústria farmacêutica, mas nunca sou escolhido. O que será que está acontecendo?

- Daniel, gostaria de conhecer um pouco mais a sua história. Poderia contá-la para mim?

Ele me contou uma história que parecia roteiro de cinema. Passou por várias situações complicadas na vida. O pai abandonou a família, ele teve que ajudar a mãe nas despesas da casa desde criança, rejeitou por várias vezes a oferta de amigos para se adentrar no mundo das drogas, tanto como usuário quanto como traficante. Usava 100% de seu salário para bancar sua faculdade. No meio da faculdade, sua namorada ficou grávida, assumiu a criança, se casou e finalizou o curso... como eu disse, história de cinema.

Só tinha um detalhe: ele contava tudo como se não tivesse acontecido absolutamente nada de relevante, como se aquilo fosse normal. Não havia emoção nenhuma na sua fala. Na verdade, era possível se perceber até uma certa vergonha. E, por causa disso, me perdi no que ele falava por umas quatro vezes ou mais e, para ser sincero, senti muito sono.

- Para, Daniel. Já chega. Não está funcionando. Você não está transmitindo um pingo de emoção nisso tudo que está me dizendo. Você passou por coisas terríveis, mas fala como se não fossem nada demais, como se nem tivesse sofrido quando viveu todas essas frustrações, dúvidas, medos, erros... Parece até que você está contando a história de outra pessoa. Foi realmente fácil para você passar por tudo isso?

- Tá louco, Celso? Eu sofri à beça!

- E por que não transmite isso?

- Cara, se eu for sentir novamente as emoções de tudo que passei quando vivi essas coisas, não conseguiria falar sobre isso sem chorar.

- Então chore, poxa! Qual o problema? É sua história, não a de alguém desconhecido. Eu tenho certeza que é aí que você está perdendo suas oportunidades. Não parece verdadeiro, não tem vida em você quando fala sobre essas coisas pesadíssimas. Quem acreditaria nisso? Eu não, posso te garantir. Esses fatos que um dia te geraram tanta dor são o que também te transformou na pessoa que é hoje, entende?

Nesta hora ele estava com os olhos arregalados olhando fixamente para mim, como um garoto que recebe um corretivo. Eu sabia que podia falar daquela forma com ele, porque já havia passado pela experiência do curso, entendia os fundamentos e já era um *Bench*. Faltava muito pouco para sua ficha cair. E, naquele momento, ela caiu.

Então o que você precisa saber sobre *storytelling*, por ora, é que a história que você conta precisa transmitir verdade. Histórias são feitas de altos e baixos. Elas precisam carregar pontos de conexões com quem as ouve, e são exatamente os problemas, e a forma como encontrou para superá-los, que conectam pessoas.

Entenda, sobretudo, que sua história precisa ser 100% verdadeira. Sempre digo que a verdade é o melhor produto a ser vendido. O que as pessoas precisam aprender é o *como* vender esta história. Esta é a compreensão inicial: esqueça as *baboseiras* que já ouviu de gurus, que querem se parecer mais inteligentes que você, sobre o que deve ou não dizer e fazer em entrevistas de emprego. Em vez disso, alcance a clareza de quem você é e de onde veio, em primeiro lugar, e por que tudo isso te conduz a este momento em que está competindo por uma das melhores vagas do mercado.

Você ligará tudo isso a mais dois grandes objetivos: *onde está agora* e *para onde vai*. E, ao final de cada parte, trarei ainda mais clareza sobre o conceito de *storytelling* e como se encaixa ao que vai aprender daqui para frente.

Está na hora de alcançar uma melhor compreensão sobre uma outra pergunta: "Por que você?". Uma outra versão dela que expressa uma ideia muito próxima é: "o que você faz aqui?" Está na hora de descobrir onde você se encaixa neste mundo todo.

PARTE 2: "POR QUE VOCÊ?"

Onde você está? - O presente.

"**P**or que devo te contratar?" Que pergunta! É muito comum nesta hora se pensar: "Caraca, é mesmo... por que eu? Com tantas opções e eu nem faço ideia de quem sejam, como poderia saber?" Tão comum quanto acreditar que se vender como a melhor opção (mesmo sem conhecer as outras) é sinal de auto confiança e não de arrogância. Afinal, se você não acreditar em si mesmo, quem irá, não é verdade? Felizmente para você, este livro vai muito além de concepções rasas como esta afirmação.

Muito bem, vamos esquecer estas respostinhas prontas que produzem pouco ou nenhum efeito e buscar entender melhor o que está por trás desta pergunta. Se na primeira parte deste livro nos dedicamos ao autoconhecimento, é hora de entender como o que você faz hoje pode contribuir para chegar onde deseja Em outras palavras: é no *aqui e agora* que está a melhor e mais autêntica resposta a esta pergunta, que só você será capaz de elaborar, a partir da clareza que alcançar. E esta parte do livro se dedicará completamente a te fazer alcançar esta consciência. A boa notícia é que nunca mais ficará sem ideias originais para responder a esta pergunta e entenderá a importância de entender algo: *o que, de fato, você está fazendo aqui?*

ETAPA 1: O AGORA

25. DEFINA SEU *BASELINE*

(Linha De Base)

"A realidade é meramente uma ilusão, apesar de ser uma ilusão muito persistente." Albert Einstein

Na minha opinião, as pessoas hoje sofrem de uma doença coletiva, à qual dou o nome de "Síndrome da Fuga da Realidade". Bombardeados por sugestões de "realidades alternativas" impressionantemente mais interessantes que as delas, muitas vezes vendidas nas lojas virtuais de ilusões que são as redes sociais, as pessoas olham para as suas próprias vidas e consideram tudo um grande tédio.

Por que a vida das pessoas parece um verdadeiro comercial de margarina enquanto a sua não passa de um tremendo porre, cheia de contas para pagar, obrigações, chefe, e-mails e tudo mais? Porque tudo isso é uma grande ilusão coletiva que você ajuda a construir. Afinal de contas, você também escolhe os melhores momentos da sua vida para compartilhar nas redes sociais, não é verdade? Eu te entendo, é o que "dá likes". Quem quer saber da vida ruim de outras pessoas?

O fato é que isto não contribui em nada para o objetivo que eu e você temos neste exato momento. Eu preciso que você encare sua realidade bem como ela é. Na verdade, eu preciso que faça mais: que olhe para tudo isso e aceite, entendendo que você não é diferente de ninguém e que, é a partir do momento em que você define seu *baseline* (que é linha de base em que você se encontra neste exato momento em relação aos seus objetivos) que começará sua jornada para chegar onde deseja.

Mas antes: seja grato pelo que tem. Isto já é mais do que é preciso para se ter uma vida feliz. E, como diria Louise Hay, "a gratidão é o que abre caminho para que o bem entre em nós e cresça sempre mais".

O grande risco da Síndrome da Fuga da Realidade é a pessoa desistir de sua realidade e simplesmente viver em uma espécie de mundo alternativo, ignorando sua atual situação, como se ignorar fizesse surgir automaticamente dinheiro em sua conta ou que então seu telefone tocasse o convidando para processos seletivos em que, milagrosamente, terá grandes chances de ser escolhido.

Não, isto não irá acontecer. Então imagine que este livro é mágico e, neste exato momento, minha mão direita de uma forma muito misteriosa saiu desta página ou da tela do dispositivo que está utilizando para lê-lo e te deu um belo tapa na cara. Acorda!

Nada irá mudar enquanto você não encarar a sua realidade como um adulto que é e tomar as rédeas da sua vida, a conduzindo para onde deseja. Espero ter feito bem em te avisar. E me desculpe pelo tapa. Lá na frente irá me agradecer por isto. Agora vamos lá, independentemente de como esteja sua vida hoje, defina isto de forma objetiva.

O que está de acordo com seus objetivos de vida? E o que não está?

Tem dívidas? Quanto? O que pode fazer hoje para saldá-las? Sim, estou falando de sacrifícios que pode fazer para começar a recuperar sua saúde financeira e, consequentemente, sua lucidez e paz com a realidade.

O que pode vender hoje? Do que pode abrir mão? Como pode utilizar melhor seu tempo? Quais seus planos para chegar onde quer? Você pode encontrar novas formas de complementar sua renda, fazer bico, trabalhar como motorista de aplicativo ou qualquer coisa. A internet hoje oferece muitas opções, tanto para se vender o que não se usa mais, como para alugar e até mesmo prestar serviços como freelancer. E se acha que não tem tempo para fazer essas coisas hoje, que tal diminuir o tempo nas redes sociais que perde olhando para o que outras pessoas estão fazendo? Isto já vai ajudar bastante.

Longe e perto não são medidas objetivas. Descubra o quão distante está de seus objetivos de vida, mensurando em tempo, dinheiro e sacrifícios necessários para se chegar onde quer. Descubra formas inteligentes de se fazer isto e considere ajuda profissional.

Dentre as severas críticas que faço ao método tradicional de ensino, uma que não pode faltar é o fato de não termos educação financeira na base curricular do ensino fundamental e médio.

Saímos do terceiro ano entendendo o que seria o Ciclo de Krebs, mas não sabemos diferenciar um gasto que não passa de uma simples fonte de novas despesas, como a aquisição de um carro por exemplo, de um investimento, como a aquisição de um curso de qualificação profissional. Uma pena.

26. O PRESENTE EXIGE PRESENÇA.

"O que dá forma ao futuro é a qualidade da nossa percepção do momento presente, e o futuro, é claro, só poder ser vivenciado como presente." Eckhart Tolle (Livro O poder do Agora)

Dizem que, certa vez, um homem dirigia por uma estrada deserta quando, de repente, o pneu traseiro de seu carro estourou bem ali, no meio do nada. Ele então saiu do carro, abriu o porta-malas para poder pegar o pneu de estepe, quando teve uma infeliz surpresa. "E agora? Meu macaco não está aqui. Onde encontrarei um macaco para poder trocar o pneu do meu carro neste lugar deserto?"

Ele levantou sua cabeça, e ao olhar ao longe, viu um pequeno casebre a cerca de três quilômetros de distância de onde estava seu carro. Mais do que depressa, ele decidiu andar até aquele lugar, pois, apesar de seu plano não ser dos melhores, era sua única chance de conseguir um macaco. Logo, valia a pena tentar.

Ao caminhar em direção àquela casa, aquele homem começou a refletir. "Quais são as minhas chances de, ao bater à porta daquela casa, encontrar um morador e esta pessoa dizer que possui um macaco para me emprestar? Meu Deus, isto tudo é muito improvável..."

À medida que caminhava, o Sol incidindo forte sobre sua cabeça, ele voltava com o diálogo interno: "Muito improvável... será que deveria mesmo perder tempo tentando isso? Mas qual outra chance eu tenho? Sim, eu vou tentar. Na verdade, já estou indo..."

Passo após passo, os pensamentos voltavam: "Mas, espera aí. E se quem mora nesta casa está aqui justamente por este motivo? Eles podem saber que carros furam o pneu aqui. Eles podem inclusive, ser os causadores desses furos. Que absurdo! Neste caso, pelo menos, eles teriam um macaco e isto não seria de todo ruim..."

E então, voltava a pensar: "Caramba, mas e se isto, na realidade, for uma máfia? Então eles sabem que são os únicos que têm macaco neste deserto e, com certeza, me cobrariam uma fortuna por ele. Não sei não..."

A esta altura, o homem já se encontrava a poucos metros daquele casebre. Decidido a não ser passado para trás por ninguém no meio de um deserto, ele caminha passos firmes em direção à porta. Bateu na porta, ansioso por alguém atendê-lo logo.

Não demorou muito, um senhor abriu a porta e logo perguntou: "Bom dia, senhor, posso te ajudar de alguma forma?"

O homem, de súbito, respondeu: "Bom dia só se for para você! Quer saber de uma coisa? Pega esse macaco e enfia ele no seu..."

Esta história está aqui para ilustrar, de forma caricata claro, a capacidade que nossa mente tem de criar situações, fantasiar cenários e nos fazer sentir e agir como se aquilo que só está em nossos pensamentos de fato existisse. É um poder imenso que possuímos que, quando mal direcionado, pode causar graves problemas.

Não há nada mais poderoso que o presente. Este é o único tempo que importa e, além do mais, é o único que realmente existe! Você não pode mudar nada que já passou e não pode agir no futuro também. Mas é impressionante como nossa mente nos prega peças relacionadas a isto, de forma que acabamos não agindo muito diferente daquele macaco, quer dizer, do homem da nossa história, que estava em busca de um macaco.

Todo pensamento que envolve outros tempos que não o presente está relacionado a sentimentos. Por exemplo: você pode se lembrar de algum acontecimento no qual se sentiu feliz e então *sentirá* saudades. Pode se lembrar de uma ofensa que recebeu e então pode *sentir* raiva ou arrependimento de não ter agido como gostaria. Ou talvez, pode se lembrar de algo que fez do qual se arrepende e então *sentirá* culpa. Você pode pensar em algo que está para acontecer (bom ou ruim) e se sentirá ansioso, ou eufórico. Independentemente de como se sinta com os pensamentos que envolvam o passado e o futuro, antes de mais nada, eu preciso que perceba que **ação** só existe no presente. O que aconteceu, de bom ou ruim, aconteceu. E o que não aconteceu ainda, vai acontecer (ou talvez nunca acontecerá), e nem sempre poderá mudar isto.

Você provavelmente esteja pensando agora: mas o que vai acontecer não está definido, o que parece justificar sua préocupação, porque assim você influencia nos resultados a favor do que é interessante para você, certo? De outra forma, para que planejar, se não devo ocupar minha mente com pensamentos futuros?

Sim. Está certo, mas vamos devagar! A grande armadilha disto à qual o autor Eckhart Tolle (do livro O poder do Agora) dá o nome de tempo psicológico é justamente permitir que sua mente saia do estado de presença e viva em outro tempo. Uma coisa é pensar no futuro para antecipar alguma situação que permita que você aja de determinada forma no presente. Outra bem diferente é permitir que sua mente se prenda a este pensamento, de forma a criar expectativas a respeito do que acontecerá ou não, assim como o homem da história, gerando sentimentos como ansiedade, medo, preocupação. E sejamos francos: é o que acontece na maioria das vezes.

A verdade é que a capacidade criativa e imaginativa de nossa mente é uma "ferramenta" poderosíssima, mas, na maioria das vezes, muito mal utilizada. Primeiramente porque, considerando-a como uma ferramenta, deveríamos saber pegar, usar e largar. Ligar e desligar, usando apenas para o objetivo necessário, bem como fazemos com qualquer outra ferramenta. No entanto, quando utilizamos esta capacidade de maneira exagerada (que é o que mais ocorre), passamos a viver e reviver situações que já aconteceram sobre as quais já não podemos fazer mais nada ou, talvez, situações que jamais acontecerão na realidade, mas que, tristemente para nós, em nossa mente aconteceram diversas vezes seguidas.

Para facilitar a compreensão deste tema, recomendo a leitura do livro O poder do Agora, mas para que você já possa sentir os benefícios de trazer sua mente para o presente e comece a identificar as armadilhas do tempo psicológico, existe um jeito simples de começar a ter consciência de onde está sua menta agora e gerar estado de presença.
Pare para se observar um pouco neste exato momento. Você está sofrendo? Se a resposta for sim, é porque sua mente está presa no tempo psicológico, isto porque no presente não há sofrimento. E se você percebeu que está assim agora, saiba que não tem nada de errado com isto! O mais importante é ter

consciência deste estado mental e, gentilmente, escolher voltar sua atenção para o presente, que é onde se encontra o poder de transformação da sua realidade.

O mais cruel sobre este deslocamento da mente do tempo presente é que, quando associado ao futuro, ele acaba sendo a principal razão de não conquistarmos exatamente o que gostaríamos que acontecesse. Quantas vezes a ansiedade já lhe impediu de alcançar seus objetivos? Pense em uma pessoa que precisou realizar uma prova muito importante, por exemplo, e que, pelo alto nível de ansiedade, não conseguiu dormir bem na noite anterior. Esta privação do sono certamente representaria um impacto negativo em sua performance na hora da prova. É apenas um exemplo de várias complicações exclusivamente causadas pelo fato de a mente não estar no aqui e no agora.

Certa vez assisti a uma palestra de um coordenador de segurança do trabalho que disse que a maioria dos acidentes acontece quando a atenção da pessoa não está 100% na atividade em que está executando. Ou seja, estar totalmente presente é, entre outras coisas, uma questão de segurança e saúde mental também.

E como você pode fazer para trazer sua mente para o presente? Os exercícios para se elevar o estado de presença são tão simples que, às vezes, é até difícil de se acreditar que possuam um impacto e eficácia tão grande. Contudo, ao experimentá-los, você pode comprovar por si só o quão bem eles podem fazer a você.

A primeira coisa é perceber quando não se está presente. É o que eu gosto de chamar de "lapsos de presença", porque o ato de perceber é um curto período de consciência plena. Como está se sentindo neste exato momento? Qualquer sentimento de sofrimento, como culpa, arrependimento, ansiedade, medo, preocupação, raiva, tristeza... indica não presença. Algo importante a partir de então é sempre se tratar de forma gentil, portanto, nada de auto cobranças, autocríticas ou qualquer coisa do tipo. Basta, gentilmente, conduzir sua atenção para as sensações físicas no momento: onde você está agora? Perceba a pressão que seus pés fazem no chão, ou que seu corpo faz na cadeira, sofá ou qualquer outra superfície. Está de dia? Consegue sentir o calor da luz do Sol sobre você? O vento? Consegue perceber a temperatura ambiente? Está em um lugar fechado? Consegue perceber a iluminação das lâmpadas incidindo sobre sua pele? Sinta o contato das suas roupas em sua pele, perceba os sons no ambiente, sem julgá-los. O que consegue ouvir? Apenas aceite que os sons venham e vão. Ouça o silêncio permanente também que está por trás de todos os sons. Respire algumas vezes de forma consciente e, talvez, inspirando mais profundamente e expirando devagar e calmamente. Vá percebendo a movimentação que seu corpo faz ao respirar. Esteja onde estiver, faça o que estiver fazendo. E, novamente, após alguns poucos minutos realizando este exercício, investigue novamente como está se sentindo. Os sentimentos negativos diminuíram? Se foram? E quais surgiram no lugar?

Outro exercício de poder descomunal que ajuda muito a trazer nossa mente para o presente é exercitar a *gratidão*. Quando digo isto, a maioria das pessoas me responde, como se fosse até mesmo um ato de defesa: "mas eu sou uma pessoa grata." Não é disso que falo. Você é grato agora? Está *fazendo* isto agora? Para que entenda o poder da gratidão, recomendo que inicie uma prática diária. Ao final de cada dia, poucos minutos antes de dormir: separe um caderninho que será seu diário de gratidão. Nele, basicamente, você relacionará em tópicos, de forma específica, os fatos que ocorreram nas últimas 24 horas pelos quais você se sente grato. Seja o mais específico possível e inclua tudo o que for capaz de se lembrar. Vou dar a você alguns exemplos de coisas que escrevo em minha lista de gratidão:

"meu aluno foi contratado hoje"; "o Davi está quase andando: dá alguns passinhos e cai"; "consegui tirar 15 minutos hoje à tarde para relaxar sem culpa"; "deixei o carro para lavar, retornei a pé e vi várias flores diferentes e coloridas pelo caminho". O que você quiser.

Esta prática tem múltiplos benefícios: ela exercita o seu olhar para ver razões pelo que ser grato ao longo do dia, o que intensifica sua capacidade de gerar atenção plena mais vezes por dia; permite que você registre fatos que passariam despercebidos ou seriam esquecidos com o tempo; a consulta eventual à sua lista será mais uma ferramenta importante para gerar ainda mais consciência plena, trazendo você novamente para o presente. Tudo isso em não mais que cinco minutos por dia! Não é incrível?

Bula da Gratidão

Usar, pelo menos, duas vezes ao dia (após acordar e antes de dormir). Indicado para combater depressão, medo, culpa, ressentimento, raiva, ansiedade, fracasso... Age liberando grandes doses de endorfina e serotonina no sangue, provocando uma forte sensação de bem-estar. O efeito é imediato. Já nas primeiras doses, o paciente sente muita felicidade e disposição. É possível perceber ainda uma sensível melhora no relacionamento com as pessoas em geral, assim como nos resultados ao longo do dia. O uso do medicamento a longo prazo oferece sérios riscos de o paciente dar saltos positivos em sua vida como um todo. Tem melhoras significativas na qualidade do sono e passa até a ganhar mais dinheiro. Os efeitos colaterais incluem afastamento de pessoas negativas, aversão a reclamações, aumento de tolerância com as adversidades e próprios erros; e uma felicidade que pode irritar outras pessoas que não fazem uso da medicação. Pode viciar.

A última prática que quero deixar aqui para você é a meditação diária. Existem muitas modalidades e variações desta prática. A que eu pratico é a *mindfullness*, que é um tipo de meditação adaptada para a cultura ocidental. Ou seja: são executadas as práticas que geram benefícios cientificamente comprovados, sem aspectos culturais ou religiosos, por exemplo. Ou seja, eu medito todos os dias pela manhã por cerca de dez minutos, sentado em uma cadeira, a maior parte do tempo com os olhos fechados, voltando a atenção para minha respiração e sensações físicas naquele momento. É possível encontrar diversos vídeos de meditação guiada no YouTube, além de uma infinidade de aplicativos com este intuito. Eu, particularmente, utilizo o *Headspace*, que ainda não possui uma versão em português. Para quem não possui problemas para compreender o Inglês, recomendo. Contudo, há muitos outros disponíveis em português também. Com uma pesquisa rápida no Google você encontrará a melhor opção para você. Só comece!

E quais seriam as vantagens de estimular o estado de presença nas atividades diárias como propagandista? Existe um conjunto de habilidades que este profissional precisa desenvolver que demandam como instrumento seu poder de percepção, que é a capacidade de utilizar seus sentidos para tomar consciência de características do ambiente, linguagem corporal, expressões faciais, além de capturar o máximo possível de informações num curto espaço de tempo. Uma dessas habilidades é conhecida como escuta ativa, que envolve ouvir com atenção plena o que o médico te diz do início ao fim, sem interrompê-lo ou ficar pensando em uma possível resposta antes que ele conclua. Todo este conjunto de habilidades pode ser desenvolvido e potencializado com o estímulo da atenção plena. Este, contudo, é somente um exemplo do quanto estar presente pode influenciar diretamente nos seus resultados como propagandista.

O estado de presença, como já falamos, faz com que você evite acidentes no trânsito, compreenda o que sente no momento em que sente, te permite tomar decisões melhores, evitando a influência negativa de sentimentos como raiva, medo, ansiedade, entre outros. Te torna uma pessoa mais empática, que se conecta mais facilmente com o outro. O estado de presença pode até mesmo fazer com que pessoas mudem decisões a seu respeito, como aconteceu com minha aluna Mariana (nome fictício).

27. A PRESENÇA MUDA A SUA REALIDADE

"- Não tente entortar a colher. É impossível. Apenas tente ver a verdade. - Que verdade? - A colher não existe. - A colher não existe? - Você verá que não é a colher que entorta. É você mesmo." Diálogo entre Neo e um garoto que aparentemente entortava uma colher (Filme Matrix - 1999)

Você pode assistir a esta cena **clicando aqui** ou apontando seu leitor de QR Code para o código abaixo:

R ecebi a feliz notícia de que, após apenas um ano e oito meses de sua contratação, ela estava participando de um processo seletivo interno para gerente distrital.

Você não faz ideia do quanto fiquei orgulhoso daquela aluna que crescia tanto e que, ao longo deste tempo, me agradeceu diversas vezes, não somente por ter sido contratada, mas também por estar apresentando uma performance muito diferente da média, alcançando seus objetivos e sendo escolhida por três vezes para treinar e monitorar os novos representantes de sua equipe. Ela atribuía parte destas conquistas à experiência de desenvolvimento pela qual passou na Bench-Marking.

E depois de tudo isso, estava participando de um processo para assumir a gerência distrital e então decidimos organizar um processo de mentoria. A partir das informações que ela me trouxe, tive a percepção de que estava segura e confiante. Na realidade, segura e confiante demais! Vários gerentes haviam visto sua apresentação e dado um *feedback* positivo. Eu, entretanto, avaliei a apresentação como mediana. Porém, pelo risco de abalá-la em um espaço muito curto de tempo, escolhi não ser tão aberto quanto a esta percepção que tive de sua apresentação. E, de tudo o que tratamos, minha principal recomendação foi: exercite seu estado de presença e atenção plena para se conectar com as pessoas. Desta forma, tudo dará certo.

Sabe quando você sente que não conseguiu atingir o ponto que desejava? Eu sentia que a opinião de todos aqueles gerentes havia formado uma espécie de "muralha" na mente dela e gerado um efeito colateral perigoso: *excesso de confiança*. Como eu poderia pensar diferente de todos eles? E, pior: como conseguiria convencê-la de que havia um risco, depois de receber a confirmação de dez gerentes?! Não consegui. Só torci para que eu estivesse errado.

Infelizmente não estava. Na apresentação com os gerentes regionais, ela fez exatamente o que se propôs a fazer. A percepção deles, contudo, foi a mesma que a minha: ela estava com excesso de confiança. E, assim como eu naquele momento, não enxergaram isso de forma positiva. Mais para frente, eu darei mais detalhes sobre estas percepções em processos seletivos. Agora, quero focar no mais importante e que está ligado ao tema deste capítulo: o *estado de presença*.

Após as coisas acontecerem conforme eu esperava (nem sempre acontecem, claro), para minha frustração neste caso, ela me procurou: "Celso, eu não entendo. Sinceramente, eu não entendo. Como excesso de confiança pode ser um problema?"

Tratamos coisas importantes naquele momento. Disse a ela que, por mais que o resultado não fosse o que desejávamos, eu concordei totalmente com o *feedback* dos gerentes regionais e, neste resultado, estava o grande aprendizado para ela. Então falei muito sobre estado de presença, gratidão e recomendei fortemente a leitura de um livro. Finalmente, a mentoria começava de verdade.

Ela seguiu meu conselho, devorou o livro, que tem como foco explorar os benefícios desse estado de presença e um dos *feedbacks* que ela me deu foi uma das coisas mais maravilhosas que já ouvi de um aluno:

"Celso, é incrível como tudo ficou mais fácil depois que comecei a trabalhar meu estado de presença. Exercito a gratidão constantemente e me conecto muito mais facilmente às pessoas no meu dia a dia. O relacionamento com os médicos melhorou, com a equipe, com os colegas de campo e no PDV. Você não sabe da maior e isso não pode ser coincidência: meu gerente regional decidiu reavaliar a decisão no processo e eu voltei, Celso. E eu sei que tudo isso está ligado ao quão presente estou hoje. Estou literalmente construindo a minha realidade!"

Meu coração quase parou com esta notícia. Não é incrível?! Voltaram atrás na decisão, logo depois termos gerado o aprendizado necessário com ela e ter seguido minhas recomendações. Experimente reler a citação que está no início deste capítulo que, muito provavelmente, não fez sentido nenhum quando leu, fale a verdade! Mas ao relê-la, apenas se pergunte, não tente entender racionalmente: "E se o mundo que eu vivo for, na realidade, um reflexo de quem eu sou e como ajo? E se o mundo que eu vejo mudasse dependendo de como eu interajo com ele?" Faria mais sentido para você agora, depois que compartilhei com você esta história?

O Agora é mesmo muito poderoso. E preciso lhe dizer que ela não somente retornou ao processo, como foi escolhida e hoje atua como gerente distrital deste laboratório. Eu estou convicto de que, se ela permanecer neste caminho, não encerrará sua carreira como gerente distrital. Não mesmo!

Espero que eu tenha, com estes relatos, te estimulado a trabalhar mais sua atenção plena. Os benefícios serão impressionantes. Enquanto isso, vê se para de brigar com as pessoas porque elas não têm um macaco, beleza?!

Dentre tantos benefícios do estado de presença, um deles, certamente, é perceber o quanto nosso *tempo e energia* são valiosos para serem desperdiçados com bobagens. É hora de falarmos melhor sobre como gerir estes recursos tão escassos e valiosos.

28. O JEITO BENCH DE GERIR SEU TEMPO E ENERGIA

"*A única forma de vencer uma discussão é evitá-la.*"
Dale Carnegie

Q uando iniciei minhas atividades como propagandista, como comentei no início deste livro, pelo fato de já vir treinando e ajudando meu amigo que acabou ingressando um ano antes de mim, meu processo de assimilação de todo o conteúdo, tarefas e funções foi bem mais acelerado do que o comum. Isto não significa que foi fácil. Na realidade, mesmo largando com esta imensa vantagem, enfrentei muitos desafios no início. Acredito que muitos propagandistas, se não todos, que já tiveram a oportunidade de atuar em outras funções antes de ingressarem na indústria farmacêutica concordarão com o fato de que o processo de assimilação é muito desafiador. Nos primeiros meses, é impossível não pensar por mais de uma vez que não dará conta de tudo. Sério, nem os ótimos salários e benefícios nos impedem de sentir vontade de jogar a toalha.

Um desses grandes desafios para mim, certamente, foi elaborar um roteiro eficaz, que me permitisse realizar todas as visitas médicas que precisava para conseguir cumprir minha meta de visitação, que era bem considerável. Eu precisava garantir uma efetividade de visitas de 92% dos 300 médicos do meu painel em um ciclo que durava apenas 20 dias. Aquilo, somado a todas as demais tarefas que tinha, - como estudar meus produtos, realizar pré-visitas, lançar as visitas à medida que aconteciam, ir aos pontos de vendas (PDVs), tarefas burocráticas, repor as amostras grátis na pasta... - parecia simplesmente impossível de ser realizado. Nunca senti tanto esta verdade implacável de o tempo ser um recurso extremamente inelástico e escasso, porque eu queria muito poder ter alguns minutos ou horas a mais no meu dia para conseguir realizar tudo o que precisava.

Mas desafios são uma benção. E o que não nos mata realmente nos torna mais fortes. Foi incrível como, neste período, eu fui forçado a buscar soluções criativas para que meu dia pudesse ser mais produtivo e conseguisse cumprir com todas minhas obrigações. Descobri que pequenas mudanças na forma como planejamos nosso dia, realizamos nossas tarefas, escolhemos com o que nos preocupar e, principalmente, com o que não nos preocupar naquele momento podem causar um impacto enorme em nossa produtividade.

Provavelmente você já tenha ouvido alguém dizer que você, eu, o Bill Gates e todas as demais pessoas neste mundo, das mais ricas às mais pobres, possuem exatamente a mesma quantidade de horas para fazerem o que precisam fazer durante o dia, mas nem todas utilizam seu tempo da mesma forma e este fator pode fazer com que ele passe a valer mais ou menos. Isto é uma verdade, mas só parte dela. Normalmente, esta afirmação é mencionada para que lembremos a importância de gerirmos melhor nosso tempo. E, de fato, o tempo é mesmo um recurso muito escasso para ser desperdiçado e, por isso, precisa ser muito bem gerido. Porém quero lhe apresentar um outro recurso que é muito menos mencionado e que a compreensão de sua existência e da importância de geri-lo também faz toda a diferença no processo de fazer seu tempo valer mais. Estou falando da sua energia.

Mas vamos começar primeiramente com o tempo.

O tempo é um conceito abstrato que reflete as mudanças em nossa realidade. Não é um objeto: não podemos pegá-lo, guardá-lo ou transferi-lo para outra pessoa. Sabemos que existe, porque conseguimos perceber as mudanças, em nossos dias, anos ou décadas. E é exatamente assim que o medimos. Um dia é o tempo que a Terra leva para realizar um giro completo em torno de seu próprio eixo, um ano é o tempo que leva para completar uma volta em torno do Sol. Bom, eu sei que você sabe tudo isso, então vou adiantar logo. O tempo, segundo a Física, é entendido como a quarta dimensão em nosso mundo perceptível. As três dimensões espaciais são: altura, largura e profundidade. E o tempo é a quarta porque ele influencia na nossa realidade e na percepção dela também. Ontem as coisas eram de um jeito, hoje já não são mais e amanhã mudarão novamente. A mudança, portanto, é uma constante em nosso mundo.

O tempo é percebido em nosso organismo também. Com o tempo, sentimos fome e comemos, sentimos sono e dormimos. Um feto leva cerca de nove meses para se desenvolver no útero da mãe. Todos, sem exceção, nascemos, crescemos, envelhecemos e morremos. É a vida sendo transformada pelo tempo, mudando dia após dia. À medida em que vivemos, estamos também morrendo, e é a passagem do tempo que nos faz perceber essas coisas.

Quando falamos, portanto, que o tempo é um recurso, apesar de ser abstrato, estamos querendo dizer que a forma como você interage com as mudanças ao longo do dia e como você mesmo provoca algumas delas pode e deve ser administrada.

De qualquer jeito, enquanto você existir neste mundo, os dias começarão e terminarão independentemente da sua vontade ou da minha. Você, por sua vez, acordará, experimentará esses dias, satisfará suas necessidades fisiológicas, e utilizará ou não o tempo que tem para realizar coisas que representem algum significado para você, e então dormirá. E então o ciclo se repetirá, assim por diante se tudo der certo, ainda por um bom tempo.

Estou falando algo básico para agora poder afirmar algumas coisas que, acredito, farão mais sentido a partir desta percepção trivial sobre o tempo. Como, por exemplo: gerir seu tempo tem total ligação com o sentido que você vê no que você faz, porque, como veremos a partir de agora, é muito fácil se deixar levar por distrações quando não se tem muito claro e forte o porquê de se fazer o que faz. Em outras palavras, no medidor interno que todos temos de grau de importância que damos a cada coisa, nossos objetivos de vida, normalmente relacionados a uma visão de longo prazo, quando não estão ancorados em valores profundos sobre quem somos, frequentemente perdem lugar para prazeres mais imediatos. Na prática é trocar o sentido de dever fazer por minutos a mais de sono, por exemplo, porque no dia anterior, por não ter esses objetivos muito bem definidos, você trocou minutos a mais de sono, por minutos a mais nas redes sociais ou assistindo a mais um episódio da série que está acompanhando.

Ou você aprende a viver em função dos seus objetivos de vida e a sacrificar alguns prazeres imediatos em prol deles, ou você vive para fazer outros realizarem os seus próprios objetivos, em troca de um pouco de prazer imediato para você.

A propósito, não deveríamos nos esquecer que somos animais e, como tal, estamos em busca de sobreviver e satisfazer nossos prazeres mais básicos. É por isso que, para animais adultos e devidamente saudáveis, prazeres primários relacionados à sobrevivência e perpetuação da espécie causam impulsos tão fortes. Experimente passar dias sem se alimentar, sem dormir, sem fazer sexo ou qualquer coisa relacionada aos objetivos mais primitivos que temos, como demonstra Maslow em sua pirâmide da hierarquia das necessidades, demonstrada na imagem a seguir:

Pirâmide das Necessidades - Maslow

Satisfação fora do trabalho
- Educação
- Religião
- Passatempos
- Crescimento Pessoal

- Aprovação da família
- Aprovação dos amigos
- Reconhecimento da comunidade

- Família
- Amigos
- Grupos Sociais
- Comunidade

- Liberdade
- Segurança da violência
- Ausência de poluição
- Ausência de guerras

- Comida
- Água
- Sexo
- Sono e Repouso

Níveis da pirâmide (do topo à base): Auto Realização, Estima, Sociais, Segurança, Fisiológicas

Satisfação no trabalho
- Trabalho desafiante
- Diversidade e autonomia
- Participação nas decisões
- Crescimento pessoal

- Reconhecimento
- Responsabilidade
- Orgulho e reconhecimento
- Promoções

- Amizade dos colegas
- Interação com clientes
- Chefe amigável

- Trabalho seguro
- Remuneração e benefícios
- Permanência no emprego

- Horário de trabalho
- Intervalo de descanso
- Conforto físico

Pirâmide das Necessidades de Maslow. Fonte: https://jovemadministrador.com.br/consumismo-x-piramide-de-maslow-uma-outra-visao-da-teoria/

Cuidar, portanto, desses pontos que se encontram na base da pirâmide deve ser prioridade máxima, caso queira administrar melhor seu tempo. A prática regular de exercícios físicos, alimentação saudável, hidratação adequada, qualidade do sono e atividade sexual regular devem estar no topo da sua lista de prioridades.

E apesar de sermos animais, não somos apenas isto. E é por este motivo que não paramos na base desta pirâmide, que nunca deve ser deixada de lado, negligenciada ou suplantada em função dos outros objetivos. Ou, do contrário, mais cedo ou mais tarde, as necessidades primárias os sabotarão.

Tendo a noção de que o tempo é algo tão rígido assim, parece natural buscarmos cuidar dele, a fim de fazer coisas importantes - de acordo com o que somos e o que queremos - ao longo do dia. Mas por que muitas vezes sentimos que o dia não foi tão produtivo quanto poderia? O que aconteceu no caminho?

Como sempre tende a ocorrer com gestão de recursos, normalmente olhamos para as coisas grandes, mas não damos a devida importância às pequenas e é a soma dessas coisinhas aparentemente sem importância que, ao final do dia, faz com que sintamos que fomos produtivos ou não.

Você se assustaria com o quanto conversas inocentes no WhatsApp, verificação de notificações nas redes sociais e várias checagens de e-mails ao longo do dia podem fazer sua produtividade se desmoronar. Não somente pelo somatório do tempo despendido nessas atividades representar um montante considerável, que poderia ser usado para outras coisas, dentre elas, se alimentar melhor, dormir mais, passar mais tempo com a família ou estudar algo que seja importante para você; o fato é que toda vez que você interrompe uma atividade que exige concentração para fazer uma dessas coisas, você gasta um tempo considerável para conseguir retomar o foco de onde parou e então dar continuidade. É um tempo difícil de ser contabilizado, mas que, quando somado, faz uma diferença assustadora.

Normalmente, quando falo isto, as pessoas tendem a ser céticas, porque acreditam profundamente que ferramentas como WhatsApp aumentam sua produtividade, facilita a comunicação como em grupos de trabalho, e evita que se resolva coisas por ligações, quando se pode simplesmente utilizar mensagens. De fato, estas ferramentas ajudam em tudo isso. Agora seja honesto comigo e com você principalmente: só existem grupos de trabalho no seu WhatsApp? Todas as conversas por lá são produtivas para você? Saberia dizer quantas vezes por dia você se distrai do que está fazendo para ler uma mensagem fora de hora?

A questão que eu levanto aqui pode ser resumida em dois fatores para que você reflita e cuide melhor da sua produtividade:

1. Ferramentas de comunicação e redes sociais não são ruins, mas podem representar um problema gigante, quase imperceptível a "olho nu". Se você separar momentos específicos (dois são suficientes) ao longo do seu dia para checar as mensagens e responder, utilizará o melhor destas ferramentas sem experimentar o pior delas. É o que especialistas em produtividade chamam de agrupar tarefas em lotes.

2. Desculpe por tirar sua ingenuidade agora. O modelo de negócios do Facebook (que engloba o Facebook, Instagram e WhatsApp) depende de fazer você passar a maior quantidade de tempo possível nestas plataformas. Isto porque a empresa vive de anúncios vendidos. Quanto mais tempo as pessoas passam nas redes sociais (no caso do Facebook e Instagram) mais anúncios veem e mais dinheiro o Facebook faz, sem falar que o negócio também ganha valor de mercado. "E quanto ao WhatsApp, Celso?" Suas conversas fornecem informações valiosas - que não são utilizadas de forma a revelar a identidade das pessoas e, portanto, não fere sua privacidade - para que anunciantes consigam, cada vez mais, direcionar seus anúncios para o público certo. Você sabia que o Facebook sabe até o quanto você ganha? Pois é.

Quando falamos sobre produtividade, nossa imaginação nos leva à visualização de uma produção abundante. Contudo, o conceito de produtividade engloba a razão entre dois fatores: *máxima produção no menor tempo possível*. Daí decorre uma das conclusões mais importantes que frequentemente deixamos de lado: *trabalhar por mais tempo necessariamente significa perda de produtividade*.

Mas o que procuramos fazer quando sentimos que precisamos produzir mais? "Trabalhe mais", é o que diria o senso comum, certo? Entretanto, considerando que o tempo é um recurso inelástico, trabalhar mais frequentemente significará a suplantação de tempo dedicado à base da pirâmide: em troca de se alimentar de forma saudável, de ter o tempo necessário de sono, de se praticar exercícios regularmente ou de qualquer outra necessidade fundamental. Trabalhar mais, necessariamente, significa queda de produtividade e, a médio prazo, estará cavando a sua cova em uma vida que estará constantemente desequilibrada.

O que se deve fazer então para se aumentar a produtividade? A resposta é *trabalhar melhor*, e não mais. Mas como você pode fazer isto na prática? É preciso aprender a aplicar o Princípio de Pareto em tudo, inclusive nas atividades executadas diariamente. O princípio afirma que 20% das causas são responsáveis por 80% das consequências. Isto significa que, dentre tudo o que você realiza ao longo do seu dia, 20% apenas corresponde ao que, de fato, gera seu resultado ao final do mês. O segredo é descobrir, quais são essas atividades responsáveis pelas horas mais produtivas do seu dia para que então faça mais disso e menos do que não é produtivo.

Na lógica do representante farmacêutico, contudo, faz-se necessária uma ressalva: você não poderá deixar de visitar 80% dos médicos do seu painel para focar nos 20% que lhe dão mais resultados. Esta interpretação sobre o Princípio de Pareto na lógica das visitações médicas está equivocada. Isto porque estamos falando sobre duas coisas distintas: painel médico e visitação. Você precisa buscar melhorar a produtividade em cada coisa de forma isolada. Se quer melhorar a produtividade do seu painel médico, por exemplo, precisa se perguntar quais são os 20% dos médicos em seu painel que geram 80% dos seus resultados. Precisará buscar o porquê. A pergunta que deve se fazer em seguida é esta: o que precisa para ter um painel com médicos que se assemelhem mais a estes que te dão mais resultados? Ou então: como fazer com que parte dos 80% passem a gerar resultados como os 20%? E ainda: Como fazer com que os 20% produzam ainda mais resultados?

Já se o seu objetivo é aumentar a produtividade de suas visitações médicas, precisa analisar as visitas e não mais o perfil dos médicos. Quais dias tendo a ter melhor visitação e por quê? Como replico o que funciona nesses dias para os demais menos produtivos? Quais são os fatores que impactam negativamente minha visitação? Como impedi-los ou minimizá-los consideravelmente? O que tenho feito ao longo do dia, ou até mesmo no dia anterior, que ajuda na minha performance de visitação? Como replicar estas boas práticas? Certamente, ao responder a estas perguntas, encontrará os fatores chaves para sucesso em performance que precisa.

Se você é um propagandista experiente, pode estar se questionando: mas frequentemente os médicos mais importantes para mim tomam mais tempo nas visitas (geralmente pelo maior tempo de espera e por maior volume de visitas de outros representantes). O que poderia fazer nestes casos? Felizmente, para você que busca ser um *Bench*, deve se lembrar de que não existem respostas certas. O mais importante é você saber que é o gestor do seu território e precisará medir o quanto vale uma coisa em detrimento da outra. Contudo, mesmo nesses casos, minha experiência mostra que é possível se administrar melhor o tempo para que todos os objetivos, e não apenas um, sejam cumpridos. Além disso, teremos um capítulo dedicado a falar sobre como buscar soluções criativas para velhos problemas. Tenho certeza que irá te inspirar a sair deste que parece ser um loop infinito - mas não é - na propaganda médica.

Nossa energia: um recurso extremamente escasso

A Samira, minha esposa, gosta muito de natureza e, na casa que morávamos antes de nos mudarmos para Florianópolis, ela cultivava muitas plantas, dentre elas, parreiras.

Certo dia, quando fui visitar sua horta, para minha surpresa, ela tinha cortado vários galhos daquela parreira que, outro dia, estivera linda e frondosa. Fiquei com muita pena daquilo e sem entender nada. "Coitada da planta", eu disse a ela. Foi então que ela me deu uma aula sobre *galhos ladrões de energia* e, mais uma vez, fiquei maravilhado com o quanto a natureza pode nos ensinar lições fabulosas, quando estamos presentes para isto. Ela me explicou que esses galhos não produzem fruto nenhum e servem basicamente para "roubar" energia da planta que deveria ser direcionada para a produção de uvas. Então ela cortava esses galhos e a planta, milagrosamente, voltava a produzir.

O mesmíssimo processo acontece conosco, quando comparamos este ato de podar os galhos ladrões com a gestão de um recurso extremamente valioso e limitado que possuímos, e que precisa ser gerido com muita sabedoria: a nossa energia.

Para entender melhor, imagine a seguinte situação:

Quando atuava como propagandista, sempre me levantava bem cedo para poder começar minha rotina. Em alguns dias, às 6h da manhã já estava no primeiro consultório médico. Alguns doutores eram muito importantes para mim e este era o melhor - e talvez único - horário para falar com eles. Era o caso específico deste médico na cidade de Itabira-MG, um dos maiores prescritores na cidade de um determinado medicamento da minha linha.

Acontece que ele também era conhecido por ter uma personalidade bem instável e até então eu desconhecia este fato. Em alguns dias, ele estava muito bem, alegre, conversava e fazia piadas. Em outros, porém, faltava pouco soltar os cachorros nas pessoas. Naquele dia fatídico, infelizmente, ele estava com os cachorros prontos para soltar no primeiro que visse. Era o primeiro médico que visitaria no dia. Cheguei na hora programada e pedi para a secretária avisá-lo sobre minha chegada, o que ela fez, bem conforme previamente determinado pelo médico. Na hora de realizar a visita, entretanto, ele encostou a mão no meu peito na porta do consultório e disse: "Eu me lembro de você. Não faz um mês que você esteve aqui. Não vou deixar você entrar. Isto é um absurdo! Saia agora. Diga a seu laboratório que não sou a favor de revisitas, pois não tenho como receber o mesmo representante mais de uma vez no mesmo mês."

Algo completamente compreensível. Se fosse verdade. Acontece que eu não estava fazendo revisita. Era apenas o meu ciclo de visitações, que era um pouco mais curto que o comum. Mas isso também é compreensível. O que não consegui entender era a razão de ele dizer aquelas palavras praticamente gritando comigo, com muita raiva, na frente de vários pacientes. Eu pedi desculpas e saí imediatamente, claro, mas confesso que fiquei com uma vontade enorme de chorar. Nunca tinha passado por algo parecido, mesmo presenciando algumas coisas pesadas no emprego anterior, como certa vez em que um cliente me expulsou de seu escritório, mesmo ele estando errado, na realidade acredito que seja por causa disto, e ele havia acabado de se dar conta. Ainda assim, não se comparava ao que senti naquele momento.

Estou compartilhando esta história com você, primeiramente porque gosto sempre de dizer que a vida de propagandista não é perfeita e oferece desafios como qualquer outra profissão, mas, especialmente para falar sobre gestão de energia. Como que você acredita que foi o restante daquele dia para mim, que ainda só estava começando? Nada legal, embora tenha cumprido com todas as minhas obrigações. Mesmo sabendo que precisava me recuperar e seguir em frente, levei um tempo para me esquecer daquela situação embaraçosa e constrangedora. E aquele fato inevitavelmente interferiu na qualidade do meu trabalho naquele dia.

Mas o mais importante de tudo aquilo foi o grande aprendizado que ganhei, justamente sobre gestão de energia. Uma situação complicada, como um conflito logo no início do seu dia, pode simplesmente consumir toda sua energia e impedir que você realize o que precisa. Hal Erold, autor do livro O milagre da manhã, afirma que as primeiras horas do seu dia são o leme dele. Se forem boas, o dia tenderá a ser bom. Se forem ruins, influenciarão negativamente todo o seu dia. Então garanta que sejam boas!

Por mais que tenhamos a tendência de pensar que não temos domínio sobre o que acontece conosco (o que é parcialmente verdade), sempre temos a oportunidade de escolher como reagimos a estas coisas. Pessoas negativas, problemas no trânsito, pensamentos negativos, críticas, autocríticas, determinados ambientes, programas de notícias policiais... são exemplos de "galhos ladrões de energia". Assim como no exemplo da parreira da Samira, existem situações, pessoas, pensamentos e ambientes (físicos ou virtuais) que simplesmente roubam de você a energia necessária para realizar coisas extraordinárias. Ou você corta estas influências diretas ou elas tirarão de você a energia vital para produzir na quantidade e qualidade que deseja. A escolha é sua. Quando falo sobre isto, gosto de citar uma história que aprendi sobre dois monges. Veja:

> Dois monges caminhavam quando, ao chegarem em um rio extremamente agitado, avistaram uma mulher com muita dificuldade para atravessá-lo. Um dos monges, apesar do voto que fizera de nunca tocar em uma mulher, decidiu ajudá-la e atravessou o rio com ela em suas costas.
>
> Após este evento, os monges continuaram sua jornada, porém, desta vez, em absoluto silêncio. Horas depois, um dos monges, visivelmente irritado, decidiu romper aquele silêncio:
>
> - Você carregou aquela mulher. Sabe que isto não é permitido.

O outro monge, sabia e calmamente, respondeu:

- Sim, carreguei, e a deixei logo que finalizamos a travessia daquele rio. Você, no entanto, a carrega até agora.

Esta história serve para lembrarmos que temos sempre a escolha de carregar conosco as situações que nos incomodam ou deixá-las para trás. Por isto, aprenda a identificar os ladrões de energia do seu dia e mantenha distância deles, se desejar ser e permanecer positivo e produtivo.

29. ACIONANDO SEU HIPERFOCO

"Foco é dizer não." Steve Jobs

Estávamos reunidos em um evento ao vivo com *Benchs* de todas as partes do país. Havia cerca de 20 alunos na sala de conferência naquele dia. Na ocasião, percebi que, por mais que eu tentasse, não conseguia convencer uma *Bench* em específico, que era cheia de amigos na indústria farmacêutica (é sempre assim), que indicação não é pré-requisito para ser contratado como propagandista. Seus amigos tinham sido muito competentes na lobotomia (cirurgia no cérebro, metaforicamente falando, claro) que realizaram nela. Um tremendo desfavor, mas fazer o quê, né... Me lembrei de que estava acontecendo um processo seletivo em todo o Brasil de um grande laboratório multinacional e sabia que vários Benchs estavam participando. Era a ocasião perfeita para realizarmos uma experiência ao vivo que, se bem-sucedida, poderia salvar aquela aluna de suas próprias crenças limitadoras.

Pedi para que todos os *Benchs* que estivessem participando de tal processo seletivo levantassem a mão. Todos levantaram a mão, exceto ela. Pedi para que quem estivesse participando daquele processo por indicação levantasse a mão. Desta vez ninguém levantou a mão. Por fim, perguntei a ela:

- Daniela (nome fictício), você não ficou sabendo deste processo?

- Não.

- Sabe por quê? Se você não acredita que é possível participar de processos seletivos sem indicação, se está tão fortemente convencida disto, como poderia saber da existência deste? É isto que significa ter crenças limitadoras: você mesma está limitando suas possibilidades com base no que é capaz ou não de assimilar. Espero que, a partir de hoje, vença suas crenças e expanda novamente suas possibilidades.

O que você foca expande. E isso é algo muito sério.

Para entender melhor sobre foco, quero começar com uma afirmação: nós nunca nos distraímos. Estamos sempre focados em alguma coisa. Nem sempre no que deveríamos ou gostaríamos, isso é uma verdade, contudo sempre estamos focados em algo. Faça um teste agora. Escolha qualquer objeto que esteja próximo a você. Fixe seus olhos neste objeto por alguns segundos (desde que não tenha escolhido o Sol). Enquanto foca nele e sem desviar o olhar, tente descrever com detalhes o ambiente que está à sua volta. Impossível, não é mesmo? Você pode dizer uma ou duas coisas. Pode dizer que há outras pessoas, por exemplo, mas não saberá descrever em detalhes o que estão fazendo, vestindo e por aí vai.

O foco exige desfoque. Pense em uma lente de câmera fotográfica, por exemplo. Se quer focar em algo próximo, terá como consequência o desfoque do que está longe. Por outro lado, se foca ao longe, o que está próximo fica embaçado. Esta regra funciona para tudo na sua vida. Você já viveu a experiência de querer comprar um carro e, como mágica, parece que todo mundo pensou a mesma coisa ao mesmo tempo que você?

Toda hora você vê um carro como o que você quer, não é assim?

É que sua mente é especialista em foco. Ela escolhe as informações que irá armazenar e simplesmente descarta as demais, a partir daquilo que possui importância para você, que, de uma forma geral, é o que você passa mais tempo pensando. Para seu próprio bem, uma das maiores habilidades que seu cérebro possui é a de esquecer. É o que especialistas chamam de memória seletiva. Mas se sua mente decide o que reter ou não com base no que passa mais tempo pensando, o que acontece se você passar a maior parte do seu tempo pensando em problemas? Então tenderá a ver problemas em tudo e eles parecerão maiores do que de fato são. O que você foca expande, não importa se é bom ou mau. Sua mente não analisa as coisas por esta ótica dualista e com juízos de valor.

Pois bem, e o que seria então o *hiperfoco?* Seria a habilidade de se manter focado em determinado objetivo por um tempo pré-estabelecido para que tal objetivo se cumpra. Seria como olhar para aquele objeto que escolheu, a ponto de poder dizer detalhes sobre ele que não poderia identificar se não estivesse em hiperfoco. Por consequência disto, você não saberá dizer muito sobre o resto do mundo neste período. É uma espécie de auto alienação voluntária e seletiva.

Esta é uma estratégia poderosa para se alcançar objetivos em sua vida, como uma contratação ou promoção importante para você. O que você precisa saber sobre o hiperfoco é que sua vida é composta por várias áreas: família, lazer, saúde, carreira, financeiro, espiritualidade, social, intelectualidade; sendo assim, você não conseguirá se manter em hiperfoco por muito tempo, além de não ser nada saudável a longo prazo. O que pode existir é um maior foco por um tempo estabelecido, desde que as outras áreas estejam em paz com isso e minimamente assistidas.

Em alguns momentos, entretanto, este recurso pode ser muito útil para realizar projetos específicos, como o de buscar a excelência na propaganda médica ou conquistar a premiação em determinado concurso de vendas, por exemplo. E, nesses casos, você precisa tomar algumas precauções: estabeleça o que você vai focar (seja específico e objetivo), defina o tempo em que permanecerá em hiperfoco (nunca mais que seis meses), compartilhe este objetivo com as pessoas mais próximas a você e peça-as que te ajudem a se manter em hiperfoco (mas a responsabilidade continua sendo sua); defina objetivamente do que você irá abrir mão neste período para poder se dedicar ao que quer; identifique seus sabotadores (hábitos que te distraem, como redes sociais, séries de TV, jogos...) e mantenha-se longe deles.

ETAPA 2: O AMBIENTE

30. PENSANDO ESTRATEGICAMENTE

E Agindo Taticamente

"Pense com independência. Seja o enxadrista, não as peças do xadrez." Ralph Charell

"Pensar dá trabalho, é por isso que a maioria das pessoas não o faz." Henry Ford, elegantemente chamando as pessoas de preguiçosas.

- P ai, onde a gente vai? - O Samuel tinha apenas três anos e, apesar de termos uma rotina bem estável na época, todo os dias pela manhã ele me fazia esta mesma pergunta. E eu respondia:

- Vamos levar sua mãe no hospital e depois você irá para a escola. - Calma, a Samira não estava doente, ela trabalhava lá!

Todos os dias ele perguntava. Todos os dias eu respondia. Até que me dei conta que aquilo não estava certo. Então, quando ele voltou a me perguntar, eu respondi com a mesma pergunta:

- Samuel, para onde vamos?

Ele então parou, pensou e respondeu:

- Levar a mamãe no hospital e depois eu vou para a escola.

Esta é uma forma simples de demonstrar como, desde crianças, gostamos de respostas prontas. Nosso cérebro é uma ferramenta maravilhosa, mas, devido a uma de suas principais funções, que é a sobrevivência, ele sempre buscará o caminho mais fácil, aquele que nos fará gastar a menor quantidade possível de energia. Obter respostas prontas é muito mais fácil do que pensar de forma independente e, com certeza, nos faz economizar muita energia. O problema é que elas nos privam do desenvolvimento. Na realidade, elas nos fazem sempre querer buscar por mais respostas prontas., por alguém que mastigue tudo para nós e que nos entregue tudo na mão: o que fazer, como agir, como resolver... E o pior: o sistema tradicional de ensino alimenta este nosso impulso! Existe um vício hoje que, se fosse contabilizado, atingiria uma parcela muito maior do que as vítimas do craque: o *vício por respostas prontas.*

E agora estou aqui, querendo fazer com você exatamente o que comecei a fazer com o Samuel desde aquele episódio: vou te levar aos limites, quando necessário, para encontrar suas próprias respostas. Como Tony Robins gosta sempre de dizer, "eu não sou o seu guru"! Não espere isto de mim também. Quero te desencorajar fortemente a buscar por gurus. Meu objetivo aqui, embora seja um livro e não um curso (que é a forma em que potencializamos esta experiência), é provocar você a pensar melhor, questionar melhor, buscar suas próprias soluções. Não há como se desenvolver a habilidade de pensar estrategicamente querendo ser uma peça do xadrez e não o enxadrista. Não espere ser capaz de guiar o carro sem se assentar no banco de motorista e assumir o controle dele, assim como a responsabilidade pelo destino para o qual você está o levando. Você dirige, eu te guio, combinado?

Acordo feito, agora podemos abordar o assunto *pensamento estratégico e agir tático*. E, na minha opinião, não há como se falar de estratégia sem citar Sun Tzu, estrategista de guerra milenar, autor do manual de guerra que veio a se tornar uma das principais obras sobre estratégia até o momento: a Arte da Guerra.

31. O QUE É ESTRATÉGIA E QUAL SUA IMPORTÂNCIA

"Todos podem ver as táticas de minhas conquistas, mas ninguém consegue discernir a estratégia que gerou as vitórias." Sun Tzu, A arte da guerra

Existe um laboratório que é conhecido por dar nomes bem estranhos para seus medicamentos. Já ouvi várias piadas de representantes de outros laboratórios relacionadas a tais marcas, a maioria delas sugerindo que a empresa deveria escolher melhor quem deveria trabalhar no setor de marketing da empresa. Apesar de concordar com o fato de os nomes serem mesmo bem diferentões, algo me dizia que deveria existir alguma boa razão para aquilo, até porque não estamos falando de uma empresinha qualquer, e sim de um dos maiores players da indústria farmacêutica brasileira, que apresenta um crescimento de *market share* (participação de mercado) vertiginoso na última década.

Anos depois, em uma conversa totalmente informal com um amigo que atua como representante neste laboratório, ele compartilhou comigo a razão por trás daqueles nomes tão estranhos: era um recurso mnemônico, que normalmente unia duas ou mais palavras, que representavam os principais diferenciais competitivos do medicamento. Desta forma, o laboratório conseguia fazer com que os médicos se lembrassem mais facilmente das marcas na hora de prescrever. Simplesmente genial!

Para mim, este exemplo é perfeito para demonstrar a diferença que Sun Tzu apresenta entre estratégica e tática. No caso apresentado, a tática é a escolha *aparentemente* de mal gosto por nomes para seus medicamentos. Isto estava visível a todos. A estratégia, no entanto, é a razão por trás da adoção de tais nomes. Esta não é visível e permite que a empresa ganhe uma imensa vantagem competitiva, sendo capaz até de confundir seus competidores, enquanto a informação for mantida em sigilo.

O pensamento estratégico, portanto, está intimamente ligado ao planejamento, a partir da clareza do que se quer. É completamente aceitável dizer então que estratégia tem total ligação com o *quê* se busca, enquanto tática se relaciona com o *como* conquistar o que se quer.

Parece simples, certo? Mas não é. Para se definir o que se quer, é necessário lançar mão de muito conhecimento, que, na lógica militar, estaria relacionado a: conhecer suas próprias fortalezas e debilidades (autoconhecimento), conhecer o terreno e os desafios que reserva e conhecer seu inimigo. Na lógica de mercado, no entanto, faz-se necessário o autoconhecimento também, levantamento de recursos para o que deseja conquistar, conhecimento dos aspectos inerentes ao mercado, tal como, dos demais competidores. Sobre isto, Sun Tzu diz:

> "Se você conhece o inimigo e conhece a si mesmo, não precisa temer o resultado de cem batalhas. Se você se conhece, mas não conhece o inimigo, para cada vitória

ganha sofrerá também uma derrota. Se você não conhece nem o inimigo nem a si mesmo, perderá todas as batalhas."

O êxito, portanto, em estratégias bem-sucedidas converge no conhecimento. Mantenha isto em mente daqui para frente. Mas por que você, que busca a excelência na atuação como propagandista, deveria adquirir pensamento estratégico se você não define o que fazer? O propagandista, como é sabido por todos, é o executor das táticas traçadas, a partir da estratégia definida por seu laboratório.

Posso dizer que há poucas coisas tão poderosas quanto um executor que pensa estrategicamente e que, como veremos a seguir, age taticamente. É o que se diz por pensar globalmente e agir localmente. Uma vez que você entende como estratégias são formuladas, você compreende o que seu laboratório quer a partir das estratégias e táticas que define e pode, a partir daí, adaptá-las à sua realidade sem perder de vista os objetivos traçados.

Preciso dizer a você que, neste livro, serei capaz de lhe explicar tais conceitos e despertar a consciência sobre a necessidade de dominá-los. Em nosso treinamento, todavia, vamos mais longe, os colocando em prática para que nossos alunos assimilem, de fato, tudo isso e consigam incorporar uma nova e melhor forma de pensar e agir, construindo, assim, uma nova e melhor mentalidade.

32. O AGIR TÁTICO

"Nenhum plano perfeito sobrevive ao campo de batalha."
Autor desconhecido.

A quela cena* nunca mais saiu da minha mente. Dois soldados espiando um exército infindável, cujo contingente superava várias vezes o número dos seus soldados. O espartano Stelios, além de sorrir, olhava com êxtase para aquilo tudo, enquanto seu companheiro Daxos, o árcade, estava completamente atemorizado e questionou o motivo para Stelios estar sorrindo. Ele então respondeu: "Árcade, eu lutei incontáveis vezes. Nunca encontrei alguém capaz de me oferecer o que nós espartanos chamamos de 'uma linda morte'. A minha esperança é que, com um exército de tal magnitude contra nós, haja ao menos uma pessoa que esteja à altura da tarefa."

*Se está lendo este livro em uma versão digital, você pode ver esta cena **clicando aqui**. Se está lendo na versão impressa, aponte o seu leitor de QR Code na imagem abaixo para poder ver no seu smartphone ou tablet.

Muitas vezes sou questionado sobre o quão desafiador pode ser atuar como propagandista na indústria farmacêutica. A comparação que faço tem total relação com esta linda cena do filme 300 que acabei de descrever para você. O tamanho do desafio tem a ver com quem irá enfrentá-lo e o quanto esta pessoa se preparou para ele. Se a preparação foi medíocre, tenha certeza que, diante do que irá encontrar, o seu olhar será parecido com o de Daxos. Você irá temer, posso garantir. Já se sua preparação foi no nível da excelência, sentirá prazer nos desafios que irá enfrentar. Afinal, de que adianta táticas, sem competência para executá-las? E de onde vem as competências se não do treinamento certo para desenvolvê-las?

As táticas são conjuntos de ações definidas e orquestradas para se alcançar determinada estratégia. Elas não são apenas passíveis de serem vistas por todos, conforme já dissemos, como também podem (e devem) ser adaptadas ou substituídas à medida que forem executadas, a fim de que os objetivos sejam alcançados ao final.

Seria muito simples se fosse possível pensar em tudo antes de se executar, porém isto não é nem um pouco realista, nem nas guerras nem na atuação no mercado. O que está longe de significar que não seja necessário se traçar um plano inicial. Na verdade, é fundamental, tanto quanto adaptá-lo sempre que necessário. É preciso ter em mente que o mercado é dinâmico, isto significa que outros competidores também definem suas próprias estratégias e reagem às suas ações. Quem conhece, certamente vai associar o que digo aqui ao jogo de Xadrez. Tão importante quanto definir uma estratégia e executá-la, é adaptá-la à medida que seu adversário faz seus próprios movimentos. As táticas precisam ser assim: flexíveis, levando em conta as variáveis disponíveis no cenário e as mudanças que acontecem nele a cada momento, sem, contudo, perder de vista os objetivos definidos.

Para se traçar boas táticas, é necessário se levar em conta alguns fatores, tais como a capacidade e habilidade dos agentes para se executar o que foi definido, a simplicidade das ações que é sempre benéfica, a velocidade com que é possível se executar tal plano, os recursos necessários, os riscos envolvidos, a capacidade e velocidade de reação dos competidores e o impacto dessas ações no alcance dos resultados esperados.

Uma ferramenta muito útil para isto é a *5W2H: what* (o que fazer), *who* (quem irá executar), *where* (onde), *when* (quando ou em que período), *why* (com qual finalidade ou o resultado esperado), *how* (como) e *how much* (quanto irá custar).

Trazendo tudo isso para a realidade da propaganda médica, você perceberá o quão estrategistas são os melhores *players*. Frequentemente, as estratégias e planos táticos são muito bem traçados pelos laboratórios que realizam treinamentos constantes para que sua força de vendas possa compreendê-los e executá-los com êxito. Eles contam ainda com os líderes para que sejam a grande força tática, garantindo a compreensão e realizando adaptações nos planos sempre que necessário. Os gestores, portanto, são peças chaves, uma vez que representam a ponte entre o estratégico e o operacional, e precisam estabelecer um canal de comunicação saudável entre as partes. Num cenário perfeito, tudo funciona lindamente. *Benchs,* entretanto, não acreditam em cenários perfeitos e, por isso, carregam um *gene* a mais, capaz de complementar algo que possa eventualmente faltar nesta engrenagem. Eles são adaptáveis.

Gestores constantemente se sentem sobrecarregados, pessoas são demitidas, novos concorrentes entram, clientes descumprem contratos, médicos passam a prescrever outros medicamentos e, especialmente em um mundo tomado por transformações digitais, toda a lógica de consumo de um mercado pode mudar do dia para a noite a partir de verdadeiras disrupções. E é justamente em cenários completamente caóticos como este que estou descrevendo para você que *Benchs* descobrem o verdadeiro valor de serem *Benchs*. E é justamente nesses momentos que eles se sobressaem.

Se seu gestor está emocionalmente instável, porque você não o auxilia se tornando seu braço direito, no lugar de criticá-lo? Se pessoas são demitidas, em vez de adotar um comportamento histérico e pouco produtivo, que te tirará do foco por determinado período, por que não tenta descobrir o que não fazer a partir das causas daquela demissão? Se perdeu parceiros, por que não estabelece novas parcerias, evitando os motivos que levou você a perder as anteriores? Se novas transformações digitais dão sinal de chegada, por que você não busca se qualificar para tomar vantagem delas no lugar de perder tempo dizendo que "infelizmente a indústria não é mais a mesma"? Não é, não será e isto não é necessariamente algo ruim, para quem possui disposição para se adaptar a novos cenários.

Pense em grandes mudanças estruturais no mercado como se fossem *tsunamis*. Você não pode evitá-las. Contudo, é possível prevê-las momentos antes de acontecer, o que te fornece uma vantagem estratégica da qual pode depender sua própria sobrevivência. Para quem sabe ler os sinais do mercado, eles representam verdadeiras oportunidades de saltos gigantescos e tomadas de posicionamentos estratégicos. Só é preciso saber o que fazer *quando* surgirem, e não *se* surgirem, que fique claro.

E é exatamente esta vantagem que quero lhe mostrar neste livro. Na Parte 3, especialmente, vamos falar melhor sobre este cenário e detalhes sobre a nova mentalidade que ele requererá de você. Falar sobre estratégia e tática é apenas uma pequena introdução para algo bem maior que virá a seguir. Não se trata apenas de uma questão de sobrevivência relacionada a uma nova geração de profissionais da indústria farmacêutica. Se trata de verdadeiras oportunidades de se posicionar no topo da cadeia alimentar corporativa, se é que você me entende. Uma certeza posso te dar, se absorver a mensagem, olhará para tudo isso com êxtase e vontade de agir logo e outros te olharão como louco, garanto!

33. NÃO TIRE OS OLHOS DO RETORNO

"**O** que dar a quem já tem de tudo?" Era sobre isto que refletíamos quando pensávamos sobre o que dar de presente a um médico que era muito importante para nós. Seu aniversário estava chegando e queríamos marcá-lo de uma forma especial.

Antes de qualquer possível interpretação equivocada, quero dizer que é muito natural, em qualquer relacionamento - não somente os profissionais - presentear pessoas, a fim de demonstrá-las o quanto são importantes para nós. Não há relação aqui com troca de favores ou negociação como muitas vezes se imagina por quem não é do ramo, a respeito de relacionamentos entre médicos e representantes. Não digo que não exista, porque não posso falar por todos. Infelizmente, assim como em qualquer outro mercado, há bons e maus profissionais, que executam boas e más práticas. Felizmente, os bons são a grande maioria, diferentemente do que algumas pessoas tendem a imaginar. E muitas vezes não se tem ideia do quão regulamentado é este setor, e precisa ser mesmo. Para se ter uma ideia, um representante pode ser desligado por justa causa "apenas" por distribuir amostras grátis a quem não é médico. Então, assim como em outros setores, quero deixar claro aqui uma crença minha desde sempre: *o crime simplesmente não compensa.*

Adendo feito, voltemos ao caso. Queríamos surpreendê-lo e nesta hora, nos lembramos do conceito de valor, que é muito diferente de preço. Há pessoas que acreditam que outras são impressionadas por presentes caros. A verdade é que elas se impressionam por aquilo que tem valor para elas, independentemente de preço. E em se tratando de valor, existem coisas que o dinheiro pode comprar, outras que não. E estas podem valer bem mais do que aquelas.

O que sabíamos sobre ele para entender melhor seu sistema de valores? Felizmente, muito. Ele adora sua família, seus filhos e esposa. Nas redes sociais, posta fotos com frequência e sempre demonstra muito carinho por eles. Pronto: família é um valor para ele.

Vamos falar agora sobre uma dor comum: tempo de qualidade com a família. Este médico em especial andava trabalhando muito e, por esta razão, tinha muito pouco tempo para passar com seus filhos e esposa. E se pudéssemos dar a ele justamente isso: tempo de qualidade com a família? Existe alguma loja que vende isto? Claro que sim!

Passamos direto pela loja de vinhos, whiskies e outros presentes manjados e fomos para uma loja de... brinquedos! Isto mesmo! Era disso que ele precisava. Perguntamos à atendente qual era o jogo mais divertido que envolvesse toda a família na brincadeira. Levamos o jogo. Em seguida, visitamos uma loja de suveniers e compramos um lindo porta retratos, o qual nós mesmos preenchemos com fotos de sua família, que imprimimos a partir das suas redes sociais.

Levamos a ele esses presentes e ainda compramos um sanduiche Subway, para que pudesse almoçar, pois a secretária nos informou que iria direto da clínica para o plantão no hospital neste dia. Na hora da visita, estava tudo na pasta, nada visível, demos os parabéns para ele e fizemos uma pergunta:

- Doutor, nosso aniversário é uma data muito oportuna para nos lembrarmos do que é importante para nós. O que é importante para o senhor?

Ele não demorou nem um segundo para responder:

- Minha família, caras, com certeza.

- Que bom saber disso, era a resposta que imaginávamos que o senhor daria. E é por isso que trouxemos uma singela lembrança daquilo que é importante para você. - E então tiramos o porta-retratos. E completamos:

- E, para que você tenha mais tempo de qualidade com eles, trouxemos algo inusitado, para que possam se divertir todos juntos. Vão gostar deste jogo!

A lágrima desceu em seus olhos:

- Vocês não existem. Como é quê?.. Vocês pensaram em tudo! Obrigado mesmo, pessoal. Me sinto muito feliz e valorizado por esta homenagem. Muito obrigado.

Para iniciar este capítulo, quero te perguntar: qual foi o retorno deste investimento que fizemos? Quais foram os recursos que utilizamos? Um presente convencional, algo a ser dado para uma pessoa de prestígio como este médico, poderia custar até dez vezes mais do que investimos naquele dia. E será que teria o mesmo impacto? Com certeza não.

Com isto em mente, vamos entender melhor esta história de recursos, investimento e retornos sobre investimentos.

Você ainda se lembra do meu professor de Biologia, o J.B., que afirmava com tanta veemência o quanto a natureza é contra desperdícios, certo? O mesmo se aplica à gestão de recursos e, claro, a que o propagandista precisa fazer em seu setor.

Mas antes de levantar a bola sobre a consciência de se construir o foco em retorno sobre o investimento - algo muito em falta hoje em dia - precisamos entender melhor o que são, de fato, recursos e como podem ser investidos.

Então te pergunto: o que são recursos?

Provavelmente, a primeira coisa que veio à sua mente foi dinheiro, acertei? E realmente é, mas recursos podem ir muito além disto, quer ver? Todas estas coisas também são recursos: conhecimento, informações, contatos, tempo, *know how*...

E quando você compreende isso, você amplia e muito as possibilidades de se utilizar recursos em prol dos resultados almejados.

Muitas pessoas travam por acreditarem que não podem fazer muita coisa se não possuem verba ou dinheiro, e isto está muito longe de ser verdade. Você pode fazer muito com muito pouco dinheiro, ou até mesmo nenhum, especialmente se conhece bem quem você deseja impactar.

Poderia dar inúmeros exemplos aqui de soluções criativas que encontrei e que envolveram pouquíssimo recurso financeiro, mas muito conhecimento, informações, contato, sensibilidade e criatividade, claro.

Quando descobri, por exemplo, que um dos médicos do meu painel era apaixonado por pimentas exóticas, me lembrei de que meu sogro plantava uma pimenta bem diferente e estava lá disponível gratuitamente em sua horta! Pedi para a Samira fazer uma embalagem artesanal bem bonita e levei para ele. Ele achou incrível, nunca a havia experimentado antes.

Quando descobri que um dos médicos que visitava era apaixonado por Jiu Jitsu e lutas de UFC, pedi para meu primo, Rafael "Sapo" Natal, que lutou por 10 anos na categoria peso médio no UFC, de quem ele era muito fã, para gravar um vídeo, mandando um "salve" para ele. Você precisava ver como ele ficou igual a uma criança, sem acreditar, vendo meu primo falando com ele no vídeo!

Quanto me custou essas ações? E quanto de retorno tive com elas? Enorme, pode ter certeza! Mas, para que isto pudesse acontecer, foi preciso que eu tivesse consciência do que são recursos e é isto que estou agora passando para você. Por favor, evite pensar como todo mundo. Faça questão de ser e agir diferente e você terá a chance de fazer isto a todo momento.

Gerindo Bem Os Recursos

"A melhor maneira de aprender a empreender é começar empreendendo o negócio do outro." Geraldo Rufino

As coisas não estavam nada fáceis naquela época. Eu estava já há muito tempo buscando uma promoção pela companhia que simplesmente não acontecia. Quando estamos no meio do furacão, é muito fácil confundirmos as coisas e perdermos a clareza dos fatos. E, neste dia, lanchava com a Samira em uma padaria logo após o expediente de trabalho. Olhei para a geladeira da minha empresa, que estava comodatada para aquele cliente cheia de produtos do meu concorrente. Então comentei com a Samira:

- Não vou mais lanchar aqui. Não há nada que eu fale que possa os convencer a não invadir minha geladeira.

- *Sua* geladeira? - me perguntou a Samira, com um olhar fulminante. A única coisa que me confortava naquele olhar é saber que a maior parte de sua raiva não estava sendo direcionada a mim naquele momento. - Como assim *sua*? Você quer dizer a geladeira da empresa *que não te valoriza*, certo? E com a qual, mesmo assim, você escolhe se preocupar, sendo que nem está mais no horário de trabalho...

Até que aquilo que ela dizia fazia total sentido. De certa forma, até me confortava pensar daquele jeito, mas não era a minha essência. Então a respondi:

- Samira, quero te pedir algo. Por favor, não fale assim mais da empresa na qual trabalho. Apesar de o que você disse ter sua parcela de verdade, eu estou lá por escolha própria. Sou grato a ela, porque é de lá que conquisto o sustento para nossa casa. Eu aprendi com minha mãe, minha maior mentora, que devo sempre tratar a empresa na qual trabalho como minha. É assim que a trato e pronto. Não há o que a empresa faça, de justo ou injusto, que me fará mudar a minha essência. Não tem a ver com a empresa. Tem a ver com quem eu sou.

Não que ela tenha ficado satisfeita com o que disse naquele momento, mas respeitou e terminamos aquele lanche numa boa. E ainda cumpri minha palavra: por causa daquela invasão persistente e irremediável, não lanchamos lá novamente.

Existem várias técnicas e formas de se medir retorno sobre investimento e garantir a rentabilidade nas ações. De tudo o que você pode ou não conhecer, a forma que considero mais eficaz é também a mais simples: trate os recursos do laboratório (ou da atual empresa na qual trabalha) como se fossem seus.

Se as amostras grátis fossem suas, você as distribuiria de que forma? Se faça a mesma pergunta em relação aos materiais científicos, materiais promocionais, treinamentos, eventos, carro da companhia, ferramentas de trabalho e todas as outras coisas que o laboratório confia a você. O *senso de dono* certamente dará a você, se ainda não possui ou precisa desenvolver mais, a noção de responsabilidade necessária e busca por maximizar os retornos sobre os recursos investidos.

E neste ponto, novamente, vejo uma grande vantagem na mentalidade empreendedora que fomentamos entre os *Benchs:* trate o negócio do outro como se fosse o seu próprio. Como Geraldo Rufino gosta sempre de dizer: "a melhor forma de se aprender a empreender é empreendendo o negócio de outra pessoa."

Não tem a ver com querer ter um negócio um dia ou não. Isto é uma escolha pessoal e realmente acredito que não precisa ser, necessariamente, uma meta de vida para todas as pessoas. Empreendedorismo é uma mentalidade, que pode e deve ser sempre fomentada a todo instante.

E tem mais: esta postura madura mediante o negócio do outro certamente permitirá que você seja percebido como alguém pronto para assumir responsabilidades cada vez maiores. Isto não é ótimo?

ETAPA 3: VOCÊ NO AQUI E NO AGORA

A partir do momento em que toma mais consciência do presente e faz as pazes com a sua realidade, aí sim é hora de olhar para fora e entender quem é você neste cenário atual. Com muito mais confiança e senso de propósito, se conhecendo mais, sabendo quem é e onde quer chegar, é tempo de perceber o ambiente no qual está inserido e começar a interagir com ele de forma a construir a realidade que almeja.

Sempre digo aos meus alunos que ainda não atuam na indústria farmacêutica que não existe forma mais eficaz de ser contratado como propagandista do que sendo um agora, no presente: adotando uma postura, se comportando como um propagandista, pensando como tal, buscando sempre a excelência, aumentando seu *networking* de forma inteligente e interessante, e fazendo tantas outras coisas que verá neste livro que contribuirão muito para este objetivo hoje.

Quando já se é um propagandista antes mesmo de ser contratado, todos - especialmente quem já é da área - te enxergarão assim. É o fenômeno ao qual especialistas dão o nome de projeção e identificação. De toda forma, tenha consciência de que é aqui e agora que você constrói seu caminho para a excelência na propaganda médica.

34. RESGATANDO A SUA CRIATIVIDADE

"Eu acredito apaixonadamente que não aumentamos nossa criatividade, a diminuímos. Ou melhor, somos educados a abandoná-la." Sir Ken Robinson, palestra no TED*: Escolas matam a criatividade?

*Você pode assistir à palestra dele **clicando aqui** ou escaneando o QR Code abaixo:

Era minha primeira visita à pediatra mais renomada da cidade. Já sabia algumas coisas sobre ela antes mesmo de visitá-la: hiper inteligente, valoriza o trabalho dos representantes, não suporta mediocridade e não tolera desconhecimento sobre os produtos. Ou seja: faça um bom trabalho e seja feliz, faça um péssimo trabalho e feche as portas para sempre. Perfeito! Adoro esse perfil de pessoas.

Na primeira visita, normalmente dedicamos a nos apresentar, apresentar nossa grade de produtos promovidos para aquela especialidade médica e permitir que o médico fale, se quiser, sobre o que faz mais sentido para ele, dentro de sua realidade. Este é o mundo ideal e foi o que aconteceu com ela, com uma coisinha a mais: ela me desafiou.

- Celso, eu gostava muito do trabalho do representante que me visitava antes de você. Ele é extremamente competente. Saiba que não aceitarei menos do que isto de você. Na realidade, eu espero que você me surpreenda positivamente.

Confesso que senti o peso da responsabilidade. Sempre admirei o trabalho do representante que ela citou e não seria nada fácil corresponder às expectativas dela, quanto mais superá-las!

Recorri à minha criatividade. Pensei: "Ok, ela espera muito de mim e me desafiou. Isto significa que tenho a oportunidade de ser criativo na minha próxima visita e é o que farei."

Meu objetivo era torná-la prescritora de um MIP (medicamento isento de prescrição médica). Ela abertamente me disse que tinha total preferência pelo meu principal concorrente, que era o medicamento referência (o primeiro medicamento a ser criado com aquele princípio ativo). Uma meta ousada por si só!

E agora? O que fazer para surpreendê-la? Chocolates são sempre uma boa opção, mas o que chocolates teriam a ver com medicamentos? A princípio nada, mas eu poderia criar associações interessantes, só dependia da minha criatividade. Fui em uma loja famosa (não estou ganhando patrocínio, então sem nomes) e montei uma cesta de chocolates com as seguintes características: recheio de morango que remetia ao sabor do meu produto, zero açúcar assim como meu medicamento e 50% cacau (aí estava o grande mistério e a característica que eu gostaria de evidenciar na propaganda!).

Na próxima visita, lá estava eu com a cesta de chocolates, mas agora era a minha vez de devolver o desafio!

- Doutora, você me desafiou e eu aceitei. Quero te surpreender positivamente. E a forma com que farei isto será te desafiando de volta. Eu trouxe esta cesta de chocolates como forma de agradecê-la por acreditar que posso superar o excelente trabalho do representante que me antecedeu, embora eu e você concordemos que esta não será uma tarefa fácil. Contudo eu só deixarei esta cesta com você se conseguir dizer por que escolhi estes chocolates e a dica é que eles têm relação com o medicamento X. Saberia me dizer?

- Olha, interessante... Começou bem! Vamos ver... recheio de morango é porque ele tem sabor de morango (esta é fácil), zero açúcar por que ele não tem açúcar... agora 50% cacau... esta está difícil. Não faço ideia!

- Tudo bem, você acertou duas. Acho justo te ajudar na terceira. O custo do meu produto para o seu paciente é 50% mais acessível que o medicamento referência, por isso 50% cacau.

- Ah, está explicado! Eu não ligo para preço, por isso não acertei. Meus pequenos pacientes precisam do melhor tratamento sempre. Seus pais que economizem em outras coisas, não na saúde deles!

[Alerta de objeção!]

- Concordo totalmente. Ainda bem que, assim como escolhi esses chocolates na melhor loja da cidade, você também pode confiar na qualidade do nosso laboratório, não é verdade?!

Pode ficar com a cesta, você mereceu!

- Muito obrigada! E você me surpreendeu, Celso. Parabéns pela propaganda criativa que fez! Vou me lembrar do seu medicamento, com certeza.

Uma das grandes lendas a respeito da criatividade é que existem pessoas mais criativas do que outras. Na realidade, a criatividade é uma habilidade inerente a todo ser humano. Foi ela que nos garantiu passar por grandes evoluções tecnológicas, que começaram desde a descoberta do fogo e invenção da roda e culminaram na criação do avião, exploração espacial e desenvolvimento de tratamentos para inúmeras doenças fatais. Não por acaso, Einstein dizia que "a imaginação é mais importante que o conhecimento".

Então por que algumas pessoas conseguem criar e outras não? A resposta é que elas *desaprenderam* a ser criativas, foram desestimuladas, à medida que cresceram.

> "Todas as criaturas nascem artistas. A dificuldade é continuar artista enquanto se cresce." Pablo Picasso

A criatividade, tal qual a arte, desafia o *status quo*, controverte, incomoda e questiona crenças estabelecidas. A criatividade se manifesta mais facilmente na mente de pessoas que não têm vergonha de propor novas formas de se ver o mundo. Crianças são naturalmente assim, mas, à medida que crescem, são condicionadas ao que se deve ou não fazer, pensar e falar. E é exatamente este excesso de regras que tolhe o potencial criativo e imaginativo do ser humano. Além do mais, quem deseja ser criativo, precisa estar disposto a cometer erros.

> "Se você não está preparado para estar errado, nunca criará algo original." Ken Robinson

Então, se deseja resgatar sua criatividade, entenda o preço a ser pago por ela: esteja disposto a se expor mais, a cometer mais erros, a ser criticado por mentes menos criativas que a sua e faça tudo isso sem se levar tão a sério, exatamente como uma criança faz. O caminho mais rápido para você fazer isso é observando como crianças se comportam. Sabe por que aprendem rápido? Porque se importam muito pouco com a opinião dos outros e se caírem, se errarem, se tentarem quantas vezes for preciso até conseguirem, está tudo bem. Espero que veja o quanto pode aprender com as crianças. Eu aprendo muito com meus filhos todo dia.

Há diversas pessoas que não se permitem nem pensar em ideias idiotas. Elas censuram até mesmo seus próprios pensamentos e se perguntam por que não são criativas! Acontece que a maioria das boas ideias nasce de várias ideias ruins. Quando você se permite pensar em coisas imbecis, a partir destas coisas, muitas vezes nascem outras boas. É um processo. Se quiser enxergar matematicamente, eu diria que a cada 100 ideias ruins que tiver, nascerá uma excelente. Assim fica mais simples: tenha o máximo de ideias ruins para que a boa venha logo.

Outro fator que contribui muito para a criatividade são os insumos. É preciso que você entenda como funciona nosso cérebro. Na realidade, *nós não criamos nada*. Tudo o que fazemos é combinar imagens e ideias a princípio desconexas, formando algo completamente novo a partir do que já existe. Isto significa que, se você deseja ter ideias verdadeiramente autênticas, precisa diversificar os insumos para que elas possam ser criadas. É por isso que fazer coisas diferentes ao longo do dia estimula a criatividade. Vou deixar algumas sugestões para você: assista a filmes que não costuma assistir, ouça músicas que não tem costume de ouvir, ingira alimentos que não fazem parte da sua dieta, converse com pessoas diferentes, faça atividades novas que não tem o costume de fazer. Tudo isso estimulará seu cérebro, te colocando em contato com novas sensações, emoções, estímulos, sabores, percepções, perspectivas... o que, naturalmente, gerará um certo nível de desconforto inicialmente. E, como você já aprendeu, este é o principal sinal de que sua mente está se expandindo, certo?

"Humor é aquilo que faz cócegas no cérebro." Leon Eliachiar

Por fim, outro exercício que certamente irá lhe ajudar a ser mais criativo é rir mais das coisas simples e de si mesmo também, por que não? Acrescente o humor na sua vida, ouça e conte piadas, trate a vida com mais leveza e veja a criatividade se desabrochar. Garanto que irá funcionar!

35. POR QUE VOCÊ DEVERIA ENTENDER DE *INBOUND MARKETING*

"Se você criar um caso de amor com seus clientes, eles próprios farão sua publicidade." Phillip Kotler

Não sei falar de *inbound marketing* sem citar o Bob Esponja. Não sei você, mas eu sou muito fã deste desenho animado! Se você já assistiu a alguns episódios, provavelmente sabe que um dos esportes prediletos deste personagem e de seu amigo Patrick é caçar águas vivas. Eles saem correndo, cada um com sua redinha na mão atrás delas, é hilário. E se, no lugar de sair correndo eles descobrissem algo que atraísse elas para um mesmo lugar, podendo assim capturar várias ao mesmo tempo, sem precisar correr tanto? Então concluiríamos que o Bob Esponja e o Patrick entendem de *inbound marketing*, ou *marketing* de atração.

Pense na última coisa importante que você comprou. Como foi seu processo de tomada de decisão? Se observarmos bem, as pessoas passam por etapas muito parecidas até o momento em que se decidem por adquirir determinado produto ou serviço.

Peguemos como exemplo um possível futuro cliente de uma empresa de equipamentos de fotografia. Provavelmente, muito antes de ele imaginar comprar algo desta empresa, foi impactado por anúncios mega objetivos daquela marca na internet. Talvez, em seguida, tenha pesquisado no Google algo mais ou menos assim: "como tirar fotos melhores para as redes sociais" e foi direcionado a um artigo cujo título era "As X melhores estratégias para produzir a foto perfeita para o Instagram". Ao clicar, ele teve acesso, de forma totalmente gratuita, a informações riquíssimas sobre como tirar fotos melhores com seu celular. Lá talvez ele tenha sido convidado a baixar o Ebook "O guia completo para tirar fotos com seu celular". Para baixar, ele precisou deixar apenas seu nome, e-mail e, talvez, telefone. Em seguida, recebeu um e-mail convidando-o a assistir a uma aula gratuita com o título "as formas mais criativas e baratas de tirar fotos profissionais com seu celular". Lá ele aprendeu conceitos importantes de fotografia e viu a diferença de fotos amadoras para profissionais. Mais tarde, recebeu no feed do seu Instagram um anúncio da mesma empresa com uma oferta irresistível de equipamentos para tirar fotos profissionais.

Este é apenas um exemplo de uma jornada de compra típica, em que a empresa se relaciona com futuros clientes muito antes de eles estarem no momento de decisão de compra, ou até mesmo de terem consciência de que um dia farão aquela aquisição. Desta forma, ela pode educar o próprio cliente a comprar o seu produto, esperando que ele sinalize o melhor momento para, de fato, apresentar a oferta. É exatamente isto que significa *inbound marketing*.

A diferença do *inbound marketing* para o *outbound marketing* é que, enquanto este vai atrás dos clientes, exatamente como o Bob Esponja e o Patrick fazem com as águas vivas, usando a mesma forma de se comunicar com pessoas que estão em momentos distintos da jornada de compra, o *inbound* oferece o que o cliente quer naquele momento, nutrindo-o até que esteja pronto para tomar sua decisão, o que gera uma atitude muito positiva dele em relação à marca e aumenta consideravelmente as taxas de conversão. Atitude, em marketing, significa disposição (ou interesse) para se comprar de determinada marca.

É importante nos lembrarmos também que hoje o consumidor possui o poder de decidir o que seguir, quais conteúdos consumir, com que marcas interagir e com as quais não se relacionar. Precisamos investir em relacionamento, em *marketing de permissão*, no qual os consumidores nos concedem a permissão para interagirmos com eles, a partir do quanto avaliam o interesse legítimo da marca em ajudar. Não é mais uma via de mão única. As pessoas querem participar, interagir, contribuir, melhorar os produtos.

Estratégias de *inbound marketing* são massivamente utilizadas em vendas online hoje em dia, mas os fundamentos desta modalidade de marketing e vendas não se limitam ao mundo digital. A lógica é perfeitamente replicável para diferentes canais, incluindo vendas consultivas e, claro, a propaganda médica.

Ainda ouço se falar muito pouco sobre *inbound marketing* na indústria farmacêutica. Atribuo isto ao que chamo de "efeito bolha", que é o distanciamento do mercado de novas práticas, por falta de "oxigenação" e interação maior com outros mercados. Ou, para ficar mais aculturado ao Brasil, você pode chamar de "efeito Gabriela", aquela que diz: "Eu nasci assim, eu cresci assim, vou morrer assim, Gabrieeeela".

Fala-se há anos sobre *frequência e sequência* na indústria farmacêutica, que nada mais é que garantir uma frequência de contatos com os médicos e uma sequência nas informações tratadas dentro do consultório. O *inbound,* na minha visão, é o tempero que faltava para esta prática: além de se dar sequência, que tal entender a jornada de tomada de decisão do médico, identificando em qual das quatro etapas (consciência, interesse, desejo e ação) cada um deles se encontra e então, no lugar de buscar incansavelmente a conquista por sua prescrição a cada visita realizada, oferecer a ele o necessário para avançar da etapa de onde está para a próxima até que chegue por si só na etapa da decisão prescritiva e, aí sim, buscar influenciá-lo a prescrever seu medicamento?

Não tenho dúvidas de que as taxas de conversão seriam muito melhores e veja: não tem relação nenhuma com o canal utilizado para se entregar informações (online ou offline), mas sim com a forma de se enxergar a interação entre a empresa e o tomador de decisão.

O *inbound marketing* permite customizar a forma de se comunicar com seu cliente, entendendo que a venda muitas vezes não precisa acontecer de uma só vez. Não precisa ser tudo ou nada. Um exemplo muito utilizado para ilustrar isto é pensar na probabilidade de um pedido de casamento ser aceito já na primeira vez que se flerta uma pessoa. Bem remota, não é mesmo? Por que não se relacionar com seu cliente antes de querer fechar negócio imediatamente com ele, da mesma forma como as pessoas costumam namorar antes de se casarem?

E isto serve para todo tipo de relacionamento: com clientes externos, clientes internos (pessoas da empresa que trabalham em setores interdependentes) e, por que não, entre candidatos e gerentes. Muitos gerentes reclamam comigo de pessoas virem interagir de uma forma completamente fria com eles. Nunca se falaram e já pedem uma oportunidade. E se esta relação fosse mais progressiva? E, se antes de pedir alguma coisa a quem pode (mas não precisa) te contratar, você buscasse entregar valor, interagir, se relacionar? Será que suas chances de sucesso aumentariam?

Tenho certeza de que, assim como o Bob Esponja, você terá muito mais sucesso na sua caçada. Então é hora de entender como o *inbound marketing* realmente funciona.

Tudo começa com a compreensão de quem é seu cliente. Eu sei que você acredita que conhece bem o perfil de quem compra (ou prescreve) seus produtos. Pense melhor: você conseguiria unir as características mais comuns dessas pessoas (médicos) de tal maneira que formasse um personagem (ou no máximo dois) capaz de os representar? A este personagem dá-se o nome de *persona* ou avatar, que possui um nome (fictício, claro), idade, sexo, preferências, um emprego, uma história de vida, medos, anseios, dores e necessidades relacionados ao seu produto.

Uma vez criada a *persona*, a partir dos maiores cases de sucesso, você pode traçar qual é a jornada de decisão mais comum pela qual normalmente seus clientes passam. O que os leva a enxergar você e sua marca? Visualize um funil (como o apresentado na imagem a seguir) em que esta é a primeira parte da história, o primeiro contato do seu futuro cliente com sua marca, a partir de algo que você fez que chamou sua atenção de forma positiva, claro.

FUNIL DE MARKETING E O CONTEÚDO

Fonte: https://diffcomunicacao.com.br/como-elaborar-uma-estrategia-de-marketing-digital-3/

A segunda etapa plausível, é imaginá-la descobrindo um problema que lá na frente, mesmo sem ela saber ainda, seu produto irá solucioná-lo. Esta é a segunda etapa de sua jornada de compra e, portanto, está um nível abaixo em nosso funil imaginário. Que tal ajudá-la a ter consciência sobre este problema, sem, contudo, carregar ainda a mensagem de querer vendê-la alguma coisa?

A partir do momento em que uma pessoa toma consciência de um problema, caso seja algo relevante, ela desejará resolvê-lo e, neste momento, começa a parte mais ativa de sua persona: ela tenderá a buscar soluções. Que tal mostrar a ela as formas possíveis de se resolver este problema, incluindo a sua própria solução, mas não somente ela, começando a demonstrá-la como o seu produto é mais inteligente e interessante (se isso for verdade e precisa ser) do que as demais soluções disponíveis no mercado?

Por fim, sua persona chega no momento de se decidir. Se você fez um bom trabalho até aqui, pode ter certeza de que já influenciou o jogo a seu favor. É hora de praticar seu discurso de vendas, apresentação de oferta, principais diferenciais competitivos, antecipação e contorno de objeções e tudo mais que sabe fazer em vendas. Caso não domine estas técnicas, fique tranquilo, pois falaremos mais sobre elas na Parte 3 deste livro, adaptando-as à realidade do propagandista. Construir e aperfeiçoar seu funil de vendas dá trabalho, com certeza. O mesmo que seu concorrente terá. Quem fizer primeiro e melhor, no entanto, terá grandes chances de ser o "Rei das Águas Vivas" da Fenda do Biquíni.

36. A OUSADIA DE PENSAR GRANDE E A CORAGEM DE COMEÇAR PEQUENO

"Você deve pensar grande e começar pequeno." Carlos Wizard Martins

Todo *Bench* conhece esta história, mas, sinceramente, não vi como deixá-la de fora, tamanha a importância que ela tem para mim e espero conseguir transmitir a você o mesmo impacto que causou na minha mentalidade.

Como já disse anteriormente neste livro, na casa em que morávamos, a Samira cultivava uma horta em que plantava muitas coisas. Quem planta, diz que é uma terapia. Deve ser mesmo, pois, não raramente, ela e o Samuel passavam um bom tempo lá. Eu, todavia, não. Estava sempre muito ocupado com os negócios e, mesmo quando em casa, o lugar que mais frequentava era meu escritório.

Certo dia, o Samuel veio todo empolgado, me chamando para

ir com ele à horta um pouco:

- Vem, pai! Você precisa ver uma coisa que estou louco para te mostrar.

Aceitei o convite, pois precisava mesmo me distrair um pouco. Chegando lá, ele estava radiante:

- Tá vendo, pai? Nasceu! Nasceu! Eu nem acredito.
Eu não via nada.

- O que nasceu, meu filho? Só vejo folhas...

- Não acredito que não está vendo, pai. Chega mais perto, olha bem. Meu primeiro morango nasceu!

Era um moranguinho verdinho de poucos milímetros no meio das folhas. Parabenizei ele por aquilo, mas, honestamente, não conseguia compreender aquela empolgação toda por um moranguinho tão pequenininho que tinha acabado de nascer.

- Pai, você não entende. Tem dias que estou vindo aqui com minha mãe. A gente regava as plantas e fazia tudo o que precisava. Minha mãe sempre dizia que era só cuidarmos que os morangos nasceriam e agora está aí: meu primeiro morango! Sei que ele vai crescer e depois outros também nascerão.

Aquilo que ele falou me impactou muito, me constrangeu e, naquele dia, aprendi com o Samuel uma das lições mais importantes da minha vida: eu preciso valorizar os pequenos morangos. Eu posso sonhar grande e desejar ter um pomar repleto de morangos um dia, mas tudo sempre começa com os primeiros pequenos resultados. Se eu não os valorizar, não serei merecedor dos grandes.

Agora você entende o porquê de eu sempre representar as conquistas dos Benchs com morangos. É uma forma de manter esta lição viva, presente e de passar a mensagem para frente: valorizar cada morango, cada conquista, cada vitória, porque, através delas, outras mais virão. E, mesmo quando houver muitas e cada vez mais, cada vitória é única, pois representa uma vida, uma história que mudou e, através desta mudança, mais coisas boas acontecerão.

E para você, caro leitor, eu gostaria que absorvesse também esta lição, alertando você sobre duas armadilhas: a primeira tem relação em acreditar que é possível se começar bom, sendo que o início é difícil para todo mundo. Quem começa bom começa tarde. Muitas vezes, esta mentalidade decorre da comparação que fazemos do nosso começo agora com a continuação de outras pessoas. Cuidado com a ilusão de comparar seus bastidores com o palco de outra pessoa. A segunda armadilha é negligenciar a evolução em prol dos números absolutos, e isto tende a acontecer mais frequentemente no início das atividades em qualquer que seja a área de atuação. Veja este exemplo:

Imaginemos que, no primeiro mês que esteja realizando determinada função, sua meta era 10, mas você, com todo o esforço, conseguiu realizar apenas 4. Já no segundo mês, sua meta permaneceu sendo 10, mas você agora fez 6. Você tem duas formas de ver isto:

1. Poxa, já me esforcei bastante, mas ainda assim só consegui atingir 60% da minha meta, nunca vou conseguir.

2. Uau! Com a melhora que fiz entre o primeiro e o segundo mês, tive uma evolução de 50% no resultado! Se repetir a mesma evolução, farei 9, e esbarrarei em minha meta de 10. Quem sabe até já não consigo atingi-la!

Sem contar que, como gosta de lembrar Eric Ries, ser "invisível" tem suas vantagens e *startups* inteligentes sabem tirar proveito dela. Quando se tem 0% de mercado, ninguém te vê e, assim, ninguém se prepara para bloquear seu crescimento, porque você não é relevante ou por não acreditarem que fará a diferença. Isto representa uma vantagem enorme. Participação de mercado só vai até 100%, obviamente, e de 0 a 100, você só precisa passar por 7 duplicações de sua eficiência: 1 para 2 (primeira); 2 para 4 (segunda); 4 para 8 (terceira); 8 para 16 (quarta); 16 para 32 (quinta); 32 para 64 (sexta); 64 para 100 (sétima).

Em outras palavras, quando está iniciando em uma função nova, valorize mais a evolução e menos os números absolutos. Aproveite para interagir mais de perto com seus casos de sucesso e entender como foi que eles aconteceram, desta forma saberá o que replicar no que faz, o que deve mudar e o que deve simplesmente parar de fazer. Não há nada de errado com pequenos resultados. Errado mesmo é não os observar, não os apreciar, não se sentir feliz com eles, pois são os primeiros de muitos. Lembre-se disso: os primeiros morangos são os mais importantes, assim como os primeiros clientes e o primeiro sim que receber. E esta lógica se aplica a processos seletivos também. Eu sei que quando se participa de processos, espera-se ser escolhido. Contudo se participou de um e não passou da primeira etapa e no seguinte avançou mais e ainda não foi escolhido, não permita que a frustração se sobreponha ao senso de *evolução* e o aprendizado que pode tirar de cada experiência. Não deixe que tudo se torne apenas números, ou simplifique a sucesso e fracasso, bem como o Samuel me ensinou a fazer.

37. A MALDIÇÃO DO CONHECIMENTO E O COMPLEXO DO TABLET

"Saber muito não lhe torna inteligente. A inteligência se traduz na forma que você recolhe, julga, maneja e, sobretudo, onde e como aplica esta informação." Carl Sagan

Como eu falarei com mais detalhes na Parte 3, conhecer todas as técnicas de vendas possíveis de se aplicar no consultório médico é muito diferente de aplicar todas, principalmente, de uma vez só! Eu conhecia e treinava todas, mas a minha especialidade era vender já no quebra-gelo. Todas as outras técnicas, para mim, estavam subordinadas a esta. Então os primeiros segundos no consultório médico eram cruciais para mim. Neste dia, porém, eu me desestruturei completamente.

Ao entrar no consultório, o médico estava frio, inacessível e não me permitiu criar uma conexão mais próxima logo no início da propaganda médica. Aquilo já quebrou uma das minhas melhores armas: o quebra-gelo. Mas tudo bem, faz parte e precisamos seguir. Quando tirei o tablet para começar a propaganda, fui surpreendido por ele:

- Pelo amor de Deus, guarda isto! - Foi incisivo.

Eu arregalei meus olhos. Foi inevitável. Ele continuou falando:

- Olha bem para isto. - Apontava para sua cabeça que, em parte, era coberta por cabelos brancos e, em parte, exibia seu reluzente couro cabeludo - Eu estudei sobre este seu produto quando você, provavelmente, nem havia nascido ainda. Por favor, não venha querer me ensinar nada sobre ele. Use este tempo para falar de futebol, mulheres, ou qualquer coisa interessante. Não há nada que você possa me falar sobre este produto que eu já não conheça.

Eu me lembro que murchei todo depois disso! Não esperava por essa, mas não deixei que ele percebesse meu desconforto. Apenas concordei com ele e segui deixando as amostras e focando nos diferenciais de cada produto. Agradeci-o pelo toque e prometi que não haveria mais tablets nas visitas que fizesse a ele.

Aquele *feedback* me levou a um questionamento inevitável: será que médicos não gostam de tablets? Será que ele foi apenas sincero em me dizer e poderia haver formas mais eficazes de se fazer propaganda médica sem utilizar aquela ferramenta? Qual o sentido de utilizar algo que não funciona?

Só mais tarde fui descobrir que aquela visita representou um grande risco à minha performance como propagandista: o risco de transformar uma exceção em regra. De generalizar uma opinião específica. O fato de aquele médico não gostar de tablet e dizer isto abertamente não significava que todos os outros pensavam da mesma forma. E a busca por evitar passar por uma situação constrangedora como aquela novamente poderia me fazer não querer usar o tablet mais em outras visitas. O que me salvou contra esta armadilha de percepção era conhecer um conceito chamado *A maldição do conhecimento*.

Este conceito afirma que algo que pode ser óbvio para você pode não ser para outra pessoa. E, pelo fato de você saber muito (ou achar que sabe), é muito fácil pressupor que a outra pessoa também saiba tanto quanto você. Não pressuponha, valide as informações. E, para isto, o óbvio muitas vezes precisa ser dito.

Existe um outro ensinamento que aquela situação trouxe a mim. Nas próximas visitas que fiz àquele médico, percebi que me constrangi à toa. Era só o perfil dele mesmo. Ele é aquele tipo de pessoa sincera, que diz o que pensa, expansivo, e que acredita que está ajudando por dizer a verdade. E, de fato, ajuda. Você já parou para pensar o quanto podemos tender a evitar ouvir verdades? Muitas vezes, gostamos de pessoas que dizem o que gostamos de ouvir, que querem nos agradar. Quando, porém, você decide confrontar uma ferramenta que se chama Audit Farma (relatório que busca mensurar o quanto cada médico prescreve em determinada região) com o perfil comportamental dos médicos, você frequentemente se surpreende com como alguns sorridentes e agradadores, que estão sempre dizendo o que queremos ouvir não são sinceros e quanto os mais calados, ou tidos como "complicados", podem estar prescrevendo seus produtos.

E estes dois aprendizados que tive neste médico convergem em um mesmo ponto: acredite menos em suas percepções e busque respostas nos dados. Laboratórios não utilizam recursos visuais (*Visual Aid*) à toa. São frutos de pesquisas extensivas que demonstram uma resposta maior em resultados quando médicos são expostos a estímulos visuais e auditivos (fala do representante) ao mesmo tempo. Tudo bem. Isto não significa que você deverá fazer a mesma propaganda a todos os médicos. Claro que não. O tablet é um recurso, não uma muleta. É claro que haverá os médicos que, como este caso, abertamente se posicionarão contra o tablet. Mas são exceções. Para o seu bem, não as transforme em regras.

ETAPA 4: STORYTELLING

2º Ato: Você Ainda Está Escrevendo Sua História

"Vivemos num mundo conectado, onde o compromisso com a verdade não é negociável. É o mundo onde 'o negócio é a alma da propaganda', onde a ação vem antes do 'luzes, câmera'." Átila Francucci, sócio-diretor criativo da CO:collective Brasil

Chegamos ao final da segunda Parte deste livro. A esta altura, espero que esteja mais claro para você quem você é e o ambiente no qual está inserido, assim como as possibilidades de começar a se preparar para o que quer bem onde você está hoje, no que você faz, desde que mude sua forma de ver as coisas, pensar e agir.

E, para contextualizar isto com a arte de se contar histórias para, entre outras coisas, vender mais e se vender melhor, eu quero te apresentar agora o conceito da *jornada do herói*.

Não quero estragar a sua infância, mas, provavelmente, os filmes que eu e você guardamos com tanto carinho nas nossas lembranças possui um enredo bem parecido: o protagonista, que é cheio de complicações e normalmente aparenta não ser ninguém especial, vive uma grande reviravolta em sua vida e é forçado a seguir uma jornada em busca de respostas, vingança, justiça ou qualquer coisa do tipo. Neste caminho, ele encontra vários obstáculos, faz alianças, é obrigado a confrontar verdades estabelecidas e então chega no ápice desta jornada, em um momento em que tudo o pelo que tem estima será colocado em risco e suas maiores habilidades, postas à prova. Quando tudo, então, finalmente parece estar perdido (e às vezes há perdas substanciais, de fato), este personagem se supera e, com algo que adquiriu e que o transformou ao longo da jornada, vence as ameaças do inimigo e estabelece a paz, retornando para o lugar de origem agora como uma pessoa maior e melhor.

Esta é a fórmula clássica usada pela indústria do cinema de Hollywood que, mesmo após décadas em que foi estabelecida em filmes como Star Wars e replicada em tantos outros que vieram depois deste, ela continua funcionando muito bem. E é claro que existem explicações para sua eficácia: somos atraídos por histórias de superação; nos conectamos com personagens que aparentam ser comuns mas revelam valores e se desenvolvem no desenrolar da história; temos facilidade em criar empatia por situações em que inimigos comuns que representam grandes ameaças se revelam; os problemas vividos são o que realmente nos conecta com os personagens; e finais felizes (os preferidos de Spielberg) reacendem em nós a esperança de que superaremos os nossos próprios dilemas também.

O desafio que lanço a você é este: como seria sua história de vida e profissional se fosse contada aos moldes da Jornada do Herói? Qual seria a situação problema inicial que o convidou para uma jornada de crescimento? Que circunstância você elegeria como o "inimigo comum" da sua história (evite pessoas para definir isto)? Quais foram os obstáculos enfrentados nesta jornada? E as alianças firmadas? Os aprendizados e crescimento que obteve? Qual é o ápice da sua história? O que fará para superar tudo quando for posto à prova? Qual será o desfecho? O que sua vitória representará para outras pessoas por quem tem apreço? Quais serão os próximos episódios desta sua jornada?

O que espero que perceba é que você está escrevendo esta história bem agora. Você tem o poder de escrever as próximas páginas, que depois poderão ser contadas e emocionar pessoas, incluindo você. Os seus feitos de hoje contribuirão muito para as conquistas de amanhã e te farão crescer para enfrentar coisas ainda maiores. É hora de se superar e criar momentos de tirar o fôlego. E já estamos partindo para o 3º Ato, que é quando o desfecho começa a se revelar. De onde estamos, já é possível ver o destino, mas ainda há um caminho a trilhar. E, como diz o personagem de um dos meus filmes prediletos:

"Há uma grande diferença entre saber o caminho e percorrer o caminho." Morpheus, Matrix

PARTE 3: "POR QUE A INDÚSTRIA FARMACÊUTICA?"

Para onde você vai? - O futuro.

ETAPA 1: O DESTINO

"Para quem não sabe onde vai, qualquer caminho serve."
Gato - Alice no País das Maravilhas

Q uando eu e a Samira éramos recém-casados, decidimos fazer uma viagem para Cabo Frio - RJ. Era uma época em que ainda não havia aplicativos como Waze e afins. Eu tinha um GPS que estava com o mapa desatualizado e, como fui descobrir somente depois, ele estava configurado para desviar a rota de rodovias sempre que possível! Isto fez com que uma viagem que levaria 7 horas demorasse 13! Para você ter uma ideia, não pagamos um centavo de pedágio, em compensação enfrentamos estradas de chão inimagináveis. Não me esqueço que passamos por um lugar cheio de pedregulhos que tinha uma vista maravilhosa de uma cachoeira e era muito próximo a um desfiladeiro de uns 80 metros de altitude. Eu simplesmente não conseguia não olhar para baixo, morrendo de medo de cair daquele lugar.

Quando me perguntam se acredito em destino, minha resposta é sempre a mesma: "Claro que sim. Como não poderia? O que é aquilo que você coloca no GPS quando deseja ir a algum lugar? O que ele diz quando você chega?" E aí você pode me dizer que não é deste tipo de destino ao que se refere. Para mim, é a mesma coisa.

Destino é onde você quer chegar. Necessariamente é um ponto

no tempo e espaço diferente de onde você está agora. Imagine que todas as nossas mentes são equipadas com um GPS natural. Qual destino você definiu? Perceba que, se você não definiu nenhum, você já está nele. Se define, agora tem uma rota e terá que despender alguma energia para se deslocar a fim de chegar onde deseja. Há ainda a possibilidade de você estar seguindo uma rota cujo destino não foi definido por você. E então chegará a algum lugar que fará alguém feliz, e este alguém não necessariamente será você. A qualidade da rota e o quanto seu mapa está atualizado é outra história, mas o primeiro passo é saber onde quer chegar e, de preferência, ser o mais específico possível, como você é quando, no lugar de colocar apenas o nome de uma cidade, você insere endereço e, quando possível, até o CEP.

Muitos alunos me dizem que querem ser propagandistas da indústria farmacêutica e então respondo a eles que esta meta ainda está muito abrangente. "A indústria é muito grande, há diversas empresas atuando neste seguimento. Onde você realmente deseja trabalhar?" Geralmente eles dizem: "Qualquer laboratório já está bom. Só de estar na indústria já será uma grande conquista." Sim, mas por que não definir um foco? Não tem a ver com restringir, a ponto de recusar outras oportunidades. Tem a ver com mirar na Lua para acertar as estrelas. Sem um foco, um endereço para seu "GPS mental", é muito fácil desviar a rota ou chegar num lugar não tão bom assim, tanto quanto é fácil se chegar numa favela do Rio, quando a intenção real era chegar no Leblon. Dois destinos bem diferentes, concorda?

Perceba que, quando você tem um destino definido, como nós quando decidimos que iríamos a Cabo Frio, você poderá enfrentar obstáculos, a "viagem" pode durar bem mais que o previsto, mas você vai avançar. Pode ir de avião, de carro, de moto, bicicleta ou a pé. Não terá o mesmo conforto, não levará o mesmo tempo, não oferecerá os mesmos riscos, poderá ser mais ou menos desgastante para você, mas, mais cedo ou mais tarde, chegará onde quer.

Então, nesta Parte do livro, depois de já ter alcançado mais clareza sobre quem você é e de onde você está, nos dedicaremos a explorar estes três elementos: o destino, a rota e o caminho. Já é tempo de conhecer melhor onde você quer chegar, criar uma rota e começar a jornada, de preferência, sem desvios e perigos desnecessários.

38. PARA ONDE APONTAM AS TRANSFORMAÇÕES NA INDÚSTRIA FARMACÊUTICA

"Sapo não pula por buniteza, mas porém por precisão."
Guimarães Rosa

Segundo o Guia Interfarma 2019, a indústria farmacêutica é a que mais investe em pesquisa e desenvolvimento dentre todas as indústrias no mundo. Sabemos que este setor vem sofrendo um forte avanço ao longo dos anos, especialmente quando percebemos que muitas doenças que já foram responsáveis pela dizimação de centenas de milhares de pessoas no mundo hoje se encontram completamente erradicadas ou quase totalmente controladas, com tratamentos cada vez mais eficazes. Observemos, entretanto, que as maiores descobertas, como a Penicilina, aconteceram ainda no século XX. Mesmo a Farmacologia só foi estabelecida quanto ciência no início do século XIX, tendo a morfina como primeira droga produzida de forma isolada, a partir do ópio, por Sertüner, em

1805.

Apesar dos consideráveis avanços, estamos bem longe de poder dizer que vencemos todos os desafios. Na realidade, a busca por soluções capazes de combater as doenças que assolam a humanidade nos dias atuais tem se tornado cada vez mais complexa, e vem exigindo da comunidade científica mundial a investigação por novos e melhores tratamentos. Ainda há muito o que se fazer. Precisamos levar em conta que, para que a segurança nos tratamentos possa ser garantida, o processo de criação de novas drogas leva cerca de 10 anos e envolve orçamentos de proporções titânicas. É impressionante se pensar que, na primeira fase de criação de um medicamento, a taxa de sucesso é inferior a 0,01%.

Esta é a principal razão de drogas cujas pesquisas foram bem-sucedidas apresentarem, especialmente nos primeiros anos de sua comercialização, custos muito elevados, muitas vezes dependendo de subsídios governamentais para se fazerem acessíveis à maior parcela da população. E, mesmo assim, suas chances de obterem retorno sobre os investimentos acumulados nesse longo período do início das pesquisas até sua fabricação e comercialização são da proporção de um para três. Isto, em partes, explica o fato de laboratórios farmacêuticos estarem sempre em busca de profissionais competentes - ao nível da excelência se possível - para comporem sua força de vendas.

Pense comigo: não adianta de nada se desenvolver soluções complexas se elas não chegarem onde precisam, se profissionais da medicina não tomarem conhecimento delas e se, claro, laboratórios não obtiverem retorno sobre o que foi investido. Isto faz parte da lógica de mercado de livre competição, que funciona como motor para que se busquem tais soluções. A recompensa é, e precisa ser mesmo, o lucro.

Mesmo no caso de laboratórios que hoje possuem a maior parte de suas receitas gerada pela produção e comercialização de cópias (produtos similares às drogas originalmente desenvolvidas que defenderam sua patente por dez anos), é necessário se entender a importância deles na aceleração do acesso da população aos tratamentos de ponta. São eles os principais responsáveis por fazerem o preço das drogas cair consideravelmente após o momento em que determinado laboratório perde sua exclusividade na produção de um fármaco, assegurando livre competição, além de alta qualidade nos tratamentos a custos sensivelmente mais baixos. É uma forma inteligente de se fomentar o avanço, o progresso, assim como o acesso à saúde por pacientes em todo o mundo.

Doenças, muitas vezes, não escolhem raça, nível social, renda ou qualquer outra categoria como estas criadas por nós. É óbvio que o acesso a informações, como a conscientização de medidas preventivas como a vacinação, a garantia de saneamento básico, o acesso a uma nutrição rica e variada especialmente no período da infância e juventude, entre outras coisas, podem influenciar diretamente para que uma determinada população alcance níveis mais elevados de saúde. Ainda assim, a complexidade de determinadas doenças, que podem ser de origem congênita ou até mesmo idiopáticas (sem causa conhecida), e que podem possuir, muitas vezes, uma natureza autoimune ou degenerativa, nos desafia a quebrar as "paredes" das diferenças socioeconômicas para abraçar a busca pela saúde e bem-estar social.

Todas as pessoas possuem alguma história relacionada a esta busca pela saúde. Eu mesmo possuo algumas. Da luta contra o câncer do meu pai ao sofrimento de ver minha avó se degenerando, tendo suas lembranças atacadas pelo Mal de Alzheimer, por exemplo, esta busca parece nos unir de alguma forma. E a indústria da saúde, a meu ver, tem papel central nesta luta. E agora conta como nunca com uma poderosa aliada: a *tecnolo-*

gia.

Sempre gosto de lembrar que a tecnologia é, em si, um meio e não o fim. Carros não existem por serem mais rápidos do que cavalos. Eles existem porque sempre houve a necessidade (ou desejo) por parte dos seres humanos de se deslocarem de um lugar a outro. E por que não fazer isto com mais conforto, segurança e agilidade? A tecnologia faz sentido quando é capaz de melhorar a vida das pessoas, resolver seus problemas ou atender às suas necessidades e desejos. Daí a justificativa da citação que abre este capítulo: estamos utilizando a tecnologia como o próximo pulo do sapo, que sempre faz isso por "precisão" (necessidade) e não por "buniteza" (neologismo que dispensa explicações).

Estamos chegando agora na Era em que as novas transformações tecnológicas impactarão como nunca os tratamentos, fornecendo mais eficácia e proporcionando mais qualidade de vida às pessoas. E, como sempre tende a acontecer, tornando tudo isso mais acessível para todos.

Com a invenção da tecnologia de impressão 3D, cientistas já estudam uma forma de se imprimir órgãos humanos, utilizando para a sua produção informações do material genético dos pacientes, o que evitaria consideravelmente problemas de rejeição e as terríveis filas de espera por transplantes, por falta de doadores compatíveis. A nanotecnologia e a IoT (*internet of things* / internet das coisas) está estimulando cientistas a desenvolverem formas de se criar nano robôs do tamanho de glóbulos, capazes de viajar por vasos sanguíneos, monitorando diversos órgãos e tecidos do corpo humano, a fim de descobrir o surgimento de doenças mais precocemente, o que aumentaria significativamente as chances de êxito nos tratamentos. A AI (*artifitial intelligence* / inteligência artificial) e *deep learning* (tecnologia que permite que computadores aprendam por conta própria) estão evoluindo dia a dia e alguns testes com essas máquinas para diagnóstico de doenças complexas já apresentam taxa de precisão superior à de médicos especialistas.

E já é possível se ver a movimentação no mercado, como, por exemplo, na formação de parcerias inusitadas entre gigantes das indústrias de tecnologia e farmacêutica, a fim de utilizarem tais tecnologias para o desenvolvimento de novas soluções em prol do avanço dos tratamentos. Ou, como define a missão de uma dessas gigantes: "aproveitar tecnologias avançadas para aumentar nosso conhecimento da biologia que controla a vida útil". É o caso da Google, por exemplo, que já possui empreendimentos com parceiras como GSK (GlaxoSmithKline), Novartis, Johnson & Johnson, Merck Sharp Dome (MSD) e Sanofi.

Estes são apenas alguns exemplos de grandes e importantes mudanças em escala global que já estão ocorrendo na indústria da saúde e que, necessariamente, acarretarão transformações em toda a lógica da cadeia de valor deste mercado. Quando me perguntam se, diante deste cenário, a profissão propagandista estaria sob a ameaça de ser substituída de alguma forma pela tecnologia, a minha resposta é esta: *é mais fácil vermos propagandistas visitando robôs do que robôs visitando médicos.*

É uma resposta exagerada, claro, e serve para explicitar a lógica por trás do argumento: as transformações que estão por vir provavelmente mudarão toda a lógica de mercado e não há como prever completamente para onde tudo isso vai. Ninguém consegue fazer isto. Ainda bem que, a esta altura de sua leitura, você já é amigo da incerteza e a utiliza como uma grande ferramenta a seu favor, não é mesmo?

O que podemos dizer é que a tecnologia não substitui o ser humano, mas sim trabalhos repetitivos. Tudo o que não exige esforço mental e as tão faladas *soft skills* (competências humanas) é passível de automação (em grande ou pequeno grau). Cada vez mais o ser humano é "empurrado" para o que ele sabe fazer de melhor: *pensar*. E, novamente, só para não perder o hábito, eu gostaria de explicitar o risco que corremos ao nos curvarmos a um sistema de ensino que continua querendo nos estimular a buscar respostas prontas, a buscar na forma como fazíamos no passado as respostas para os problemas futuros. Não tem jeito. Este caminho está fadado ao fracasso.

E se a tecnologia substitui trabalhos repetitivos, isto significa que o *como* é o verdadeiro alvo dela, e não o *quem*. Ela não vai substituir o médico ou o propagandista. Ela vai transformar a forma *como* eles atuam. Se o médico não passa de uma máquina de fazer anamneses e produzir diagnósticos ou se o propagandista não passa de um repetidor de informações e entregador de caixinhas, ambos estão correndo sérios riscos de extinção. Quem pensa, contudo, buscando se adaptar e investe no desenvolvimento de suas *soft skills* possui, com certeza, uma vida útil muito mais longa, e se tornará grande aliado de toda esta tecnologia que, assim como cavalos, carros e inteligência artificial, estão aí para atender nossos anseios (que felizmente continuarão existindo) e tornar nossas vidas melhores.

39. A INDÚSTRIA FARMACÊUTICA NO BRASIL

"Não podemos prever o futuro, mas podemos criá-lo."
Peter Drucker

Com a globalização, não dá mais para dizer que as transformações no mundo não impactarão diretamente a nossa realidade aqui no Brasil. Pensar assim só nos afastará das grandes oportunidades que todas essas mudanças trarão para quem estiver preparado. Certamente, esta é a principal razão de vermos iniciativas, como o investimento cada vez mais significativo por determinados laboratórios em inovações. Destaco o projeto Synapsis®, da gigante Eurofarma, um programa de aceleração de *startups* em parceria com a Endeavor. Isto garante que a B*ig Pharma* esteja bem próxima das ideias com potencial de causar imensas disrupções neste mercado e, quem sabe, até fazer muitas gigantes literalmente quebrarem, bem como aconteceu em outros mercados, como os famosos casos da Uber nos transportes, Airbnb em hospedagens, Netflix em entretenimento e tantas outras. Se é para morrer, não seria melhor que a empresa "assassina" fosse sua também? Alguns laboratórios pensam que sim.

Outro projeto que merece destaque é a plataforma Bioprospear®, desenvolvida pelo Laboratório Aché, que conquistou o primeiro lugar na categoria "Farmacêutica e Ciência da Vida" do prêmio Valor Inovação, do Jornal Valor Econômico em 2019. A plataforma visa fomentar a descoberta e desenvolvimento de medicamentos a partir de fontes naturais contidas na biodiversidade brasileira, principalmente. Vale lembrar que o laboratório já possui um grande case de sucesso na área, que é o medicamento 100% desenvolvido no Brasil e lançado em 2004, o Acheflan®, um anti-inflamatório fitoterápico tópico, à base de *cordia verbenacea.*

Estes são apenas exemplos de iniciativas de laboratórios nacionais em busca de se manterem na vanguarda das inovações que este setor sofrerá nos próximos anos, no lugar de se acomodarem com resultados de crescimento sequencialmente positivos que o setor vem apresentando desde 2005. Conforme é possível ver nas imagens a seguir, a receita anual total do setor saiu do patamar de R$ 21,9 Bilhões para R$ 76,2 Bilhões de 2005 a 2018, permitindo que o Brasil avançasse de oitavo lugar em 2013 para sétimo no ranking global em 2018, projetando uma escalada para a quinta posição ainda para 2023.

O JEITO BENCH DE SER PROPAGANDISTA

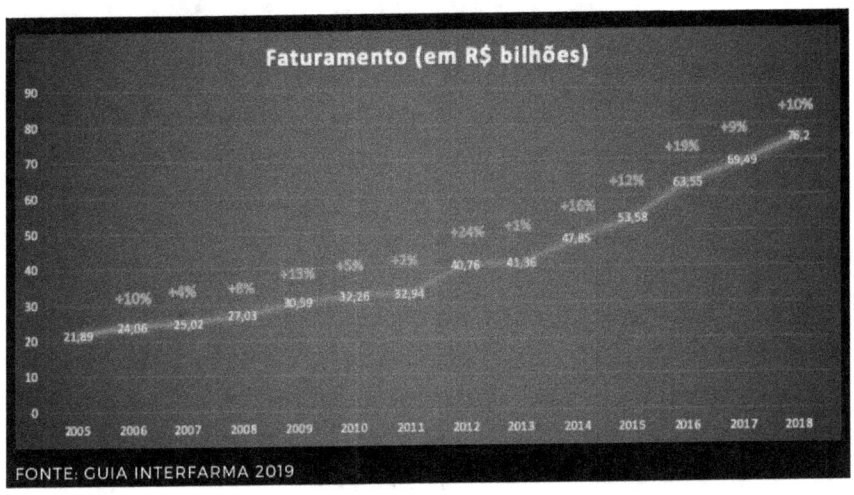

FONTE: GUIA INTERFARMA 2019

2013			2018			2023		
Rk	País	% of US	Rk	País	% of US	Rk	País	% of US
1	Estados Unidos	100	1	Estados Unidos	100	1	Estados Unidos	100
2	China	28	2	China	28	2	China	27
3	Japão	24	3	Japão	18	3	Japão	12
4	Alemanha	12	4	Alemanha	11	4	Alemanha	10
5	França	10	5	França	7	5	**BRASIL**	**7**
6	Itália	7	6	Itália	7	6	Itália	6
7	Reino Unido	6	7	**BRASIL**	**6**	7	França	6
8	**BRASIL**	**5**	8	Reino Unido	6	8	Reino Unido	5
9	Espanha	5	9	Espanha	5	9	Índia	5
10	Canadá	5	10	Canadá	5	10	Espanha	4
11	Índia	3	11	Índia	4	11	Canadá	4
12	Coreia do Sul	3	12	Coreia do Sul	3	12	Rússia	4
13	Austrália	3	13	Rússia	3	13	Coreia do Sul	3
14	Rússia	3	14	Austrália	3	14	Turquia	3
15	México	2	15	México	2	15	Argentina	2
16	Arábia Saudita	2	16	Polônia	2	16	Austrália	2
17	Polônia	2	17	Turquia	2	17	México	2
18	Bélgica	2	18	Arábia Saudita	2	18	Polônia	2
19	Holanda	2	19	Argentina	1	19	Arábia Saudita	2
20	Suíça	1	20	Bélgica	1	20	Vietnã	1

Todavia, apesar de diversas iniciativas, a indústria farmacêutica brasileira, que apresenta um certo destaque em pesquisa e inovação dentre os países em desenvolvimento, está ainda muito longe de alcançar a realidade das multinacionais, que centralizam o volume de suas pesquisas em potências como os Estados Unidos, Suíça e Japão, dentre outros motivos, pela disponibilidade de material intelectual fornecido por suas renomadas Universidades, que são referências em todo o mundo, além da madura relação entre as Universidades e a iniciativa privada. Mais uma vez, a chave do desenvolvimento da indústria farmacêutica brasileira nos próximos anos, tal qual o aumento da sua competitividade a nível global, parece mais uma vez se esbarrar na qualidade do ensino.

40. A CARREIRA DE PROPAGANDISTA NO BRASIL

"Dizem que o talento cria suas próprias oportunidades. Mas às vezes parece que a vontade intensa cria não apenas suas próprias oportunidades, mas seus próprios talentos." Eric Hoffer

Segundo o presidente executivo do Sindicato da Indústria Farmacêutica (Sindusfarma), Nelson Mussolini, somente em 2019, laboratórios geraram 4 mil novas vagas de emprego, totalizando cerca de 100 mil vagas diretas. Para um setor que cresce tanto, conforme falamos nas páginas anteriores, faz todo sentido a busca por mão de obra qualificada permanecer aquecida. O que causa estranhamento, ao menos para mim, é, mesmo neste cenário de tantas oportunidades, gestores continuarem se queixando de tantas dificuldades em se encontrar os profissionais certos para ocuparem as vagas, muitas vezes, até mesmo entre profissionais experientes, que buscam sua recolocação.

Isto tudo fica ainda mais estranho quando começamos a entender o quanto tais oportunidades se deslocam da realidade do restante do mercado em termos de salários e benefícios. Uma forma de enxergar isto de mais objetivamente é analisando a ferramenta gratuita disponilizada pelo site Vagas: *Mapa de Carreiras*. Ela utiliza a tecnologia *Big Data* (que é uma espécie de agrupamento lógico de dados disponíveis em diferentes fontes na internet) para nos entregar informações interessantes.

Quando pesquisamos o termo *propagandista vendedor* (muito utilizado para nomear este cargo), ela nos informa que a média salarial do mercado vai de R$ 3.800 a R$ 6.700 (mais experientes e centros urbanos). As ocupações anteriores mais comuns das pessoas que estão neste cargo foram propagandista (14%), vendedor (7%) e representante (4%). Excluindo a profissão propagandista, que apresenta resultados muito semelhantes, quando comparamos com os salários médios dos cargos de vendedor e representante, temos que a média salaria do primeiro vai de R$ 1.200 a R$ 2.500; e do segundo vai de R$ 2.200 a R$ 5.500. Concluímos então que o salto de crescimento em salário para quem vem do cargo de vendedor é de incríveis 188%, em média. Já para quem era representante, significa um crescimento médio de 36%, sem considerar benefícios e projeções de crescimento na carreira.

A pergunta é: se a profissão propagandista representa uma melhora tão significativa nos ganhos do profissional e se o setor está no momento de contratações e crescimento, por que há tantas dificuldades em se encontrar profissionais verdadeiramente preparados? Onde estão os talentos prontos para jogarem na primeira divisão de vendas?

A resposta pode está nesta pesquisa que nós da BenchMarking realizamos com 4.280 profissionais interessados na profissão em todo o país.

Das 16 perguntas feitas, relacionadas a perfil, formação, nível de networking, competências, conhecimento sobre o setor e mentalidade, os resultados relacionados à mentalidade e conhecimento são os que apresentam menor concentração de respostas, sinalizando uma oportunidade gigante nestas áreas, mesmo entre quem tem perfil, nível de escolaridade suficiente para a maioria das oportunidades e até mesmo um bom grau de networking.

Veja, por exemplo, os resultados da seguinte pergunta, que visa medir o grau de auto responsabilidade:

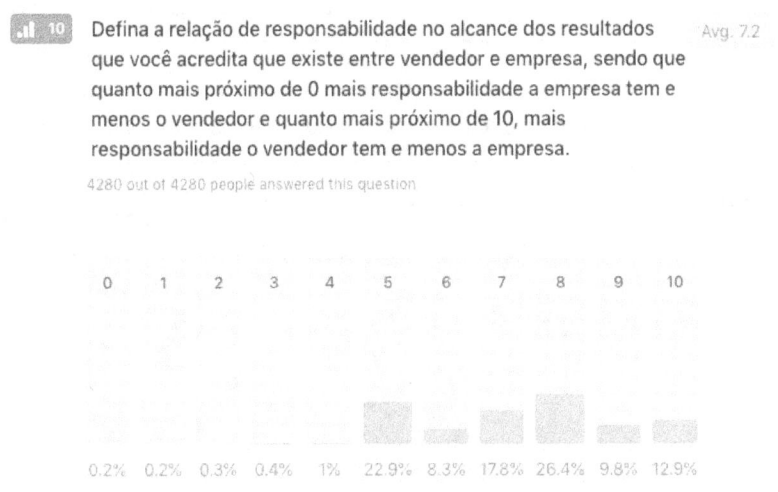

Perceba que o maior volume de resultados está em nível 8, mas em segundo lugar, atribui-se meio a meio de responsabilidade. E o restante das respostas se divide principalmente entre os níveis 6, 7, 9 e 10. Quem atribui responsabilização de 50% ou mais à empresa por seus resultados tende a refletir uma mentalidade que não consegue realizar um bom trabalho quando não recebe todos os comandos por parte de sua liderança, exigindo um acompanhamento mais de perto, o que não costuma ser a realidade na indústria farmacêutica. Autogestão e pro atividade são essenciais para se obter resultados sustentáveis nesta profissão.

Eu, particularmente, busco treinar meus alunos para entregarem resultados, *apesar* das situações desfavoráveis. A verdade é que não se pode controlar todas as variáveis, apesar de podermos influenciá-las a nosso favor. Desta forma, você não escolhe com qual líder vai atuar, qual o nível de dificuldade irá encontrar em seu setor, o nível de parceria das pessoas do seu time etc. O segredo é aprender o *poder do apesar,* como diria Flávio Augusto, empreendedor dono do Grupo Wiser de Educação (WiseUp, Number One e Meu Sucesso) e do time de futebol Orlando City. *Apesar* das circunstâncias desfavoráveis, como entregar resultados? Ou ainda, como diria John Davison Rockfeller, como transformar desastres em oportunidades? De toda forma, a preparação certa é capaz de deslocar esse fator de responsabilidade sobre os resultados, fazendo-o depender menos do que não se pode controlar, mas sim influenciar.

Veja esta outra questão:

Sobre quantos dos assuntos a seguir você seria capaz de escrever um artigo de, no mínimo, 1500 palavras neste exato momento, sem consultar nenhum tipo de fonte externa? Avg. 2.7

4277 out of 4280 people answered this question

0	1	2	3	4	5	6	7	8
14.5%	15.4%	19.1%	19.2%	14.1%	8.1%	5.5%	2.5%	1.5%

Os temas eram: PNL aplicada às vendas, Inteligência Emocional em Vendas, Linguagem Não Verbal em Vendas, Frequência e Sequência, 5 Forças de Porter, Objetivos SMART, 4 Ps de Marketing, Análise comportamental. 82,3% das respostas estão entre 1 a 4 temas. O que demonstra oportunidade em se conhecer sobre assuntos diretamente relacionados a uma atuação em vendas de alta performance, não necessariamente exclusivos para a atuação como propagandista.

Esses resultados, entre outros desta pesquisa, nos dão pistas importantes para possíveis respostas ao nosso incômodo em relação às oportunidades versus a preparação adequada dos profissionais para elas. É possível perceber que há ainda a presença de muitas *crenças limitantes*, que distanciam os profissionais do que realmente faz a diferença na hora de serem contratados. Estas crenças os impedem de desenvolver uma mentalidade mais adequada para se ter sucesso na função e ainda os fazem buscar conhecimentos de forma superficial. Em partes, isto se explicaria pela crença ainda bem presente de que, para ser contratado, basta ser indicado (desprezando o nível de preparo e conhecimento) ou trabalhar na indústria farmacêutica seria algo parecido com o privilégio de se conseguir um cargo público, se desprezando a necessidade de se adquirir competências, novos conhecimentos e de se aperfeiçoar constantemente para se manter competitivo neste setor.

Com base no tempo que venho atuando na formação de profissionais para a área, vejo um desdobramento perigoso dessas crenças se, por algum motivo, são reforçadas quando esses profissionais são contratados por competência, mas *acreditam* que não foram. Como não tenho dados suficientes para corroborarem hoje com o que vou afirmar, deixo claro que estamos entrando em um campo de hipóteses. Na minha opinião, os problemas vividos por gestores relacionados à busca da sindicalização por parte de alguns profissionais para garantirem uma estabilidade "artificial" tem total relação com esta mentalidade que, de forma indireta e inconsciente, pode estar sendo fortalecida por pessoas que já atuam na área, até mesmo pelos próprios gestores.

Esta é a razão de nosso programa de desenvolvimento ter o foco tão forte nestes quesitos: fortalecimento da mentalidade certa, desenvolvimento das competências chaves (de ordem técnica, comportamental e emocional) e aumento do poder de se realizar um *networking* inteligente. Tudo isso contribuindo para tornar o perfil do profissional muito mais atrativo para as melhores oportunidades e capaz de se sustentar ao longo do tempo no setor. Com a mentalidade de meritocracia reforçada e o desenvolvimento da auto responsabilidade no alcance dos resultados, a tendência por buscar formas artificiais de se garantir sua estabilidade no setor é enfraquecida significativamente. Posso dizer seguramente, portanto, que *Benchs* são o tempo todo estimulados a desenvolverem a mentalidade certa e mais saudável para o setor como um todo.

ETAPA 2: A ROTA

"Todos os caminhos levam à Roma. No entanto, não necessariamente com a mesma segurança, no mesmo tempo, com a mesma energia, sofrendo o mesmo desgaste... e, no fim, eles também não te conduzirão à mesma entrada. Eventualmente, você poderá descobrir que 'Roma' pode não ser um destino tão específico quanto você imaginava a princípio." Celso Dias

Não existe uma única forma de se alcançar a excelência como propagandista, que pode ser definida como o alcance da contratação por um grande laboratório nacional ou multinacional; ou, quem sabe, de uma carreira próspera de crescimento e destaque na função; ou ainda começando de forma autônoma, como um trainee ou estagiário, mas ganhando destaque e construindo o seu caminho dentro do setor. Todas estas são formas possíveis e dignas. Nossos alunos que o digam. Quantas histórias maravilhosas eles compartilham conosco quase todo dia! Cada uma delas construída à sua maneira. Não podemos, contudo, dizer que será um caminho isento de obstáculos, que não haverá armadilhas e riscos. Isto não é verdade. Na vida real, "chapeuzinhos vermelhos" não deveriam se meter em rotas onde há lobos, a menos que estejam prontas para enfrentá-los e destruí-los.

Quero que conheça estas possíveis rotas. Mais que isto, quero que esteja pronto para o que irá encontrar nelas. Na minha opinião, não há definição pior para desastre do que o sucesso que acontece para aquele que ainda não está pronto para sustentá-lo. Sendo prático, o que adianta conquistar algo que não tem estrutura para manter?

Quero te mostrar o caminho. Quero que esteja pronto para ele. Quanto menos surpresas tiver, mais chances de sucesso consistente terá. Vamos nessa?

41. ASSIMILANDO A LÓGICA DA INCERTEZA

"Nenhum homem pode banhar-se duas vezes no mesmo rio... Pois na segunda vez o rio já não é mais o mesmo, nem tão pouco o homem". Heráclito de Éfeso

Para a realidade do propagandista, a lógica da incerteza é muito mais importante do que a certeza. A inequação faz muito mais sentido do que a equação. E isto pode ser visto nos mínimos detalhes. Experimente visitar 15 médicos se você se programar para falar com 15. Isto não acontecerá, porque coisas acontecem ao longo do dia que estão além do seu controle: médicos faltam, mudam seus horários, problemas surgem e tudo isso exigirá que você flexibilize seu planejamento. Experimente atingir sua cota se planejar cumprir exatamente o objetivo traçado. A única certeza que eu te dou é que isto não acontecerá. A tendência será fazer menos. Isto porque sempre haverá variáveis envolvidas fora do que você poderá prever.

O que espero que veja é que, muitas vezes, o que você *não sabe* pode ser até mais importante do que o que sabe. E você só precisa se preparar para isto. Uma coisa será seu comportamento se estiver convicto que as coisas acontecerão conforme você previu, outra completamente diferente será se você já contar que haverá imprevistos e que você precisará se adaptar rapidamente para não perder de vista os objetivos que traçou.

E adivinha: estamos caminhando para uma realidade em que, cada vez mais, tem ficado difícil se prever o que virá pela frente. A incerteza tem ocupado uma parcela cada vez maior da nossa realidade e isto pode nos conduzir a uma armadilha perigosa: a de achar que é inútil se planejar, já que está tudo tão incerto.

Ter um plano razoável continua sendo melhor do que não ter plano nenhum. O que o mundo atual está exigindo de nós, por outro lado, é a capacidade de criar planos mais flexíveis, preparados para serem adaptados, dependendo da forma como o mercado reagirá a eles. Precisamos de agilidade para planejar, agir, medir e adaptar. Precisamos contar sempre com uma segunda ou terceira forma de se chegar aos resultados desejados.

Na prática, se quiser visitar 15 médicos no dia, assegure-se de ter algo em torno de 20 a 25 opções. Se quiser atingir uma determinada cota, planeje-se para fazer 50% a mais que este resultado. Assim está incluindo a incerteza em seu plano de ação e não se surpreenderá caso o cenário mude ou seus competidores respondam às suas ações.

Além disso, seja capaz de medir o impacto de suas ações. Assimilando que você não sabe tudo, você reservará um espaço importante para aprender com os ricos *feedbacks* que o mercado te entregará. É seu cliente, muitas vezes, que te ensina a vender melhor o seu produto. Pouco importa se seu produto é o melhor, portanto, se seu cliente não o *percebe* desta forma. Não insista em ações inteligentes que não apresentam resultados logo de cara. Não aposte todas as suas fichas naquele plano perfeito que acumula as chances de resultado (e consequentemente os riscos) em uma única tentativa. Prefira planos que permitam vários testes, como se diz no mundo das *Startups:* "Erre ou acerte, mas faça isso rápido e, de preferência, várias vezes ao dia." Sempre se pergunte: e se não der certo? Quais opções ainda me restam? Os melhores planos são aqueles que sempre deixam uma ou mais "rotas de fuga", uma alternativa para que se adapte melhor à realidade vivenciada.

É isto que significa assimilar a lógica da incerteza. Se permitir, ela se tornará sua nova arma em vez de um problema. Experimente viver isto na sua rotina: perceba que há muitas coisas que você não sabe sobre o que faz e esteja bem com isso. Esteja disposto a aprender com o mercado, adotando uma postura investigativa, que exige disposição e curiosidade para fazer vários testes, para errar mais do que acertar, para questionar mais do que afirmar, para coletar resultados, aprendendo e aprimorando com cada uma dessas experiências vividas.

42. MODELE: FAÇA BENCHMARKING

"Modelar uma estátua e dar-lhe vida é belo; modelar uma inteligência e dar-lhe verdade é sublime."
— Victor Hugo

Apesar de acreditar no que faço, na proposta e nos diferenciais de nossa formação, o título deste capítulo não tem nada a ver com sugerir a você fazer o curso, caso ainda não o tenha feito. Vou deixar esta decisão totalmente na sua mão, a partir do que você entender por si só o que ela é capaz de fazer por você, do quanto quer, do quanto sente que precisa se desenvolver e, principalmente, do momento em que acreditar ser o melhor para fazer isto. Este capítulo é para falar da prática de se fazer *benchmarking*, que nada mais é que encontrar o melhor no que deseja fazer e aprender tudo o que puder com ele, adaptando as melhores práticas à sua realidade e melhorando ainda mais.

Gostaria que se lembrasse do que falamos lá no início, no capítulo sobre gestão de tempo e energia. Como você pôde constatar, estes são recursos extremamente escassos que, por esta razão, precisam ser utilizados com sabedoria. A junção desses dois recursos forma o que podemos chamar como sua *atenção*, que é para onde você direciona seu foco. E é por esta razão que precisa ser tão criterioso para o que decide dar atenção, assim como quem escolhe para ter como referência.

Dificilmente você se tornará o melhor jogador de futebol do mundo se espelhando no melhor do seu bairro. Se quer ser o melhor do mundo, garanta que aprenderá com o melhor do mundo. Se quer crescer, precisa escolher bem suas referências. E o melhor critério que pode utilizar para isto são os resultados apresentados.

Não estou afirmando que somente quem possui resultados a apresentar é que pode servir como referência, porém quem tem resultados possui expertise *validada*. Como afirma T. Harv Ecker (autor do livro Os Segredos da Mente Milionária), a vida nada mais é que uma relação entre causa e consequência. Resultados, portanto, são consequências de métodos inteligentes e eficazes.

Se não existe acaso, pode ter certeza que, por trás do sucesso de alguém, há ali competência no empreendimento de esforços em prol de um objetivo. Daí podemos dizer o quanto faz sentido afirmar que você acaba por se tornar a média das cinco pessoas com as quais mais convive.

Este é um erro comum de quem ingressa na indústria farmacêutica e procura agir seguindo o senso comum, que diz que você deve interagir com todos e que, como já desmentimos neste livro, *networking* teria a ver com quantidade e não qualidade. Perceba a diferença: ser cordial e educado é fundamental. Isto é muito diferente que escolher investir horas do seu tempo com pessoas que não admira. Não faça isso. Escolha com critério aqueles a quem admira e modele eles. Notará que também são seletivos e isto não é por acaso.

A sua atenção é limitada. Garanta, portanto, que ela será voltada para quem pode te fazer evoluir o máximo possível em um curto intervalo de tempo. Se deseja alcançar o nível de excelência, minha recomendação é que escolha com bastante critério seus mentores e referências.

43. O PROPAGANDISTA DO FUTURO

"- Ninguém nunca tentou isso antes. - É por isso que vai funcionar." Diálogo entre Trinity e Neo (Matrix - 1999)

"Eu gosto do impossível, porque lá a concorrência é menor." Walt Disney

"65% de todas as crianças do planeta que entram hoje na escola primária terão empregos que ainda não existem." Alicia Bárcena, chefe da Comissão Econômica para a América Latina e Caribe

"Quantos carros cabem em uma rodovia?" Esta é uma questão típica de uma escola para crianças na faixa etária de 7 a 10 anos do Vale do Silício. Ela te incomoda? Você sente que falta alguma coisa, que está incompleta? Talvez você diga que não é possível respondê-la sem que sejam fornecidas mais algumas informações, certo? Claro que sim, porque foi assim que eu e você fomos educados a responder questões: com todas as variáveis definidas e claras, apenas para calcularmos e respondermos, de acordo com o que "aprendemos". Aqui, no entanto, é diferente. Sem todas as informações completas, os próprios alunos é que são desafiados a completarem. Eles podem responder algo como: "Depende. Se a rodovia tiver o tamanho padrão das principais rodovias americanas e uma extensão X, considerando que os carros serão distribuídos, conforme a mesma distribuição estatística no país, que segundo a pesquisa que fiz é de X% de carros utilitários, Y% de SUV, Z% de ônibus..." Ou então podem responder algo como: "Rodovias, em geral, suportam um fluxo de X carros, sem que haja um engarrafamento completo. Considerando que a taxa de acidentes de trânsito é Y a cada Z carros, em uma rodovia com mais de W carros, não seria possível haver mais de A carros sem que o trânsito parasse completamente...".

São infinitas as possibilidades de respostas e, acima de tudo, questões assim fazem os alunos *pensarem* de verdade, sem assumir que o professor é o detentor absoluto do saber e que eles encontrarão respostas formatadas em um mundo em que está sendo dominado pela incerteza. Não podemos prever os problemas que surgirão e, por esse motivo, é imperativo que formemos profissionais pensantes, adaptáveis e que sejam capazes de agir, verdadeiramente, como protagonistas diante dos desafios deste novo cenário.

Os projetos do nosso curso que nossos alunos devem solucionar seguem esta linha de pensamento e, posso garantir, são como impressões digitais: não existem dois iguais. Suas respostas revelam sua forma de pensar, de enxergar o mundo, suas aptidões, limitações, competências emocionais e oportunidades de desenvolvimento. Só é preciso saber enxergar e nossos revisores de projetos (que também atuam como gerentes em laboratórios) são treinados para isso. Quando saímos da pura avaliação do que é certo ou errado ou da nossa própria concepção de respostas certas, conseguimos enxergar o outro e podemos contribuir com seu desenvolvimento, sem, contudo, esperar que sejam todos cópias de nós mesmos. Desenvolvemos o outro a partir dele e não de nós.

Muitas vezes, com a ânsia de receberem um "parabéns, você acertou!", alguns deles buscam uma mãozinha dos seus colegas propagandistas. E é então que aquela etapa do projeto fica toda certinha, bem construída, formatadinha. Tudo certo. Certo até demais. O grande ponto é que, nesses casos, as soluções não passam de mais do mesmo. As antigas respostas para os problemas. Isto, como já disse outras vezes neste livro, não tem nada a ver com o futuro que nos aguarda. Como afirma Alicia Bárcena (chefe da Comissão Econômica para a América Latina e Caribe) e outros especialistas reafirmam, "65% das crianças do planeta que entram hoje na escola primária terão empregos que ainda não existem."

Tais previsões já estão mudando a lógica da educação em vários lugares do mundo. No Brasil, infelizmente, ainda não vimos grandes mobilizações. Muda-se uma coisa ou outra, mas a "carcaça" do sistema de ensino permanece a mesma.

E quanto ao propagandista? Deixará de existir? Será transformado em algo mais? Qualquer tentativa minha de projetar um cenário será um tremendo tiro no escuro, esta é a verdade. Isto vale para qualquer profissão, até as mais tradicionais como medicina, engenharia e direito. Ninguém sabe de nada. Bem provável que um pouco antes de smartphones surgirem e se popularizarem, pessoas ririam se disséssemos que, em pouco tempo, telefones fixos praticamente deixariam de existir nos lares.

Não sabemos exatamente por quais mudanças a profissão passará, mas sabemos quais *competências* serão interessantes para os profissionais que atuarão e ganharão destaque nesta área. O World Forum Economic apontou tais competências e agora, com base em tudo que já apresentei a você até aqui, irei contextualizá-las dentro da lógica do universo da propaganda médica.

1. Resolução de problemas complexos

Se são complexos, não possuem respostas padrões tão simples e fáceis de serem encontradas, concorda? Na lógica da indústria farmacêutica, podemos esperar por maiores opções de tratamentos de acordo com o perfil de cada paciente, capacidade de entender a realidade de cada médico, que não será definida apenas por sua especialidade, mas por critérios como atuação social, formas alternativas de atendimento a seus pacientes e, até mesmo, ação em concordância com outros médicos de outras especialidades. Sem falar que a participação dos pacientes e familiares na decisão de qual terapia adotar tem crescido significativamente em função do maior acesso por eles a informações.

2. Pensamento crítico

Neste caso, ficará mais fácil reproduzir o trecho da reportagem da revista Exame sobre o tema. Veja: "Pensamento estruturado, capacidade de comunicação clara, habilidade de fazer as perguntas certas, de reconhecer o problema atrás do problema e de olhar para uma questão sob diferentes perspectivas define o conceito de pensamento crítico". Uma questão de múltipla escolha ou aberta com resposta previamente definida não me parece ser ideal para desenvolver uma competência como esta.

Na indústria farmacêutica, cada vez mais as velhas soluções se tornarão inadequadas para a nova realidade, que trará com ela novos desafios. Já há algum tempo, a qualidade dos medicamentos e até mesmo a tecnologia envolvida para trazer mais segurança ao paciente, por exemplo, deixaram de ser diferenciais para se tornar fundamentais. A assistência, acompanhamento, inteligência para lidar com os dados e capacidade de apresentar alternativas viáveis, assim como a habilidade de comunicar esses diferenciais aos médicos e pacientes reservam as maiores oportunidades relacionadas a esta competência.

Só para dar um exemplo: com a popularização dos *wearables* - aparelhos que, dentre outras coisas, são capazes de monitorar sinais vitais de seus usuários, como os relógios Apple Watch e Galaxy Watch - permitirá que a eficácia da ação de determinada droga no organismo do paciente seja medida de forma mais individualizada. E isto abrirá espaço para novas oportunidades no objetivo de levar saúde às pessoas.

3. Criatividade

Continuamos sendo potencialmente mais criativos do que as máquinas. É uma marca do ser humano e por isso dedico um capítulo deste livro para destacar a importância de se resgatar a criatividade e como você pode fazer isso. Volte a este capítulo se precisar.

É preciso ser criativo para se resolver os problemas do seu setor, como propagandista. A criatividade também está na contramão das respostas prontas.

4. Gestão de pessoas

Não se engane, o propagandista de excelência é um líder. Mesmo sem ter uma equipe diretamente subordinada a ele, uma de suas principais funções é influenciar pessoas. Esta é também a principal função do líder. A gestão de pessoas começa com a autogestão. Cuide desses pontos para poder ter sucesso nesta área.

5. Coordenação

Há um mito muito grande sobre a importância de se cultivar relacionamentos entre colegas de trabalho, assim como com seus clientes para a geração de resultados. Relacionamento por relacionamento não garante resultados. O que garante resultados é a coordenação destes relacionamentos em prol da resolução de problemas. O que quero dizer é que o médico não irá prescrever seu produto porque é seu amigo. Ele prescreverá se perceber seu produto como a melhor opção para resolver seus problemas. E para isto, claro, você precisa ter competência para demonstrar isto a ele.

6. Inteligência Emocional

Inteligência artificial não tem emoções e não entende muito disso ainda também. Emoções são um grande traço na personalidade humana e, na minha opinião, sua gestão sempre foi necessária e a falta dela sempre representou grandes problemas. Agora ela apenas se encontra oficialmente no "radar" das empresas. Um grande avanço. Lidar com suas emoções não significa contê-las ou, muitas vezes, controlá-las, como alguns defendem. Tudo começa por conhecê-las, entender como você reage emocionalmente a determinados estímulos e buscar tomar decisões usando suas melhores emoções para isto, no lugar de agir por impulso. É importante se lembrar que emoções duram frações de segundos. O que vem depois são sentimentos, que são como lembranças dessas emoções. Estes sim são mais passíveis de serem geridos, ressignificados e até mesmo utilizados de forma inteligente para alcançar seus objetivos.

Neste caso, eu vou dar exemplos do que já vi na indústria farmacêutica: resultados despencarem por conflitos entre colaboradores de uma mesma equipe, desacordos entre líderes e liderados culminando em demissões desnecessárias, problemas que poderiam ser resolvidos entre profissionais mas que acabaram impactando clientes, perdas de contratos, decisões que prejudicam uma classe em função de comportamentos inadequado de um ou poucos. Inteligência emocional é fundamental para saber evitar ou lidar com questões deste gênero.

7. Capacidade de julgamento e de tomada de decisões

Você compreenderá perfeitamente a importância desta competência no capítulo *Vendas como Ciência: A Importância de se Seguir Métodos*.

8. Orientação para servir

Completamente dependente das competências inteligência emocional e coordenação com os outros, esta competência só se aflora em pessoas autoconfiantes, seguras, com visão de abundância no lugar de escassez, que compreendem a importância da cooperação e ajuda mútua no alcance dos objetivos.

Pessoas competitivas, que abrem mão de seus valores para se destacarem não conseguem desenvolver esta competência e, se forem líderes, sofrem por não possuírem uma equipe leal. Se forem propagandistas, acabam agindo sem a contribuição dos demais colegas.

9. Negociação

No capítulo *Negocie!* deste livro, terá acesso à nossa visão sobre a importância e amplitude das negociações e como devem acontecer.

10. Flexibilidade cognitiva

Esta habilidade deve ganhar ainda mais destaque nos próximos anos. Isto se trata da capacidade de se fazer conexões novas e não óbvias, de ligar assuntos diferentes, de tratar o caminho do aprendizado como algo muito menos linear e capaz de integrar conceitos antes vistos como distantes uns dos outros. Pense no conhecimento como várias peças de um lego em que se destacará aquele que for capaz de formar objetos os mais variados objetos com as mesmas peças.

Na indústria farmacêutica, esta competência abre o caminho para se pensar novas soluções de forma mais autônoma, dentro dos objetivos estabelecidos pelo laboratório, sem a necessidade de receber comandos diretos sobre isto. É aprender instantaneamente a partir de informações preciosas que coleta no campo e então adaptar suas estratégias para chegar nos resultados pretendidos.

44. A SUA MENSAGEM MÍNIMA: VOCÊ PRECISA DE UM *PITCH*.

"A simplicidade é a máxima sofisticação." Leonardo da Vinci

Éramos 30 empreendedores em uma *master class* ultra exclusiva com CEOs de importantes *startups* brasileiras de sucesso. Um evento de alto impacto muito bem organizado pela empresa StartSe. Na hora do almoço, tivemos a oportunidade de conversar com vários deles de maneira mais informal. É incrível o salto de aprendizado que conversas assim são capazes de nos proporcionar. Na hora de voltar para a sala, peguei o elevador juntamente com Marco Poli, que hoje é considerado o investidor anjo número um no Brasil.

Na curta viagem que fizemos naquele elevador até o andar do evento, pedi licença a ele para lhe fazer uma pergunta. Ele me concedeu (aliás, é uma pessoa super humilde):

- Marco, poderia me dizer qual o perfil das *startups* em que você tem o costume de investir?

- Claro. Invisto em áreas distintas, mas sempre B2B (empresas que vendem para outras empresas).

- Ah, perfeito. Por esta simples resposta, já vi que seu perfil de investidor não tem *fit* (encaixe) com meu negócio...

- Mas qual é o seu negócio?

[Sinal de interesse! Marquei um ponto!]

O elevador chegou no andar e seguimos conversando. Apresentei meu negócio a ele de forma ultra objetiva e a conversa foi fluindo por mais uns dez minutos, mais ou menos. Nos despedimos, fui ao banheiro e, antes que entrasse na sala, sua assessora gentilmente deixou seu cartão comigo. Esta é a parte em que fui incrível nesta história, em que literalmente consegui aplicar o que, dentre empreendedores, chamamos de *elevator pitch* (uma apresentação tão objetiva do negócio que é capaz de ser feita em uma viagem de elevador).

Mas ainda tem a parte em que fui *covarde* nesta história. Sim, querido leitor, isto aqui é vida real e não estou aqui para posar de "bonzão" para você. Meus alunos aprendem muito com meus acertos, mas ainda mais com os erros que cometi. Acredite ou não, eu *não tive coragem* de ligar para o número daquele cartão de visita. E não me orgulho disso. Tive meus motivos e, por causa deles, não chego a me arrepender. Mas ainda assim, foi uma conquista incrível, até porque passei aquele cartão para um amigo que foi comigo ao evento e me pediu. E, a partir daquele contato que ele fez, sua vida mudou completamente. Ele se mudou de Salvador para São Paulo e, após diversas escolhas corajosas, hoje o Diego Figueiredo é CEO da Nexo.AI, *startup* parceira número um da IBM no Brasil em inteligência artificial. É, sem dúvidas, um ser extremamente competente para negócios e admirável como pessoa, por isso, me alegro imensamente com seu sucesso. E sou extremamente grato por ter, de certa forma, participado de suas conquistas.

Mas e você? O que tem com tudo isto? Me responda uma coisa: se hoje você casualmente esbarrasse com um gestor da indústria farmacêutica em um elevador, no corredor de um prédio, em um restaurante, ou qualquer outro lugar, o que diria a ele? Se não sabe, é bom que comece a construir seu *pitch de vendas*. Ele é na realidade um resumo ultra objetivo do seu negócio, que é a sua carreira, quem você é a forma como pode resolver os problemas das empresas nas quais deseja atuar. É comparado ao que, na indústria farmacêutica, chamamos de mensagem mínima.

Dizer a você que a mensagem mínima é uma mensagem ultra objetiva, feita em poucas palavras, pode dar a sensação de que construí-la seria mais fácil do que realmente é, isto porque ela é, na realidade, uma condensação de toda a estratégia por trás de um produto. Para se chegar nela, portanto, é preciso ter clareza de tudo sobre o seu produto: seu posicionamento, estratégias, diferenciais competitivos, público alvo, informações de mercado e mais. Ela pode ser comparada a um "botão" que tem por objetivo despertar a atenção de seu interlocutor em apertá-lo para saber mais sobre o seu produto. É preciso ainda ter disposição para pensar, escrever, rabiscar, reescrever várias vezes até se chegar em um resultado satisfatório.

O seu currículo (que recebe o nome de "resumo" em inglês) já é uma forma condensada de suas experiências profissionais. Agora imagina transformá-lo em uma única frase! Ou em mais de uma frase, mas que contenha o mínimo possível de palavras. Um twit! Este é o desafio aqui proposto por mim a você.

Não vai conseguir fazer isto de uma vez. Nem tente se não

se conhecer o suficiente e se não conhecer as empresas, o mercado a profissão na qual deseja atuar. Agora, se você possui estes conhecimentos, tem a oportunidade de ouro de impactar gestores e iniciar conversas de forma muito mais interessante e satisfatória para ambas as partes. É assim que se constrói um pitch vencedor.

Até mesmo entre os empreendedores, vejo uma confusão enorme em relação ao que é um *pitch* de sucesso. Muitos acreditam que é montar uma apresentação de Power Point irresistível. Eu, contudo, não acredito mesmo nisso. Apresentação é a forma, é a embalagem. O que você sabe, no entanto, é o conteúdo. A menos que você seja o próximo Eike Batista da indústria farmacêutica, precisa saber que um negócio não se resume a um Power Point, uma propaganda médica não se resume a um Visual Aid e sua carreira não se resume a seu currículo. Estas coisas precisam estar em função do que você sabe e não você em função delas. Saber esta diferença foi crucial para o sucesso em meu *elevator pitch* naquele dia. Não houve tablet, Power Point, apresentação, nada disso... Houve uma conversa muito bem embasada. Eu o convidei para um terreno que eu dominava, porque havia feito meu dever de casa. Faça o seu também.

ETAPA 3: O CAMINHO

Após apenas um ano naquele laboratório, aquela Bench já recebia sua terceira proposta de emprego para trabalhar em laboratórios maiores. Ela se destacava e seu trabalho era visto por gestores que queriam que ela fizesse aquilo na equipe deles. É o que costuma acontecer com quem realiza um trabalho diferenciado no mercado. Ela me procurou e abriu o coração:

- Celso, estou muito feliz com tudo o que está acontecendo e tão rápido, mas também estou preocupada.

- Com certeza, *Bench,* ser admirada é mesmo um tremendo motivo de preocupação.

- Hahaha É sério, Celso! Não sei o que fazer. Será que devo falar com meu gerente sobre isto? Vou perguntá-lo qual sua visão ao meu respeito... o que pensa sobre isto?

- *Bench,* você sabe que não defendo respostas prontas. No lugar disso, vamos buscar mais clareza. Qual a razão de querer compartilhar estas coisas com seu gerente?

- Celso, gosto dele, mas, sinceramente, não sei se ele me valoriza tanto assim e, talvez, se rejeitar estas propostas, amanhã posso não ter oportunidade onde estou hoje.

- Por que não confia na sua percepção? Não me parece ser apenas uma questão de saber o que ele pensa sobre seu trabalho. Você acredita que pode estar querendo terceirizar suas escolhas?

- Como assim?

- A partir do momento que condiciona suas decisões ao que seu gestor pensa sobre o seu trabalho, não está passando para ele a responsabilidade pelo que vai acontecer com a sua carreira? O que você quer, Bench?

- Eu entendo, Celso. São ótimas oportunidades, mas tenho medo de não dar certo...

- Isso pode acontecer em qualquer lugar, até onde está hoje. Seus medos eu já compreendi. Mas ainda não ouvi *o que você quer*. Não sou a favor de mudanças rápidas de casas e você sabe disso. Mas, sendo bem sincero, as propostas que você apresentou... é bem provável que seu gestor as aceitaria se tivessem sido feitas a ele. Mas foram feitas a você e isto é mérito seu. É você que está conquistando isso e te aconselho a parar de querer esconder seu brilho...

- Sou muito temente a Deus e quero saber o que Ele quer para mim.

- Olha você terceirizando de novo! Sendo temente a Deus, receber estas propostas já não seria uma resposta d'Ele? Bench, que você as aceite ou as rejeite, mas faça isto pelos seus motivos, não pelos de ninguém. Te conheço e sei que Deus está com você nas suas decisões. Sei que Ele está, inclusive, nesta nossa conversa agora. Mas te digo uma coisa: *sua carreira é sua e penso que não deve ser gerida por mais ninguém.*

Chegou a hora de você trilhar o caminho. A esta altura, espero que esteja muito mais confiante e certo de onde quer chegar. Você já se conhece melhor, o que te faz interagir de forma mais harmônica com o ambiente à sua volta. Sabe escolher bem como usar seu tempo e energia. Você já aprendeu muita coisa sobre seu destino, aprendeu a traçar uma rota inteligente. Agora é a hora da ação, da execução. É tempo de avançar.

Este é o momento de você assumir o controle, pegar no manche da sua carreira e direcionar para onde você realmente quer chegar. Sem terceirizar, com *você* como protagonista, ok?

A partir de agora, nosso foco é fazer você ganhar notoriedade especificamente para o objetivo de se tornar um profissional de excelência, de acordo com os padrões exigidos pela indústria farmacêutica. Você desenvolverá uma mentalidade de vendas voltada para a captura das melhores oportunidades. O foco não é esgotar o assunto. O foco é ganhar conhecimento e consciência do quanto você pode influenciar a sua própria realidade a favor de seus objetivos.

Quando falamos das melhores oportunidades, precisa saber que ninguém as entregará, você terá que conquistá-las. *Esta é a diferença essencial entre conhecer o caminho e trilhar o caminho.*

45. VENDAS: ARTE, CIÊNCIA E ESTATÍSTICA

Nos próximos capítulos, abordaremos Vendas dentro destas três diferentes concepções, que, como você verá, se complementam: *arte, ciência e estatística*. O objetivo é que você possa compreender a importância de se desenvolver *técnicas* para poder realizar vendas bem-sucedidas, de seguir e validar *métodos,* bem como compreender melhor o *comportamento humano* - e até mesmo o funcionamento do cérebro - e, por último, de monitorar dados e indicadores para medir e aprimorar sua performance. Comecemos, então, pela abordagem de vendas como arte.

45.1 O MITO DO TALENTO

"Se você gostar do que está fazendo é meio caminho andado, porque treinar bastante para ser o melhor não vai pesar muito." Oscar Schmidt

Reza a lenda que, certa vez em um café parisiense, Pablo Picasso, já idoso, desenhava distraído em um guardanapo. Ao terminar seu café, um homem que o observava atentamente, o perguntou se poderia ficar com aquele guardanapo. Ele então respondeu: "Mas é claro! São sessenta mil euros." O homem, surpreso, disse: "Mas o senhor fez isto em poucos minutos." Picasso então respondeu: "Engana-se. Levei toda a minha vida para fazê-lo."

Se você já assistiu ao filme Karatê Kid, um *reboot* do original produzido em 1984, certamente se lembra da cena do casaco: "Bota casaco, tira casaco, joga casaco no chão, pega casaco..." era a única orientação do Sr. Han (interpretado por Jackie Chan) ao seu aluno Dre Parker (Jaden Smith) por dias seguidos. Aquilo que não parecia se passar de uma lição de comportamento, após uma atitude ruim que Dre teve com sua mãe, se mostrou, mais à frente, parte essencial daquele treinamento, que envolveu não somente treinar alguns movimentos que ele nem imaginava que estava treinando, como também a essência por trás da filosofia do Kung Fu.

Não pense você que aquilo existe apenas na ficção. Foi uma cena muito bem construída para compartilhar um pouco da essência do *Kung Fu*, mas também do treinamento, de uma forma geral. Temos muito disso também no nosso programa de desenvolvimento, porque conduzimos nossos alunos a uma visão mais profunda do que significa ser um propagandista de excelência, um *Bench,* e fazemos com que treinem técnicas importantes na propaganda médica dentro da realidade deles. Muitas vezes, o que fazemos lembra bem essa coisa de "Bota casaco, tira casaco...", tirando a parte do tédio, claro.

Eu já tive um professor de violão que tinha um comportamento muito parecido com o do Sr. Han! Ele era reconhecido por muitos, como o melhor violonista da cidade. Eu entrava na sala, me sentava na cadeira, pegava o violão, enquanto ele segurava o seu com suas cordas sempre abafadas por uma flanela, repetindo o mesmo exercício de arpejo com os dedos, como se fosse um iniciante. Enquanto isso, eu tinha que fazer um exercício, por inúmeras vezes seguidas, que ele havia me passado já há alguns dias. Confesso que eu ficava me perguntando: "Será que esse cara é bom, mas não sabe ensinar? Será que ele está aqui contra a própria vontade?"

Quando, de repente, ao soar de uma única nota fora da partitura ou quando minha mão saía só um pouquinho da postura correta, ele simplesmente parava tudo e dizia: "Você errou. Recomece o exercício." Vi que estava atento sim ao meu exercício. Vi também que um músico razoável, ou treinador desinteressado, jamais perceberia essas pequenas falhas. Com base nisso, cheguei a algumas conclusões: certamente a fama dele procedia, aquele exercício era mesmo um porre e eu estava aprendendo de verdade, apesar de tudo isso.

E é com esta provocação que quero começar este capítulo: será que alguém alcança o *estado da arte* porque ele tem talento simplesmente, ou por possuir disciplina para fazer algo por repetidas vezes até que aquilo se torne fluido para ele? E, mais do que isso, tenha disposição para continuar fazendo mesmo depois de aprender, a fim de manter sua destreza?

É do entendimento de Vendas como Arte que nasceu a lenda de que existem vendedores natos. Para desmitificar isto, vou lhe pedir que pense em qualquer tipo de arte: música, pintura, literatura, artes marciais, dramaturgia, culinária... agora pense em algum artista referência em uma dessas áreas para você. É muito tentador se pensar que artistas assim chegaram a tal nível de performance por puro talento e aptidão. Enxergar as coisas desta forma é muito mais reconfortante do que acreditar que se diferenciam de mim e você por pura *persistência*. Mas, como já vimos nos primeiros capítulos deste livro, não é bem assim. É necessário uma dedicação intensa para que a arte tome uma forma única. E, nesses casos, a aptidão, dom ou talento parecem se reduzir ao gosto de fazer algo, a ponto de suportar passar horas seguidas treinando e se aperfeiçoando, até que nasça seu próprio método.

Arte envolve conhecimento, domínio de técnicas, várias tentativas, aprimoramento, tempo de prática, até o momento em que se desenvolve uma identidade artística única. Veja, por exemplo, a trajetória de Machado de Assis como escritor que, para mim, é um dos melhores da história do mundo, que temos a honra de dizer que foi brasileiro. Machado passou por diversas fases e escreveu vários livros até desenvolver sua identidade literária mais marcante, amadurecida, que consagrou suas melhores obras e representou uma ruptura à era romântica, abrindo espaço para obras mais realistas, a partir de então. Apesar dessas definições, ele se recusava a se enquadrar nelas e dizia que só estava imprimindo seu próprio estilo, que trazia, entre outras coisas, a marca inconfundível de sua "ironia sutil e inteligente".

De Vendas como Arte, portanto, eu gostaria que você percebesse a importância do conhecimento e domínio das técnicas para a criação do seu próprio estilo. Assim como um pianista precisa saber tudo sobre música e piano, e ter destreza para tocar e treinar bastante até alcançar o estado da arte, um profissional que busca o caminho da excelência em vendas deve conhecer tudo sobre o assunto, assim como aplicar as técnicas e aprimorá-las para que fique cada vez mais natural e medular.

Em se tratando de se vender, entretanto, esta é para mim uma arte universal. Todo mundo precisa vender e, diferentemente do que se diz por aí, não é uma arte exclusiva para um nicho especial de pessoas privilegiadas. Não existe sequer um único perfil do que seria um bom vendedor, como se imagina por aí. Isto significa que, sendo você um profissional de vendas ou não, não começaremos do zero ao falar sobre este assunto. Com certeza, você teve experiências com vendas e, talvez, nem tenha percebido.

O segredo aqui será alcançar consciência sobre elas para utilizar toda esta bagagem a favor do seu desenvolvimento, no lugar de querer nivelar todos por baixo, a partir de minhas convicções pessoais sobre o que significa vender. Vamos fazer estas associações agora. Vá buscar seu casaco!

45.2 TODO MUNDO VENDE

"Mostre-me um vendedor que estudou tanto quanto um médico e eu lhe mostrarei um vendedor milionário."
Thiago Concer

Nas vezes em que tive a oportunidade de atuar como mentor no evento *Startup Weekend*, assumi uma missão particular que acredito ter cumprido com êxito. No meio de tantas estratégias poderosas e eficazes que os participantes iriam aprender naqueles dias, eu seria o *mensageiro da verdade*, aquele que diria a eles aquilo que, na hierarquia de importância entre tudo o que aprenderiam, estava acima de todo o resto. Aquilo que, caso não fizessem, tornaria todo os demais conhecimentos desnecessários, inúteis, um tremendo desperdício de tempo e energia. A grande verdade é esta: *enquanto você não vende, você não tem um negócio, tem apenas uma ideia e ideias não valem absolutamente nada.*

Eu não poderia deixar de registrar neste momento, mais uma vez, minha crítica ao modelo tradicional de ensino. Qual foi a última vez que seu filho (se tiver um) ouviu falar de dinheiro na escola? Que vendeu algo? Em um evento com foco em empreendedorismo? Valha-me Deus! Com a importância que julgo ter o ato de se vender, este tema tinha que ser tratado a todo momento, a cada matéria aprendida, a cada trabalho novo que realizassem. O resultado é uma sociedade que não sabe vender, acha vergonhoso, estranho ou que não é para si. Todo mundo precisa vender, caro leitor. Todo mundo *pode* vender e esta não é uma função trivial. É a mais importante e, talvez, a mais desafiadora e complexa de todas! Mantenha isto em mente daqui para frente.

É impressionante como nos acostumamos tão rápido com tudo. É incrível quando pensamos que o primeiro iPhone foi lançado em 2007, não é mesmo? De lá para cá, quanta coisa mudou. Quanta tecnologia foi criada e como o mundo muda rapidamente.

Com tanta inovação assim, às vezes nos esquecemos de quando o mundo era diferente de hoje. Numa época não muito remota, ligar para as pessoas era algo comum. Ter computador em casa era privilégio de poucos. Enviar mensagens era somente em situações de emergência. Hoje, com a popularização do *WhatsApp* e outras plataformas, ligar para alguém se tornou quase que uma prova de amor.

Acontece que o ritmo das grandes transformações só acelera. E quase nunca paramos para observar o poder que passamos a ter com elas. Hoje posso acessar o mundo inteiro na palma da minha mão. Posso enviar agora mesmo uma mensagem a um executivo de qualquer empresa em qualquer lugar do planeta. Posso aprender o que quiser. Estamos na Era do Poder.

Algo também muda na mesma velocidade das inovações neste novo cenário: *nossas desculpas.* Num mundo onde existem palestras como as do TED, não dá mais para dizer que não se consegue fazer algo porque não se tem acesso aos melhores professores. Num mundo onde existe Wikipédia, Khan Academy, YouTube e Google, não dá mais para dizer que não é possível se chegar a um objetivo, porque não se consegue aprender determinado conceito. Num mundo onde existe LinkedIn, não é mais aceitável se dizer que tudo o que lhe falta é uma oportunidade de demonstrar sua capacidade para quem tem o poder de lhe contratar.

Com a tecnologia trazendo tantas facilidades e acesso, as desculpas precisam mudar. E é impressionante: elas mudam na mesma velocidade. E, paradoxalmente, continuam exatamente as mesmas. Você as vê com roupas novas, mas se olhar com atenção, elas estão ali, as mesmas de outrora. Recentemente vi em um post no LinkedIn uma pessoa reclamando que não conseguia chamar a atenção de um recrutador em uma entrevista que já tinha alguém em mente, a famigerada "cartinha marcada". Para mim, era como se eu visse alguém chorando infeliz por ser pobre, sentado em cima de um baú abarrotado de tesouros, o qual nunca teve a curiosidade de abrir para ver o que há lá dentro.

O fato é que nós estamos vendendo o tempo todo, especialmente quando não queremos ou não temos consciência disto. O tempo todo lançamos nossa mensagem ao mundo e recebemos dele uma resposta muito parecida com a mensagem original, quando não a mesma. É como um verdadeiro eco. Julgamos o eco, mas com pouca frequência, nos preocupamos com a mensagem que enviamos. Ou melhor: quase nunca procuramos construir um *eu interior* melhor, capaz de produzir uma mensagem exterior melhor para o mundo, que também ecoará de volta uma resposta melhor.

Somos todos produtores de conteúdo. E, como qualquer fábrica, utilizamos matérias primas para isto. Nos nutrimos de algo, isto se mistura com o que já temos, e lançamos algo "novo" ao mundo. Isto é vender, ainda que não acredite ou não compreenda completamente isto no início. A questão é que não cuidamos muito do que "ingerimos". A qualidade da "nutrição intelectual" é tão ruim quanto a alimentação fisiológica nos dias atuais.

Tudo o que esta pobre jovem está conseguindo produzir hoje, a partir dos conteúdos com os quais anda se nutrindo, não passa de um conteúdo que pode gerar em quem consome, no máximo, um sentimento de *pena*. E isto equivale àquele vendedor que quer convencer seu cliente a comprar por suas razões pessoais, ou o propagandista que pede "pelo amor de Deus, doutor, me ajuda com este produto". Saiba que não tem nada mais frustrante e constrangedor para um cliente ou a um médico do que esse *apelo* que carrega uma mensagem implícita perigosa: "ou eu não sou competente para lhe apresentar os verdadeiros diferenciais competitivos dos meus produtos ou, pior, meus produtos não são os melhores e estou contando com sua pena de mim para escolhê-los em detrimento do que seria a melhor opção para você.". Então adquira mais conhecimentos para convencer seus clientes pelas razões certas em vez de gerar neles o sentimento de pena por você. Como já dissemos na Parte 1 deste livro, você não merece ser visto assim. Por isso, apenas para que você não se esqueça, eu digo mais uma vez: você não é um coitado.

A partir de agora, recomendo que você enxergue a natureza do processo de vendas nas mais variadas circunstâncias. Que comece a perceber o que influencia outras pessoas a seguirem, ou não, suas ideias e convicções. Avalie com critério os insumos dos seus conteúdos que você tem consumido: quem você segue hoje? O que aprende com estas pessoas? Qual o nível de conhecimento que você possui sobre a área onde atua hoje ou deseja atuar? Estes conhecimentos são suficientes pare elaborar argumentos de vendas completos? Como pode adquirir mais conhecimentos sobre o assunto e com maior qualidade? Qual foi o último livro sobre o tema vendas que leu? Você tem tentado convencer alguém de algo? Conhece as necessidades, anseios, crenças, objeções, dúvidas, medos e motivações desta pessoa? Que tal começar por aí: descobrindo o que esta pessoa *quer?*

45.3
RESSIGNIFICANDO O VENDEDOR

"Você não fecha uma venda, você abre as portas de um relacionamento se quer construir um negócio duradouro e de sucesso." Patricia Fripp

Hoje em dia, a palavra vendedor está carregada de significados ultrapassados e equivocados. Herança deste mundo que, medido em tempo, não está tão distante de nós, mas que em transformações, já quase se perde de nossa vista, a palavra vendedor traduz-se muitas vezes em uma pessoa boa de lábia, conversada, persuasiva; alguém de quem é melhor ficar longe. Tanto que não há estranhamento quando se ouve: "Cuidado. Fique longe, porque ele é um bom vendedor."; "Ele vende até avião caindo" ou coisas do tipo.

Não poderia estar mais equivocada esta visão do que é ser um vendedor, especialmente nos dias de hoje. Os maiores líderes precisam vender uma ideia. Pais precisam vender suas ideias aos filhos. Filhos também precisam vender aos pais. Noivos, sócios, empreendedores, candidatos a uma determinada vaga... todos precisamos vender. Porém vender não é convencer alguém a comprar algo do qual amanhã irá se arrepender. Não há nada potencialmente mais trágico nos dias de hoje do que isto. Pois amanhã esta pessoa pode realmente destruir a reputação de uma empresa inteira com um simples depoimento nas redes sociais. Lembra-se de que estamos na Era do Poder?

Vender, portanto, significa guiar, conduzir. Significa conectar ideias entre duas ou mais pessoas. Significa inserir elementos novos em um contexto, os quais são capazes de realmente enriquecer todo este contexto. É acessar pessoas para que possam se permitir lançar mão de coisas novas que realmente as elevarão e satisfarão seus desejos, necessidades ou anseios. Vender é lançar uma mensagem para o mundo, que seja fabricada pela essência de uma pessoa ou empresa, utilizando bons insumos, como técnicas inteligentes, boas referências, conteúdos relevantes, de alta qualidade e que, principalmente, sejam capazes de resolver problemas reais.

Para que você possa então se aperfeiçoar na arte de vender, precisa começar a enxergar o processo de vendas em tudo, assim como o Kung Fu do Sr. Han. Perceba que é isto que você faz ao se relacionar com outras pessoas, ao conquistar o amor da sua vida, fazer novas amizades, conquistar um novo emprego, uma promoção ou, até mesmo, quando abre seu próprio negócio. Me diga uma coisa: você conhece alguma empresa que não vende e que não tem cliente? Todo mundo vende e, infelizmente, pela minimização da importância de se dominar a arte de se vender, já vi inúmeras ideias fantásticas de negócios irem parar a sete palmos do chão pela incapacidade em vendas de quem estava à frente dele. Saber vender é o poder.

Costumo sempre dizer que não há nada mais poderoso para se vender do que a verdade. Acontece que na maioria das vezes, as pessoas não têm um bom relacionamento com ela. Em um processo seletivo, por exemplo - que para mim nada mais é que um processo de vendas – candidatos costumam querer omitir informações que consideram embaraçosas. E o curioso é que eles nem percebem, mas, na maioria das vezes, ajudam o bom entrevistador a conduzir a conversa justamente para esses pontos mal resolvidos em sua história. Muito melhor seria se este profissional parasse para refletir melhor justamente sobre tais questões e buscasse vender essas situações para ele mesmo, primeiro. Resolva-se antes de querer vender algo para alguém.

45.4 UM EX-UFC E ESTILOS DE VENDAS

"A maioria das pessoas é ótima em um punhado de coisas e péssima no resto [...] Enfatize os pontos fortes, em vez de corrigir as fraquezas." Timothy Ferris, Trabalhe 4 horas por semana.

"Não há bons e maus estilos - apenas estilos. Você é quem é; isso não vai mudar. No entanto, quando você está consciente do seu estilo preferido e de como você responde a situações específicas e a outros estilos, essa autoconsciência lhe confere poderosa vantagem ao influenciar o comportamento dos outros." Jeb Blount, Inteligência Emocional em Vendas.

Meu primo Rafael "Sapo" Natal lutou por 10 anos no UFC e recentemente se aposentou, pois sofreu um descolamento de retina. O médico o disse que, se continuasse lutando, poderia ficar cego de um olho. Ele pertencia à categoria peso médio, a mesma do lutador Anderson Silva e outros cascas grossas, e chegou a figurar entre os dez melhores lutadores da categoria por um tempo. Sua arte marcial base é o Jiu Jitsu, ele é faixa preta 4º grau e chegou a ser campeão mundial em algumas competições. E o que ele está fazendo neste livro?

Não sei se você gosta de artes marciais, se é fã do esporte ou se acha violento. De toda forma, provavelmente você sabe que um atleta esportivo se dedica intensamente aos seus treinos para alcançar uma performance que o permitirá conquistar vitórias importantes em seu currículo. Isto não foi diferente para o Rafael. Enquanto ele lutou, eu e toda nossa família, que é bem grande, acabamos nos tornando fãs do UFC e acompanhávamos ativamente a performance de cada lutador, além da sua. Suas lutas eram verdadeiros eventos para nós.

Considero que possuo um ótimo poder de análise. Eu assistia a todas as suas lutas e analisava alguns padrões: golpes, envergadura, suas especialidades e de seus oponentes, falhas no jogo... E quase sempre eu tinha uma clareza de quais seriam seus próximos desafios com base nisso. Às vezes nos falávamos de forma completamente informal e ele comentava que minhas análises estavam muito próximas às de sua equipe técnica. Algo, no entanto, me chamou atenção em seu jogo. E é isto que quero dividir com você.

Se você assistir aos seus treinos ou fizer uma aula com ele, verá que ele sabe tudo. Conhece os golpes, os movimentos, tem destreza e, o mais legal, uma humildade enorme para ensinar. Contudo existem poucos golpes nos quais ele se tornou especialista. Um deles é o *katagatame*, uma espécie de estrangulamento do oponente. Em suas lutas, várias finalizações aconteceram com a aplicação perfeita desta técnica. Não é curioso pensar que dentre tantas possibilidades, tantos golpes, tantas artes marciais, alguém se especialize em um golpe no qual se torna quase mortal? Por quê? Existe vantagem nisso? Seria uma limitação?

Mais uma vez chegamos naqueles momentos em que a resposta é contra intuitiva. Pelo menos foi para mim. A verdade é que você pode conhecer muitas técnicas (precisa, na realidade), mas será bom em algumas, e excelente em pouquíssimas. Isto porque o domínio de competências (que podem ser definidas como a junção entre conhecimentos, habilidades e atitudes) passa por um processo de consciência de quatro estágios:

1. Incompetência inconsciente;
2. Incompetência consciente;
3. Competência consciente;
4. Competência inconsciente.

O estágio que considero mais perigoso é o da *incompetência inconsciente*. Não ter consciência de que você não sabe algo pode te limitar muito e trazer uma falsa ilusão de saber mais do que realmente sabe. Por esta razão é muito importante se perguntar: "o que não sei sobre o que faço?" Esta pergunta fará você, muitas vezes, mudar do estágio de incompetente inconsciente para incompetente consciente. Agora você sabe o que não sabe. E agora é possível, a partir de uma análise de prioridades, decidir o que irá aprender, para então adquirir uma espécie de competência consciente. Gosto de comparar esta fase ao momento em que a pessoa acaba de adquirir sua carteira de motorista. Ok, isto significa que ela sabe dirigir, mas não que ela o faça bem, que domine a técnica ou que irá evoluir sem que haja o contato constante com a direção. A partir daí, para se ter destreza, é preciso muitas horas de prática, até que se chegue ao ponto de realizar quase tudo sem pensar, como reflexo. Esta é a fase da competência inconsciente.

E o que determina o seu estágio são as horas se dedicando a isto, desde que seja com qualidade e utilizando a técnica correta.

Toda vez que falamos em tempo, precisamos nos lembrar de

que se trata de um recurso extremamente escasso, como já falamos neste livro, e que, ao se dedicar a alguma coisa, necessariamente você precisa dizer não a outras. Malcolm Gladwell defende em seu livro Outliers (Fora de série) que, para que uma pessoa possa se tornar boa em algo, ela precisa se dedicar mais de 10 mil horas àquilo, fazendo, obviamente, da forma certa. Daí precisamos perceber que a ambição de querer ser bom em tudo é ingênua e improdutiva. Nós podemos sim ampliar nosso escopo de conhecimento, o que contribuirá até mesmo para nossa criatividade, gerando novas conexões neurais e nos protege da alienação completa, obviamente. Da mesma forma que o Rafael Natal não luta somente Jiu Jitsu, mas possui conhecimentos de Boxe, Muay Thai, Wrestling...só que domina mesmo o Jiu Jitsu. E, dentro da arte, técnicas específicas, a ponto de conseguir aplicá-las de forma inconsciente, sem pensar.

A mesmíssima lógica pode ser aplicada aos conhecimentos das técnicas de vendas. Conheci propagandistas de igual nível de excelência, porém com perfis bem distintos e que dominavam técnicas bem diferentes. Isso é o mais interessante: para se chegar a um resultado não necessariamente o faremos pelos mesmos caminhos. Esqueça esta ideia de que existe um único perfil ideal de vendedor, assim como não existe um único perfil ideal de lutador.

Eu mesmo sempre busquei conhecer diferentes técnicas de vendas e treinava para conseguir aplicá-las nos consultórios médicos. Ainda assim, era notório que algumas simplesmente fluíam mais facilmente, pelas quais eu tinha uma atração natural. Eu investia tempo para ficar ainda melhor nelas, sem esquecer, claro, das outras também. Mas o mais importante: eu sempre treinei muito. É loucura pensar que se treina dentro do consultório médico, na frente do cliente, da mesma forma que no octógono não era hora de o lutador treinar. É hora de executar o que já sabe e domina. Ali você verá o resultado do melhor treino e planejamento.

Então grave isto: você *jamais* alcançará o nível de excelência em algo sem dedicar tempo suficiente a um treinamento de qualidade. E eu não estou falando de poucas horas de treinamento presencial (esta é minha birra com esta modalidade de treinamento). Estou falando de treinamento constante. É por esta razão que, novamente de forma totalmente contra intuitiva, nossos resultados em contratações de alunos se elevaram muito depois que nosso curso se tornou 100% online. Não tem a ver com o canal (online ou presencial), tem a ver com a forma mais efetiva com a qual conseguimos implementar nossa metodologia, que envolve "injetar" melhores práticas na rotina dos alunos, influenciando uma verdadeira mudança de hábitos.

Coisas grandes acontecem quando mudamos pequenos hábitos em nossa rotina. Você pode ir ao melhor evento presencial do mundo, mas se sair de lá e voltar para a mesma rotina de antes, tudo o que terá feito é desperdiçado uma bela grana e tempo que poderia ter usado para assistir à Netflix com a família ou, se for mais a sua praia, a uma luta do UFC.

45.5 GANHAR A VENDA OU O CLIENTE?

"Sob o firmamento, existe apenas um meio de conseguir que alguém faça algo [...] E este meio é conseguir que a outra pessoa queira fazer." Dale Carnegie, Como fazer amigos e influenciar pessoas

Era final da quinta versão de um dos meus reality shows prediletos da TV aberta, O Aprendiz. Roberto Justus se encontrava visivelmente em um dilema. Precisava decidir entre os finalistas Henrique e Clodoaldo quem viria a se tornar seu mais novo sócio em um novo empreendimento. Ambos eram muito competentes, mas possuíam perfis diametralmente opostos. E era nítido que Henrique era muito mais parecido com Justus.

Fizerem vários testes para tornar a decisão de Roberto um pouco mais fácil. Em um deles, fora apresentada a ambos uma imagem onde se podia ver uma linda praia com uma mesa e cadeiras. O apresentador pediu para que dissessem o que acreditavam estar faltando naquela imagem. Henrique respondeu que, para ele, faltava o mar. Clodoaldo, por sua vez, estava vi-

sivelmente incomodado com aquela imagem e respondeu que faltavam pessoas naquele lugar: "Falta alma, Justus".
O teste continuou e foram apresentadas a eles mais quatro imagens. Justus pediu para que escolhessem aquela em que gostariam de estar. Clodoaldo escolheu uma imagem que mostrava muitas pessoas em uma construção. "Gosto de construir e de edificar", ele disse. Henrique escolheu uma que retratava uma luta de boxe, pois ele é competitivo, quer sempre ganhar e, com certeza, seria aquele que levaria a vitória naquela luta.

Apesar da afinidade com Henrique, Roberto Justus escolheu Clodoaldo, certamente pelas respostas que deu e coerência entre o que dizia e a performance que apresentou ao longo de todo o programa. Com certeza, ambos desejavam ganhar. Uma análise individual, certamente apontaria o perfil de Henrique como superior ao seu competidor, até mesmo pela sua maior experiência profissional. Clodoaldo, no entanto, era o que valorizava as pessoas, o conjunto, era o que tinha mais inteligência emocional, aquele que elevava a performance de todo o time. Clodoaldo é líder e por isso foi escolhido. E este exemplo é perfeito para ilustrar a ideia que apresentarei neste capítulo: *sem pessoas, nada acontece.*

Pense um pouco comigo. O que realmente são as empresas? Tire as pessoas delas, o que sobra? Máquinas, prédios, computadores, carros... O que faz empresas serem o que são é a ação de pessoas competentes e devidamente orientadas a um mesmo propósito, que se sentem integradas a uma causa maior. Os fundamentos de toda liderança eficaz passam pela valorização do capital humano. Sem isto, sobra muito pouco, para não dizer nada.

E se levarmos esta concepção da valorização das pessoas para as dinâmicas de vendas, o que teremos?

Ironicamente, os melhores vendedores que já tive a oportunidade de conhecer são aqueles que sempre conseguem dar ainda mais importância aos seus clientes do que até mesmo às suas vendas. Quem foca na venda nem sempre vende e quase nunca ganha o cliente. Quem foca em ganhar o cliente, entretanto, também nem sempre ganha a venda, em alguns momentos pode até perdê-la por causa disso, mas quase sempre ganha o cliente. E com o cliente, novas vendas virão, mais recomendações e ainda mais clientes. Novamente, são as pessoas que fazem a coisa toda acontecer. A longo prazo, principalmente, investir em pessoas apresentará sempre o melhor retorno. Podemos dizer então que um vendedor de excelência é também um líder de seus clientes: inspira, se importa, faz a diferença na vida deles, valoriza, serve a eles e, sempre que possível, resolve seus problemas.

Se parar para pensar a respeito, perceberá que, entre você e o que deseja, sempre haverá pessoas que se sentirão dispostas ou não a colaborar com a sua causa. E o que os encoraja a fazer isto? Certamente o quanto de apreço possuem por você. Não que isto seja capaz de substituir sua eficácia, ou que algo acontecerá sem ela, apenas por pessoas gostarem de você. Se fosse assim, não seria possível vermos idiotas ocupando posições de destaque pelo grau de competência que possuem. Pense em talentos estúpidos como o médico ilustrado na consagrada série House, por exemplo. Neste caso, estamos falando de gênios ou super talentos cuja competência em resolver problemas supera sua estupidez. Então, a menos que você seja um House ou um Steve Jobs da vida, você não possui nenhum crédito para ser estúpido e, se este é seu caso, isso com certeza já lhe fez perder excelentes oportunidades. O ponto é que, entre um completo babaca competente e um competente carismático, não precisa ter dúvidas de quem chegará mais longe.

A propósito, apesar dos exemplos que citei, não acredito que talentos justifiquem maus comportamentos. Mas quem nem isso tem deveria ter ainda mais cuidado, pois possui pouco a oferecer aos outros para justificar a tolerância das outras pessoas. Só queria deixar isso claro.

Pense no que quer neste exato momento: promoção, emprego, fechar um grande contrato, fazer vendas expressivas, o apoio de familiares... perceba que, para cada objetivo, existem uma ou mais pessoas envolvidas em fazer ele acontecer. O que aconteceria se, no lugar de focar neles como o objetivo fim, passasse a querer *ganhar as pessoas,* fazer a diferença positiva na vida delas, ajudá-las a alcançarem seus próprios objetivos. O quanto estaria mais perto do que você quer?

Sempre quis conquistar as coisas. Durante um tempo da minha vida, meu perfil se parecia mais com o do Henrique e do Justus. Depois que compreendi estas coisas, parei de querer ganhar dinheiro, promoção, sucesso... e foquei totalmente em ganhar pessoas. Nunca me arrependi desta mudança de foco. Como poderia? As maiores conquistas que tive até hoje foram consequência justamente disto.

Mas como isto acontece na prática?

Quando seu foco muda do objetivo fim para as pessoas, você se torna naturalmente alguém mais interessado no outro. E pessoas interessadas tornam-se pessoas mais interessantes. A atenção legítima ao outro é o que te permite gravar o nome das pessoas quando as conhece, escutá-las de forma ativa do início ao fim sem interrompê-las e buscar uma forma de ajudá-las a resolver seus próprios problemas. Segundo Dale Carnegie, "a mais profunda das solicitações na natureza humana é o desejo de se sentir importante."

Lembre-se de uma foto que tenha tirado com muitas pessoas, qual foi o rosto que procurou primeiro no meio de tantos? Acredite você ou não, todo ser humano é completamente apaixonado por si mesmo. O ponto mais interessante de tudo isso é que, se todas as pessoas, sem exceção, possuem a mesma ambição e vontade de se sentirem importantes, se todos somos os heróis da nossa própria história, quem supera sua própria necessidade de atenção para olhar com legítimo interesse pelo próximo passa a ter extrema vantagem, apenas por ser assim. Por que, uma vez sabendo disto, não daria atenção às pessoas, se desejam tanto e encontram tão poucas pessoas dispostas a isto?

Da mesma forma como atenção, importância e empatia - desde que *legítimas* - pelo próximo facilita tanto os processos, o contrário também é verdadeiro. A crítica a outras pessoas dificulta muito o sucesso nas relações. Muitas vezes, não é necessário o uso de nenhuma palavra para percebermos o que as pessoas verdadeiramente sentem por nós. O mesmo ocorre com elas também. Por isso, não adianta disfarçar sentimentos, as pessoas perceberão mais cedo ou mais tarde. Ao invés disso, trabalhe em você a capacidade de admirar os outros, no lugar de procurar apenas defeitos e razões para criticá-los. Elas certamente também encontrarão em você tantos ou mais motivos para fazer o mesmo. Uma clássica relação de perde - perde.

Recomendo que faça uma auto avaliação: com que frequência tem criticado as outras pessoas? Se a resposta for muita, sugiro que se faça uma outra pergunta: o quanto isto está atrasando seu sucesso e talvez, até este momento, você nem tenha tomado consciência disto?

Nossa comunicação vai muito além da verbal. A maior parte dela acontece de forma não verbal, na realidade. A postura de crítica em relação às pessoas aciona nelas o mesmo comportamento em relação a você. Como animais, somos completamente equipados com instintos de proteção para identificar o menor sinal de ameaça no ambiente, da mesma forma que um búfalo está pronto para defender seu território sem que um intruso precise dizer algo como: "E aí, seu trouxa, pronto para perder sua fêmea?".

Tenha em mente, portanto, que, graças a esses instintos presentes em todos nós, uma pessoa que você critica já saiba que você não gosta dela, mesmo que você nunca tenha conversado com ela. Mesmo sem nunca ter revelado a ninguém que não gosta dela. A boa notícia é que um olhar de admiração legítima e verdadeira, e uma postura aberta em relação ao outro também tem o poder de desarmar esses mecanismos e acionar o melhor no outro, mesmo antes que se diga uma única palavra. Isto tem a ver, entre outras coisas, com a ação de nossos neurônios espelhos, os mesmos que nos fazem bocejar ao ver alguém bocejando.

A conclusão à qual chegamos é: a vida pode ficar muito dura quando não se desenvolve bons relacionamentos, ou quando não se abre para pessoas que, num grau maior ou menor, são diferentes de nós.

Entenda: nós somos seres habituais. T. Harv Ecker (autor de Os segredos da mente milionária) diz que "como fazemos uma coisa é como tendemos a fazer todas as coisas." Se você tem criticado as pessoas com muita frequência, as chances são de que existe um mal hábito instalado e agora você precisa trabalhar para enfraquecê-lo se substituir por outro mais benéfico.

Para isto existe um exercício: todas as vezes que se vê criticando uma pessoa, mesmo que somente para você mesmo, encontre nela cinco razões para admirá-la. A proporção precisa mesmo ser maior para que você enfraqueça este hábito mais rapidamente, pois a probabilidade de isto estar te travando é bem maior do que consiga perceber a princípio. E talvez, nesta hora, seu "sistema de defesa", aquele que faz seu cérebro querer lutar para não gastar energia para mudar seus comportamentos, pode ser acionado. E então resistirá dizendo algo mais ou menos assim:

"Mas, Celso, sempre ouvi dizer que é importante desenvolver o pensamento crítico. Então isto não é bom?"

Você pode criticar ideias, opiniões e até mesmo determinados comportamentos. A menos que queira criar inimigos, tornando sua vida difícil e entrar num delírio de achar que não precisa contar com o apoio das outras pessoas, não as critique, em nenhuma hipótese. Este é um caminho em que não há vencedores.

45.6 TÉCNICAS DE VENDAS

Da mesma forma como você não se tornará um grande *chef* de cozinha apenas assistindo ao Master Chef, não será um exímio jogador de futebol assistindo aos jogos do Real Madrid ou se tornará um lutador de Kung Fu assistindo aos filmes do Bruce Lee, é uma tremenda ilusão acreditar que você se tornará um exímio vendedor *apenas* lendo um livro de vendas, assistindo a vídeos ou qualquer coisa do tipo. O real problema não está na forma em que o conteúdo é transmitido: em vídeo, livro, curso... O real obstáculo está no grau de passividade ou atividade que tal conteúdo é capaz de produzir em quem o esteja consumindo. Quanto mais passivo, pior. A gente aprende mesmo é fazendo, colocando a mão na massa, queimando uns bolos, chutando a bola para fora, caindo de cara no tatame.

É necessário praticar, colocar a mão na massa. É no ambiente de treinamento - que pode ser presencial ou online (desde que com o método certo) - que você aprenderá de verdade e esta é a razão de eu não rechear as páginas deste livro com técnicas de vendas, dando detalhes de como aplicá-las. No lugar disso, eu apresentarei algumas delas apenas como exemplos e mostrarei como você pode aplicá-las em realidades distintas. Todas elas, obviamente, relacionadas à excelência na atuação do propagandista, mas sem se reduzirem a esta realidade. O foco aqui é fazer você agir agora, podendo visualizar mudanças em sua realidade atual, como já disse em outros momentos.

Planejamento

Suas chances de sucesso sempre serão maiores quando dedicar tempo para planejar seus contatos. Sempre que planejar uma abordagem de vendas ou realizar uma pré-visita, busque se fazer perguntas como: qual é o meu objetivo com este contato? O que já sei sobre este cliente? Quais os principais problemas, necessidades e desejos deste cliente hoje? Com base nisso, qual será meu produto foco? Qual o principal diferencial competitivo do meu produto para atender a tais expectativas? Qual será minha abordagem para apresentar tudo isso?

Perceba que isto é completamente replicável em qualquer abordagem, não necessariamente de vendas. Planeje sua comunicação antes de realizar uma visita, entrevista ou, até mesmo, buscar convencer sua família do próximo destino das suas férias. Busque visualizar tudo acontecendo exatamente como espera para que, ao realizar a abordagem, além de aumentar suas chances de sucesso, esteja mais preparado para as possíveis respostas e caminhos que seu cliente dará à conversa. É o que Tony Robins denomina como *o poder da antecipação*.

Abordagem

Esta é a hora de começar a execução do seu plano. Se já adquiriu a habilidade de lidar com as incertezas, sabe que as coisas tenderão a não acontecer exatamente como planejou e está tudo bem. O maior objetivo aqui é gerar rapport: uma empatia verdadeira e legítima com seu interlocutor, de tal forma que ele sinta sua presença como familiar e se sinta à vontade para estabelecer uma comunicação com você. Mais do que quebrar o gelo fazendo alguma piadinha sem graça, a conexão pode acontecer de forma muito mais simples, como o ato de esboçar um sorriso sincero ao cumprimentar a outra pessoa e de olhar no olho enquanto fala, ou fazer uma pergunta sobre um assunto aleatório que seu cliente trouxe (como uma viagem a passeio que realizaria) e você se deu ao trabalho de registrar em seu CRM.

Sondagem

Não conheço ninguém que vende sem fazer perguntas, mas conheço muitos propagandistas e vendedores que se sentem desconfortáveis em realizá-las. Para mim, o motivo é simples: perguntas geram sim um certo nível de desconforto no seu interlocutor, é inevitável. E, como você também já aprendeu, desconforto não é necessariamente uma coisa ruim. Especialmente perguntas abertas, que necessariamente o tiram do piloto automático e o fazem ter que pensar (lembra-se da história que lhe contei sobre o Samuel querer respostas prontas?). O ponto aqui é saber elaborar perguntas inteligentes, que despertem o interesse no outro em respondê-las e que, principalmente, você saiba o que fazer com as respostas que receberá. Possíveis perguntas podem ser elaboradas ainda na fase do planejamento e elas, obrigatoriamente, precisam ter ligação direta com o objetivo que traçou.

Identificando e contornando objeções

Objeções são presentes. Conseguir fazer o médico, ou seu cliente, falar já é uma grande conquista. Muitas vezes, no entanto, eles exporão a você um problema, um ponto "negativo", um empecilho para optar por seu produto ou solução. É aqui que muitos vendedores perdem o fio da meada. Tendemos a ter o comportamento defensivo em relação a nosso produto, nossa empresa ou, quem sabe, nós mesmos, quando um cliente levanta uma objeção. É uma postura muito pouco efetiva.

Entenda que objeções são sempre presentes. Seu cliente não

precisava dizer a você o que pensa de verdade. Poderia seguir a vida inventando uma desculpa qualquer, ou mentindo para você, dizendo que não tem dinheiro, que não recebe muitos pacientes com perfil para este medicamento, ou que precisa conversar com a esposa... Como disse, chegar a este ponto foi fruto de competência sua. Avançar para o próximo nível também será. Esta é a oportunidade para você demonstrar compreensão e empatia. Ouça o que seu cliente tem a dizer até o final, sem interrompê-lo. Muitas vezes, é interessante repetir o que ele disse em outras palavras para validar sua dor.

Em seguida, proponha uma alternativa inteligente, que embarque um ou mais argumentos de vendas do seu produto ou solução, a fim de resolver aquela dor. A identificação e contorno de objeções exige técnicas específicas que, como disse, não faz sentido detalhá-las aqui. Se mantiver em mente que objeções são dádivas já mudará muito os resultados a partir disto.

Pergunte-se: como está meu comportamento em relação às críticas que recebo de outras pessoas (daquelas que querem contribuir comigo pelo menos)? Estou sempre na defensiva ou escuto até o final e demonstro compreender o que dizem? O que mudaria se, no lugar de me defender, eu buscasse melhorar a partir das informações que recebo de quem convive comigo? E se propusesse soluções inteligentes que contribuíssem para o sucesso de todo mundo? O que mudaria?

Fechamento

Esta, para mim, é a parte mais linda da propaganda médica. *É a hora da verdade.* O grande divisor de águas entre o ser propagandista e ser apenas um vendedor. Mas por quê? Porque é aqui que podemos constatar que a propaganda médica é a *venda na essência.* Como assim?

Em outras profissões em vendas, o vendedor atende a um cliente ou vai até ele, realiza a abordagem, aplica técnicas, ouve ativamente, faz perguntas inteligentes, identifica e contorna objeções e então... vende! Há ali uma transação, de fato, que, se tudo der certo, irá comprovar que você realmente vendeu. Ou então que seu cliente comprou, *apesar de você*, se seu trabalho não foi satisfatório (não podemos descartar esta possibilidade). De toda forma, há ali uma *transação* que comprova que existiu um trabalho realizado.

Na propaganda médica não é assim. Visitas médicas não envolvem transações, não dentro do consultório médico. Envolvem apenas vendas de ideias e compromissos feitos com palavras. É no fio do bigode mesmo! Não há garantias de que o que foi falado ali se concretizará. A qualquer momento, o médico poderá mudar de ideia ou ser convencido de outra coisa por outra pessoa. Ou seja: a única forma de ser efetivo neste trabalho é *vender de verdade*. No contexto da propaganda médica, o cliente não compra se você não vender.

E a etapa de fechamento é o que se consegue chegar mais próximo da validação do compromisso feito dentro do consultório médico. É outra etapa que gera certo desconforto para alguns propagandistas que, quando chegam a nela, muitas vezes se limitam a perguntar: "posso contar com o senhor, doutor?" E então escutará um *"sim protocolar"*, muitas vezes automático, que não significará muita coisa. Quem é propagandista conhece bem esta realidade.

Na minha visão, o fechamento não precisa ser sempre específico e mensurável, como se prega normalmente na indústria farmacêutica. Independentemente do que se fala nesta hora, no entanto, é preciso se validar se houve entendimento, compreensão, se fez sentido e diferença, dentro da realidade do médico, aquelas informações que você trouxe naquele momento. A melhor forma de se fazer isto, no meu entendimento, é deixando espaço para que o médico responda *o que você não quer ouvir*. Não é melhor saber que sua mensagem não fez diferença a ponto de fazê-lo mudar sua decisão do que sair de lá iludido com um "pode contar comigo"?

Tenho algumas mensagens que sempre compartilho com minha equipe de vendedores. Uma delas é: "Não se iluda". Achei prudente compartilhá-la com você agora.

Pela simplicidade deste capítulo, preciso lhe dizer que quase o tirei do livro. É impossível abordar o universo das técnicas de vendas, a menos que eu esteja disposto a escrever o "terceiro testamento" aqui. E, quando nos propomos a tratar de forma tão simplificado um tema tão amplo e ramificado, corremos o risco de sermos interpretados como superficiais. Se este capítulo continua aqui, é porque julguei os benefícios maiores que os riscos e porque confio na capacidade de os leitores compreenderem a real dimensão deste tema, assim como a necessidade de por a mão na massa e praticar. Aqui, portanto, está o resumo do essencial para que já comece a aplicar na sua vida e, minimamente, desperte em você o interesse em buscar se desenvolver mais na arte de vender. Se despertei isto em você, considero cumprido meu objetivo com este capítulo.

46. VENDAS COMO CIÊNCIA

A Importância De Se Seguir Métodos

Estávamos em uma reunião com todas as gerentes das lojas da minha família e o clima era de descrença em relação à importância de se produzir e acompanhar as métricas de vendas. Na época, não falávamos de nada muito complexo. Queríamos convencer as gerentes sobre a necessidade de acompanharem, pelo menos, três delas: fluxo de clientes, ticket médio e taxa de conversão. Só isto. Mas não estava fácil, porque a maioria delas ainda estava na fase de incompetência inconsciente em relação ao tema. Estavam enxergando apenas o trabalho de coletar tais informações sem compreenderem a finalidade disto. Se não conseguisse convencê-las a respeito disto, seria o primeiro a dizer que não há nada mais improdutivo do que coletar informações com as quais não sabe o que fazer. Foi então que tive um *insight*. Pedi a palavra e perguntei:

- Pessoal, alguém pode me dizer se ontem fez mais frio ou mais calor do que hoje?

- Mais frio, com certeza! - uma respondeu. Outra imediatamente retrucou:

- Você está louca? Mais calor! Foi o dia que os clientes mais reclamaram e aproveitaram para curtir o ar-condicionado da loja.

Não chegavam a um consenso até que uma delas disse:

- Pelo aplicativo do tempo, ontem fez 30 graus e hoje 32. Logo, ontem estava mais frio do que hoje.

A discussão morreu ali. E era exatamente isso que eu pretendia mostrar a elas e consegui. Não podemos tratar performance profissional com *achismo* ou percepções pessoais. É aí que entra a abordagem científica. A ciência só existe porque o ser humano começou a perceber o quão limitado é o poder das suas próprias percepções para entender os fenômenos da natureza e, se desejasse evoluir e descobrir a verdade, precisava estar disposto a questionar aquilo que acredita e passar a medir tudo de forma objetiva. A ciência, portanto, é passível de ser experimentada, testada e replicada. E seus resultados precisam ser os mesmos toda vez que se repetir determinado experimento. Do contrário, até uma simples questão de diferença de temperatura entre um dia e outro pode gerar uma discussão improdutiva e sem fim.

Lembre-se disso: a abordagem científica de vendas é a única forma eficaz de se evoluir, evitando tomar decisões a partir de percepções subjetivas (pessoais). O *achismo* precisa dar lugar às métricas, aos testes, às conclusões com base em experimentação. De um *Bench,* espera-se esta atitude de cientista: disposição para questionar suas verdades, elaborar novas hipóteses, testar várias vezes, registrar os resultados dos testes e construir um "estoque de aprendizados" validados sobre seu negócio, clientes, produtos e, por que não, sobre si mesmo.

Quanto ao que fazer com as informações que você coleta e as métricas que você acompanha é o que discutiremos no próximo capítulo. Neste, nos ateremos a explorar mais este comportamento curioso de cientista, demonstrando as vantagens de se seguir métodos que, muitas vezes, são até mais importantes que o próprio domínio das técnicas de vendas.

46.1 DESENVOLVENDO SEU POTENCIAL ANALÍTICO

Pense Como Um Cientista

"Não são as respostas que movem o mundo, são as perguntas." Comercial do Canal Futura

A atitude de cientista começa com o adotar de uma postura de curiosidade sobre o mundo. Segundo os conceitos apresentados por Carol Dweck, em seu livro Mindset, sem sombra de dúvidas, um cientista é alguém que permanece e estimula a todo o tempo o *mindset de crescimento*, que nada mais é que uma mentalidade de questionar mais do que afirmar, de assumir o que não sabe, de uma pessoa claramente muito mais interessada em crescer e aprender do que em estar certa. Tudo começa no reconhecimento que permitiu que Sócrates se transformasse em uma figura tão importante até hoje: "Só sei que nada sei."

Com esta postura investigativa perante o mundo, você orienta sua mente a buscar respostas nas fontes de informações disponíveis. É a curiosidade o motor das novas descobertas. É ela que deve te orientar ao abrir relatórios do seu setor, em busca de respostas ou indicativos do que está acontecendo em seu mercado. Não me ocuparei de, neste livro, explicar a você o significado dos relatórios próprios da indústria farmacêutica. MDTR, DDD, Audit Pharma, Close-Up... Não importa o nome que deem a eles, o que importa é desenvolver em você seu poder de análise. Assim saberá interpretar os dados apresentados em quaisquer que sejam os relatórios e quaisquer que sejam seus nomes e o significado de suas siglas.

Na busca de respostas na hora de analisar relatórios, é interessante possuir algum conhecimento de Excel. Se não for seu caso, sugiro que faça um curso online para se aperfeiçoar na utilização da ferramenta. Mas posso dizer a você que quem é capaz de fazer as perguntas certas às planilhas tem muito mais sucesso nas análises que faz do que quem sabe fazer uma tabela dinâmica, que entende de macros e funções do Excel, mas não tem foco.

Só tente não complicar. Você não precisa interpretar tudo o que está ali. Relatórios podem apresentar tantas informações quanto cidades possuem ruas. Do mesmo jeito que você pode andar o dia inteiro em uma cidade sem GPS e sem rumo bem definido, gastar uma energia danada e não chegar a lugar algum, você pode abrir um relatório, passar horas lá dentro, gastar muito fosfato e não encontrar o que procura. É muito importante que você una sua percepção de mercado aos dados dos relatórios para criar uma rota de perguntas a fazer *para eles*. Eu sei que pode soar estranho falar assim, mas garanto a você que logo vai compreender.

A partir das suas métricas e do *feedback* que recebe no campo, você consegue formular algumas hipóteses? Exemplo: meu produto pode estar perdendo mercado para o concorrente X, que vem realizando ações específicas em médicos e PDVs de determinado perfil. Ou então: com os descontos praticados por concorrentes em determinadas distribuidoras na região X, a reposição do estoque dos meus produtos pode ficar comprometida nos PDVs A, B e C. À medida que você cria hipóteses com base nas percepções que tem do mercado, você pode abrir os relatórios em busca de validá-las ou refutá-las. A partir daí, você está entrando na "cidade" com um destino definido em seu "GPS" e vai buscar informações relacionadas a estas dúvidas específicas.

Outra forma é adotar uma postura investigativa ao analisar as planilhas, buscando, a princípio, informações que destoam muito das demais. Uma perda brusca de *market share* entre um mês e outro, um concorrente que acabou de ser lançado com um *evolution index* (índice de evolução que demonstra a velocidade com que determinada marca ganha ou perde mercado) muito alto. Tudo isso pode chamar sua atenção e, a partir disso, pode formular novas perguntas e hipóteses. Apenas evite "analisar" relatórios sem um foco definido, pois, como disse em outros momentos neste livro, hoje sofremos pelo excesso, e não falta, de informações. A solução é sempre ter o foco muito bem definido para evitar desperdício de tempo e energia.

47. VENDAS COMO ESTATÍSTICA

O Que Não É Medido Não Pode Ser Controlado

"Em organizações produtivas em vendas, os vendedores não causam a taxa de crescimento da aquisição de clientes, eles as cumprem." Aaron Ross & Marilou Tyler, Receita Previsível (Predictable Revenue)

"O que não é medido não pode ser controlado." Peter Druker

No filme No Limite do Amanhã, o major Bill Cage (Tom Cruise) assume a linha de frente na guerra contra alienígenas e, de uma forma inexplicável, após ser morto em batalha, ele revive aquele dia várias vezes. E, à medida em que vai entendendo que o dia está se repetindo em uma espécie de *loop* infinito, ele começa a observar padrões e a prever os movimentos do inimigo, o que o permite avançar um pouco mais e descobrir algo novo, até que é pego de surpresa e novamente é morto. Após passar por isto diversas vezes, ele começa a compreender o que está, de fato, acontecendo e então ganha força, experiência, habilidades e conhecimentos necessários, não somente para sair daquele *loop* infernal, como para ter chances de vencer os aliens de vez.

E se eu dissesse a você que, tirando o fato de eu e você não sermos o Tom Cruise e de não termos, no momento, que lidar com ameaças alienígenas (sempre há algo positivo), nós vivemos algo bem parecido com esta história? Você acreditaria em mim?

O quanto nossos dias são realmente diferentes uns dos outros? O quanto o que temos hoje é, simplesmente, fruto de como agimos na maioria das vezes perante os obstáculos e desafios que se apresentam a nós e que nós, sem tanta consciência do quanto esses padrões se repetem, encaramos tudo como se fossem novidades. No filme, o mais curioso é que leva um tempo para o protagonista perceber que ele estava em um *loop* no tempo. Talvez você leve um tempo para perceber isto também a partir do momento em que te sugeri esta ideia.

O ponto é: se as coisas tendem a acontecer dentro de uma certa lógica e padrão, não seria uma tremenda vantagem conhecer este padrão e começar a agir de forma a influenciar os resultados a favor do que você quer, bem como o major Bill Cage decidiu fazer? É para isto que existem as estatísticas: elas têm o poder de tornar tudo mais previsível!

Imagina se você pudesse acordar e saber que, se realizar tudo da forma como planejou, tenderá a alcança exatamente o que espera! Não seria incrível? "Mas como assim, Celso? Você não me disse que eu precisava assimilar a lógica da incerteza?" Sim, lhe disse. Assimilou? Ótimo. Agora é hora de trabalhar com a *previsibilidade*. As duas coisas são importantes. As duas são úteis para você. Embora pareçam contraditórias, elas, na realidade se complementam. A incerteza, caro leitor, é previsível na rotina do propagandista e do vendedor. É disto que se trata. Mas há mais coisas previsíveis e, por isto, quero te apresentar Vendas como estatística.

Qual é a sua taxa de conversão? De todas as visitas que faz, quantas efetivamente se transformam em vendas? Qual é o produto em que apresenta melhor resultado? E qual apresenta o maior *gap* ou oportunidade? Quanto você cresceu no período de um ano? Quanto perdeu? Dentro do território onde atua, quais as cidades com melhores e piores performances? Quais são seus maiores prescritores? A partir do conhecimento dos números, é possível se tomar decisões inteligentes. Sem eles, é o mesmo que tentar decolar, manter um avião no céu e aterrissar sem olhar para o painel. Pode até acontecer, mas após uma certa quantidade de voos, problemas aparecerão e, sem o domínio das métricas, você se complicará. Esta é a razão para você dominar seu *"cockpit"* de vendas. Afinal, não existe excelência no meio de amadores (sem nenhuma intenção de ofender).

O professor que mais abriu meus olhos para isto não foi o de Estatística da faculdade, foi meu professor de Química do ensino médio, o Ulisses. Não sei se o que fazia era algo orientado pela escola, mas após os simulados que realizávamos no terceiro ano, ele ia para o quadro e o enchia de números. Lembro-me de que apresentava os resultados com tanta empolgação que nos contagiava e me irritava, particularmente. Eu estudava para passar em Medicina mesmo sem ter certeza se era o que queria (uma estratégia que resolvi adotar e daqui a pouco explico melhor), mas a verdade é que, apesar de fazer parte dos alunos que obtinham as melhores notas do colégio, minha pontuação não era suficiente para passar em Medicina.

As estatísticas mostravam isto claramente. Mas mostravam mais: a turma 32 era composta por quase gênios. Aqueles inteligentes irritantes, que ainda encontravam tempo para serem pessoas legais... Sempre estavam na nossa frente nos resultados dos simulados. Enquanto a nossa turma tinha o Carlos Magno, o melhor aluno da escola. Apesar das nossas notas inferiores, a gente sempre comemorava o fato de ninguém da 32 conseguir bater o Carlos! Era nossa "bomba atômica", nosso orgulho!

Mas, de tudo que aquele professor falou, o que mais me marcou foi o *insight* que me fez sair de Humanas e ir para a área de Biológicas já no início do ano. Como de costume, em sua primeira aula, ele apresentou alguns dados estatísticos. Me lembro que eles demostravam que alunos que estudavam para passarem no ITA, podiam passar ou não no ITA, mas tendiam a passar em qualquer vestibular de Medicina do país, enquanto quem estudava para Medicina, não passava no ITA. Como o ITA nunca foi meu foco e eu não conseguia me decidir quanto ao que fazer, eu pensei: "vou estudar para passar em Medicina e, então, automaticamente abrirei as portas de todos os outros vestibulares". E assim aconteceu: eu tentei Medicina e, como esperava, não passei, mas passei em todos os outros vestibulares que fiz, em federais e particulares, e acabei optando por Administração na cidade onde morava. Nesta passei em primeiro lugar.

Este *insight* foi importante anos depois, na construção do nosso programa de desenvolvimento, que exige dos nossos alunos muito mais competências do que normalmente se exige de um propagandista, quanto mais de um neófito. Fica mais fácil vencer um desafio quando se prepara para algo superior a ele.

O ponto é que os números são capazes de nos apontar um caminho. Eles também são *implacáveis*. Tudo *tende* a acontecer conforme eles estão apontando, até que se descubra uma forma de melhorá-los. Gosto sempre de lembrar que números e indicadores não estão aí para determinar nada. Eles são como um espelho: mostram como está a situação hoje. O que você vai fazer com esta informação é algo totalmente seu. Não tente desconsiderá-los, é tolice. Não os trate como uma sentença, isto também é tolice. Parta deles para buscar resultados mais satisfatórios de acordo com o que quer e tomar decisões mais inteligentes. Estudar para passar em Medicina, embora nunca tenha sido meu real interesse, foi uma estratégia inteligente no meu ponto de vista.

48.
TRANSFORMANDO CRISES EM GRANDES OPORTUNIDADES

"*O que precisamos fazer para que, dentro de três anos, possamos dizer que essa crise atual foi a melhor coisa que poderia ter acontecido?*" Shirzard Chamine

"*Sempre procurei transformar desastres em oportunidades.*" John Rockefeller

- Alô, Celso, tudo bem? Aqui é o Marivânio, gerente distrital do Laboratório Eurofarma. Baixei alguns conteúdos da sua empresa, os quais achei bem interessantes e comecei a receber alguns de seus e-mails. Um deles me incomodou um pouco e tomei a liberdade de entrar em contato com você, espero que não se importe.

- Oi, Marivânio, como vai? É um prazer te conhecer. Claro que não me importo. Na verdade, está me ajudando. Fique à vontade para me dizer o que te incomodou no e-mail, por favor.

- Então, Celso, é que, neste e-mail, você expõe algumas informações do laboratório e eu preferiria que não o fizesse. Sei que o e-mail é direcionado a uma lista específica de contatos e a fonte que usou foi um site de recrutamento, mas sinceramente me incomodou a informação, especialmente da forma em que está lá.

- Marivânio, entendo. Muito obrigado pelo seu *feedback*. Pedi para minha equipe tirar este e-mail do ar imediatamente e realizar modificações nesta parte que te incomodou. Poderia te explicar as razões para ter colocado essas informações lá como estão, mas isso não mudaria em nada seu incômodo. Prefiro aproveitar a oportunidade deste contato para abrirmos de uma vez este canal entre mim e você e dizer que meu projeto, mesmo que ainda não saiba, foi criado para você. Então não faz sentido algum ter qualquer coisa nele, mesmo em um único e-mail, que te incomode. Por esta razão, gostaria de poder marcar uma conversa com você por Skype para te ouvir e, assim, poder modelar meu projeto ainda mais a partir das suas necessidades. Você me daria esta honra?

- Claro que sim, Celso! Admiro seu trabalho e este foi apenas um pequeno ponto, mas seus materiais são de excelente qualidade. Vamos marcar sim e nos falamos mais.

Nasceu assim uma amizade com uma pessoa que, apesar de ainda não termos tido a chance de nos encontrar pessoalmente (moramos nos extremos opostos do país), tenho uma enorme consideração. Pense bem: uma amizade fruto de um conflito, de uma situação problema. Mas desde o início daquela conversa, eu decidi que não queria ganhar uma discussão, que não queria estar certo. Eu decidi que ganharia um amigo, um admirador, alguém que soubesse profundamente o que eu fazia e como tudo aquilo tinha a ver com ele. E foi exatamente o que aconteceu.

O que são problemas, portanto, senão oportunidades, especialmente se conseguirmos enxergá-los desta forma e ajustar o foco no lugar certo?

Nem sempre podemos controlar o que acontece na nossa vida. Esta é uma ambição tola, um verdadeiro delírio. Contudo é super possível conduzir as situações para um desfecho mais favorável e benéfico para todos. Isso não quer dizer que não encontrará obstáculos no caminho para fazer isto, a maior parte deles produzida por um sujeito chamado ego. Toda vez que estiver em um conflito, as chances são que o seu ego irá surgir. É exatamente a manifestação dele que te fará pensar coisas como:

- "Quem ele pensa que é para falar assim *comigo?*"

- "O que foi que você disse sobre *mim?*"

- "Ele não sabe nada sobre *mim.*"

- "Você sabe com *quem* está falando?"

Quando você supera a armadilha do ego, você consegue enxergar a dor do outro, seu incômodo e esta é a oportunidade perfeita para ouvir, compreender, fazer a pessoa se sentir importante, sendo empático e buscando uma solução que resolva este problema. No entanto alerto você que, enquanto for fiel ao objetivo de estar certo em situações como estas, *jamais* conseguirá transformar problemas em oportunidades. "Ah, Celso, então quer dizer que *eu* (olha ele aí de novo!) é quem sempre deve ceder, mesmo quando o outro está errado?"

Meu caro leitor, certo e errado, na maioria das vezes, não passa de uma questão de mera perspectiva. Diferente do que prega o senso comum, na maioria dos conflitos, uma parte pode estar certa e a outra também, cada uma na sua forma de enxergar a situação. Garanto a você que ganhará muito pouco se esforçando para estar certo. No lugar disso, esforce-se para fazer amigos e ser feliz. É uma meta muito mais recompensadora.

Anote isso: Toda crise é uma oportunidade. Repita isto a si mesmo até que confie totalmente nesta afirmação. Pare para pensar um pouco: o que é uma crise? Ela é o problema em si ou a manifestação dele após um período de negligência em relação às suas verdadeiras causas?

A crise é o sintoma, e o sintoma é um sinal de que as coisas estão ruins. Ele não é a coisa ruim, percebe? De outra forma, como saberia que as coisas não andam nada bem para você?

Uma crise de diarreia, por exemplo, causada por uma infecção intestinal é um sintoma e também uma consequência da infecção intestinal. E a infecção se instalou em seu organismo no momento em que escolheu ingerir determinado alimento no lugar de outro provavelmente mais saudável, ou porque negligenciou alguma medida de higienização, ou ainda, porque está mantendo hábitos que enfraquecem o sistema de defesa do seu corpo. Estas são as possíveis verdadeiras causas.

Se não perceber esta diferença e odiar crises, criará o hábito de mascarar os sintomas e elas voltarão cada vez mais fortes, como se fossem novidades, mas não são. São apenas situações que você escolheu não encarar, investigando as verdadeiras causas e que se manifestarão, às vezes de formas distintas, enquanto não tomar a atitude de olhar para elas e resolvê-las.

Se crises são manifestações de problemas e se problemas são oportunidades, como podem ser ruins? Como se sente quando elimina algo que te faz mal? Não é bom? Não se sente mais forte, com mais vida? É para isso que crises existem. Elas são convites para levar você a outro nível de vida. Encare-as de peito aberto, aceite-as, com a certeza de que te transformarão em alguém maior.

Cultura é algo impressionante. Quando ingressei na Coca-Cola como analista de marketing, uma coisa chamou muito a minha atenção: as pessoas não pronunciavam a palavra "problema". Ninguém, em nenhum lugar, em nenhum momento, em nenhum setor. Em frases onde normalmente se diria "problema", elas diziam "oportunidade" e o mais curioso: elas não se davam conta de que faziam isto! Veja o que é a Coca-Cola hoje, a potência da marca no mundo todo. Este foi um pequeno exemplo e você pode achar que a marca é tudo o que é hoje por sorte de todo o mundo ter gostado do sabor do seu produto e diria que quem pensa assim não poderia estar mais enganado. Coca-Cola não é um produto, é uma cultura e é isso que faz ela ser o que é hoje: a forma como esta cultura está fortemente estabelecida e é constantemente fortalecida na mente de seus colaboradores.

A cultura de se enxergar oportunidades onde todos veem problemas é muito forte, ela transforma sua mentalidade, e quero poder te inspirar com esta forma de se pensar e ver todas as coisas.

O que mudaria na sua vida se conseguisse enxergar cada problema que vive hoje como uma oportunidade?

Uma doença na família é uma oportunidade de nos lembrarmos que somos mortais e de viver mais intensamente ao lado de quem amamos.

Falta de dinheiro é uma oportunidade de se reavaliar a carreira, as decisões que tomou até aqui, de aprender mais sobre gestão financeira.

Insatisfação com o trabalho é uma oportunidade de buscar

fazer algo que realmente te faça feliz.

É por esta razão que vários empreendedores afirmam que, neste sentido, o Brasil é um país fértil para o empreendedorismo, porque é cheio de oportunidades. Onde o governo falha (e como falha) existe a oportunidade de entregar algo melhor e mais eficiente, onde as empresas e instituições falham, também.

Existem vários exemplos de boas práticas que comprovam que as melhores organizações não são as melhores porque têm dinheiro ou são ricas. Elas são ricas porque são as melhores e têm as melhores culturas. Veja este caso da Disney, uma empresa que possui uma cultura organizacional fortíssima.

Na Disney, todo colaborador é chamado de elenco, isso faz com que se sintam parte de todo espetáculo e magia que querem promover aos seus visitantes. Todos eles possuem funções específicas, mas se sentem ligados ao espetáculo que não pode parar. Conta-se que, certa vez, uma garotinha esperava na fila do brinquedo com um sorvete na mão. Sua vez se aproximava e ela não sabia o que fazer: se ia no brinquedo e jogava o sorvete fora ou se terminava o sorvete. Estava num empasse. Um membro do elenco, atento ao que acontecia e determinado a manter as pessoas envolvidas na magia do lugar, a abordou e disse algo mais ou menos assim: "Pode deixar seu sorvete comigo e ir ao brinquedo. Não sabe que tudo aqui é mágico? Ele não vai derreter. Quando terminar, estarei lá para te entregar e poderá comprovar!" Ela foi no brinquedo. Ele então jogou o sorvete fora, pegou um novo e quando ela voltou, lá estava ele com o sorvete inteiro para ela!

Quanto custa uma ação de *marketing* como esta? Uma história que viralizou e não ajudou a fortalecer apenas o conceito da Disney na cabeça daquela garotinha e, talvez, de seus pais. Ela viralizou como caso de sucesso nas universidades do mundo inteiro. Tudo por um único motivo: enxergar problemas como oportunidades.

Eu espero que você se dê a chance de enxergar problemas desta forma também a partir de agora. Não posso garantir que as soluções que você dará a eles viajarão o mundo como este caso de sucesso da Disney, mas, no mínimo, fará você ganhar novos amigos.

49. "VAMOS DESCASCAR"

A Armadilha Do Menosprezo

"Conserve a sua dignidade; conserve a sua integridade. Ninguém pode menosprezá-lo, a não ser você." Leo Buscaglia

— Oi, Celso, como vai? Eu me chamo Elton. - Ele chegou cabisbaixo, com sua prova na mão. O ano era 2008, quando atuava como monitor de Português na faculdade.

- Olá, Elton, tudo bem? Seja bem-vindo à minha monitoria. Espero poder te ajudar de alguma forma.

- Eu também espero... - ele estava desolado.

Enquanto terminava de ajudar os alunos que haviam chegado mais cedo, olhei de relance e pude enxergar um 2,8 rabiscado em uma prova cujo total era 20. Pensei: "Meu Deus, será que vou conseguir ajudar este cara? Me socorra."

- Vamos ver esta prova. - Resolvi encarar logo aquele desafio, enquanto os demais alunos faziam exercícios.

Comecei a folhear a prova, analisando e anotando os conceitos que envolviam cada questão que ele havia errado. E também as que acertou. A julgar pelo desempenho total, corria-se muito o risco de ter acertado por pura sorte.

- Eu sei que fui mal, mas o que você mandar eu fazer eu vou fazer, quantas vezes precisar. - Ele disse.

- Começamos bem. Eu posso te ajudar, Elton. Mas preciso de mais: promete que jamais vai dizer que não gosta de Português e que você não consegue, nem para você mesmo. Você consegue o que quiser. Estamos combinados?

- Sim. O que você mandar eu vou "descascar"! - Nunca esqueci esta expressão engraçada que ele usava.

Quando avaliei a prova, pude ver que, por trás daquelas respostas, estava uma pessoa semianalfabeta que, de alguma forma difícil de se explicar, conseguiu passar no vestibular a agora cursava o curso superior de Farmácia. Eram anos e mais anos de uma formação ineficaz. Lembro-me de ter pensado: "Meu Deus, por onde eu começo?"

- Bom, Elton. Temos muito trabalho a fazer. Preciso que tenha disposição e que venha todos os dias à monitoria. Não poderá faltar, terá que fazer os exercícios que eu pedir entre uma monitoria e outra. E se fizer tudo, você vai melhorar.

- Ok. Já te disse: vamos descascar!
Eu comecei a mostrá-lo os conceitos, o porquê de ter errado em cada questão, o que deveria estudar e o tempo todo confirmando se ele estava entendendo o que eu falava. Ele dizia que sim, mas, sinceramente, tinha certeza que não.

E como havia prometido, ele estava lá: monitoria a monitoria. Não faltou uma!
No começo não vi melhoria nenhuma. Ele parecia misturar os conceitos, confundia tudo... estava bem perdido, para falar a

verdade.

Quem me conhece sabe que sou perseverante. Não desisto fácil. Mas sobre o Elton... eu não tinha certeza se ele poderia evoluir e compensar todos aqueles anos sem saber ler e escrever, praticamente.

Mas aos poucos era possível ver uma melhora tímida. Determinado ele era, isto não se pode negar. Mesmo perdido, ele estava sempre lá. Escutando tudo e repetindo: "Entendi. Vamos descascar, Celso."

Na segunda prova, sua nota já havia subido para 6. Não tinha certeza se ele percebia que isto já representava uma evolução de 200%. Mas ele continuou firme. Sua melhoria o motivava. Empregava as palavras de outra forma nas frases e já escrevia bem melhor, também.

Até que, certo dia, ele chegou gritando na sala:

- Celso, eu tirei 18!!! Você acredita nisso?! Como foi possível? O que você fez?
Sério?! 18?! Eu não acreditei naquilo. Estava tão pasmo quanto ele. Mas respondi algo como:

- Não fui eu, Elton. Foi você. Você disse que ia "descascar" e descascou mesmo! Mérito seu. Eu te mostrei o caminho e você escolheu andar. Parabéns!

Ele nunca mais voltou na monitoria. Não precisou. Aprendeu a principal lição. Mais importante que qualquer oração subordinada, que qualquer emprego de crase ou definição de pronomes. Ele aprendeu que podia.

E eu aprendi com ele também. Depois do Elton, peguei uma mania de acreditar que qualquer pessoa pode conseguir o que quiser, dependendo apenas do quanto ela quer.
Mas o mais legal veio em seguida. Meses depois, a amiga dele, que havia lhe indicado minha monitoria, me parou no corre-

dor e disse:

- Você faz ideia do que fez com o Elton?

- Não. - Fiquei preocupado.

- Ele já havia trancado outro curso anos atrás. Se envolveu com drogas e se perdeu completamente. Então resolveu tentar de novo. Parou com as drogas e se matriculou neste curso de Farmácia. Mas o Português de novo se mostrou um problema. Ele estava a ponto de desistir pela segunda vez, Celso. Eu disse a ele para te procurar antes de tomar qualquer decisão. Você mudou a vida dele para sempre, Celso, tem noção?
Sinceramente, naquela hora meu coração explodiu de gratidão. Eu jamais poderia imaginar isso. Naquele dia eu também pude conhecer o que me movia de verdade. Na época a faculdade me pagava uma ajuda de custo de R$ 150 por mês para ser monitor. Não sei explicar, mas nunca havia me sentido tão realizado até então.
Gosto de lembrar desta história do Elton por algumas lições preciosas que ela me deixou e que agora compartilho com você:

Jamais subestime a capacidade de uma pessoa determinada.

Vontade para evoluir vale muito mais do que habilidades.

Não temos o direito de dizer a ninguém se consegue ou não, ainda que tenhamos uma crença sobre isto. Em vez disso, se você pode ajudá-la, faça um acordo realista sobre o que é preciso ser feito para chegar onde esta pessoa deseja. O resto é com ela.

Quase nunca temos a chance de saber o impacto do que fazemos na vida das pessoas. Por isso, se puder ajudar, ajude. Dinheiro é muito importante, claro. Mas transformar a vida das pessoas simplesmente está em outra ordem de grandeza.

Mas talvez o menosprezado seja você. Já se sentiu de valorizado? Foi rejeitado? Disseram não pra você? Com uma constância assustadora na história, visionários foram chamados de loucos. Talentos são desencorajados todo santo dia. Mas eu tenho algo a lhe dizer: Feliz aquele que é menosprezado, pois terá ao menos uma chance real de conhecer seu verdadeiro valor e descobrir que não precisa da aprovação de ninguém para chegar onde quer. O problema não é não acreditarem em você. O problema é você não acreditar em você mesmo.

E aí? Vai fazer e "descascar" ou vai dar razão pra quem duvida de você?

50. QUAL O MAIOR DIFERENCIAL DO SEU PRODUTO?

E ra nossa primeira turma do curso da BenchMarking que, na época, era presencial. Logo no início, deixei uma pergunta no quadro e disse que ela ficaria lá até o final do curso. Fechei um acordo com os alunos relacionado à nossa expectativa: como nossa metodologia é muita prática, afirmei que uma forma de mensurar o impacto daquele treinamento era eles terem confiança para responder àquela pergunta, que era:

"Qual é o maior diferencial do seu produto?"

À medida que os dias de treinamento se passavam, as respostas mudavam: ora diziam que era a apresentação, ora afirmavam que era o fato de seu produto ser o referência. Diziam que era o preço, melhor relação risco x benefício, qualidade e confiança do laboratório, segurança no tratamento...

No último dia, finalmente um aluno foi ao quadro e escreveu o que esperávamos que respondessem: *"Eu"*.

De todos os diferenciais que seu produto possui, não se esqueça de que *você* precisa ser o maior deles. E o que isso significa? Que, de todas as razões para o médico preferir o produto

A ao B, a mais forte poderá ser você. Claro, se for capaz de entregar valor a cada visita. Se sair do básico. Se buscar conhecer mais, lendo os materiais científicos, estando a, pelo menos, um passo à frente de seus competidores. Se souber o que dizer a ele a partir do que é importante para ele; se respeitar seu tempo; se ajudá-lo a resolver seus próprios problemas; se tiver sensibilidade para interpretar os momentos; se se importar legitimamente com o que é importante para ele.

Para deixar claro como tudo isto poderá fazer toda a diferença para você, quero compartilhar com você o que aconteceu quando os médicos descobriram que o laboratório no qual atuava (e mais adiante fora revelado que praticamente todos) havia doado 120 mil reais para a campanha presidencial de um partido político em específico cuja esmagadora maioria dos médicos não apoiava.

"Não Prescreverei Mais Seus Produtos, Celso"

— Celso, preciso te dizer algo e espero que não leve para o pessoal. Como forma de protesto à decisão de seu laboratório em apoiar o partido X nas eleições, eu vou ficar seis meses sem prescrever nenhum de seus medicamentos.

- Ok, Doutor. Respeito sua decisão e compreendo sua indignação. Poderia te fazer dois pedidos apenas?

- Diga.

- Primeiro: posso continuar te visitando neste período, apesar da sua decisão?

- Claro. Não é nada contra você, Celso.

- Poxa, Doutor. Fico feliz em saber disso. O outro pedido é que busque na sua lembrança como esta informação chegou até você, e qual era a verdadeira intenção desta pessoa. Porque sei que sabe avaliar isto e quero te perguntar: qual foi a última vez que usei seu tempo e o meu pra falar de algo que não fosse meus produtos e seus diferenciais?

Ele parou por alguns instantes e começou a refletir. Sua resposta foi surpreendente:

- Celso, eu me lembrei sim. E o que você disse faz todo sentido. Esqueça isso. Você está certo, não foi a primeira vez que esta pessoa faz algo assim. Pelo contrário: não vou prescrever mais nada dele.

A clareza de quem você é, o respeito a seus valores e tudo o que tratamos ao longo deste livro te darão a oportunidade para construir este tipo de relacionamento, este posicionamento da sua marca pessoal que em situações críticas, como esta pela qual passei, você poderá evocar à lembrança do médico seus valores e sua conduta.

Esta é uma das grandes vantagens de se investir em um trabalho sério. Perceba que, naquele momento, eu não estava mais fazendo propaganda do meu produto, nem do meu laboratório. Eu evoquei ao médico o respeito que ele tinha por *mim*, pela minha marca pessoal, a partir do trabalho sério que eu construí em seu consultório e em como eu buscava sempre respeitar seu tempo.

Com o tempo, ou seu trabalho fará com que você se torne o maior diferencial competitivo de seu produto, ou seu maior obstáculo. Posso te garantir que não serão todos os profissionais que poderão fazer valer deste recurso quando as coisas se complicarem. Esteja entre os poucos que podem lançar mão desta grande vantagem competitiva.

51. NEGOCIE!

"As pessoas precisam parar de pensar a negociação como uma batalha de posições, pensando que, para um ganhar, o outro tem que perder. Essa visão estreita faz com que os acordos sejam pobres, estejam sempre baseados em uma parte ceder."
Breno Paquelet

- Celso, pelo amor de Deus, me ajude! - Ele me ligou quando estava nas etapas finais de um processo para um laboratório gigante, mas se encontrava em um tremendo dilema.

- Que foi, meu amigo? - Perguntei calmamente. Tranquilidade sempre.

- Estou na final do processo com muitas chances de ser contratado - sempre imaginei que este era um motivo de pessoas ficarem felizes - mas algo está me incomodando. Eu simplesmente estou em primeiro lugar em uma campanha nacional na empresa atual e é praticamente certo que ganharei um carro. Mas, se optar por aceitar a proposta deste laboratório, terei que abrir mão do carro.

- Entendo, mas por que a aflição?

– Como assim por quê? O que devo fazer agora?

– Bruno (nome fictício), pense comigo. Eu sei há quanto tempo está em busca desta oportunidade. Pense em uma situação completamente hipotética, apenas com o intuito de fazer você alcançar clareza. Se eu te ligasse e dissesse a você que surgiu uma vaga na indústria farmacêutica e ela seria sua, mas, para tanto, você teria que dar *seu carro particular* para alguém estranho (para não soar outra coisa), você daria?

– Na hora, Celso!

– Então qual a dúvida? Você acaba de conquistar seu passe para este laboratório, mas creio que ainda não percebeu.

– Não mesmo...

– Bruno, uma entrevista é, na realidade, uma mesa de negociação. Você aprendeu isto no curso, certo?

– Certo.

– Pois bem. Nesta mesa, você está com uma carta muito forte. Todo mundo diz que quer, que está disposto, que vai dar tudo de si... mas falar é muito fácil. Por que não leva esta planilha que mostra você na liderança desta campanha e *prova* ao gestor o quanto está disposto a abraçar esta oportunidade, a ponto de abrir mão de um carro que conquistou como prêmio totalmente por mérito próprio? E faz isto porque sabe que fará o mesmo neste laboratório, só que na equipe dele? Me diga uma coisa: se você fosse um gestor, você teria coragem de não contratar um profissional com tamanha determinação e confiança? Que está te *prova*ndo que é capaz de entregar resultados e o quanto realmente valoriza esta oportunidade?

- Nunca! Celso, eu entendi. Entendi perfeitamente e faz todo sentido. É assim que vou ganhar a minha vaga.

- E nem precisa sentir que perdeu nada, Bruno. Em pouco tempo, com o salto em salário e com as premiações que eu sei que vai ganhar pela performance que vai apresentar, vai poder comprar seu próprio carro, se quiser. Você conquistou isso, Bruno. E, com esta conquista, também pode conquistar a sua vaga. A escolha agora é sua.

Foi exatamente assim que aconteceu. Ele foi contratado, não ganhou o carro e nunca o vi se lamentando pela escolha que fez. O fato de eu trazer esta história agora para você é para que alcance clareza sobre um fato: estamos negociando o tempo todo. A propósito, a primeira coisa que você aprendeu a fazer na vida, de forma completamente instintiva, foi negociar. Ou o que você acha que fazia, quando ainda bebê, chorava até alcançar o que queria/precisava? Porque a proposta era: ou você me dá o leite de que preciso ou não te permito ter paz. Estamos sempre trocando. Isto é natural.

É claro que agora que cresceu e se tornou mais sofisticado, não usa o choro como moeda de troca mais (assim espero). Mas é importante perceber que as pessoas estão sempre em busca de resolver seus problemas, com o menor risco e desgaste possível e não resistirão quando estiverem diante de quem possa oferecer isto a elas. Se isto ainda não acontece para você, precisa se perguntar se está realmente pronto para resolver os problemas de seu cliente que poderá ou não comprar de você, ou do gerente que poderá ou não te contratar.

De toda forma, sempre se pergunte: qual problema esta pessoa busca resolver? Qual sua dor? O que tenho a oferecer a ela para que resolva da melhor forma possível seus problemas? É por esta razão que, entre *Benchs,* sempre dizemos: "Não perca tempo dizendo ao gestor que ser propagandista é um sonho para você. Além de, dificilmente acreditar (ainda que seja verdade), isto não faz diferença alguma. Laboratórios não existem para realizar sonhos. Não te contratarão por pena, mas por competência. Laboratórios querem resolver problemas. Garanta que você seja a pessoa mais capaz de fazer isto por eles."

Precisamos abordar ainda nossa tendência natural a interpretar uma negociação como uma queda de braços, um cabo de guerra, como se houvesse uma real necessidade de dois lados opostos, lutando cada um por seus próprios interesses. Isto se manifesta até fisicamente, na forma em que negociadores tendem a se posicionar: frente a frente, sugerindo embate, como enxadristas ou oponentes.

Na próxima negociação que realizar, busque se posicionar ao lado de seu interlocutor, demonstrando que consegue ver seus problemas por sua perspectiva e busque uma solução que represente ganhos proporcionais para ambas as partes. Vá para a negociação com a clareza do quanto vale aquele acordo para você e com a flexibilidade de saber do que está disposto a abrir mão ou disponibilizar à outra parte para que ambos saiam ganhando de igual forma com o acordo.

Algo posso garantir: se em um processo de negociação, que pode ser até mesmo uma entrevista de emprego, você for capaz de compreender com clareza as necessidades da outra parte e demonstrar isso, para além dos seus próprios interesses, suas chances de fechamento aumentarão consideravelmente.

52. ALCANÇANDO A VELOCIDADE DE ESCAPE

É impressionante pensarmos que, ainda em meados do século XVII, Isaac Newton tenha conseguido imaginar tantas coisas que serviram como base para a fundação da mecânica clássica, que representou um passo essencial na ciência para que, mais para frente, conseguíssemos realizar façanhas tão notórias, como a construção de foguetes e explorações espaciais.

Certa vez, ele imaginou um canhão. Um que pudesse atirar uma bola em tal velocidade que esta, em vez de cair em algum lugar do planeta, escaparia da zona gravitacional da Terra e permaneceria caindo para sempre, realizando um movimento de órbita em volta do globo. Ele imaginou os satélites! Só restava agora construir os foguetes capazes de fazê-los alcançar tamanha velocidade, conhecida como *velocidade de escape*.

Um dia nós imaginamos pessoas com tremendo potencial que, assim como nós, jamais poderiam imaginar a existência de oportunidades tão boas como as oferecidas por laboratórios farmacêuticos, enquanto permanecessem sobre a zona de influência de suas próprias crenças e percepção limitada de mundo. Imaginamos que, se existisse um treinamento competente, o suficiente para impulsionar estas pessoas, elas conseguiriam alcançar seu grande objetivo de vida. Restava somente construir este projeto capaz de lançar esses talentos no mercado.

É isso que a BenchMarking faz. Ela ajuda profissionais a alcançarem sua *velocidade de escape*. É preciso saber que existe uma "tirania" no cálculo para se alcançar tal velocidade. A maior quantidade de combustível é utilizada para tirar o foguete do chão, quando a gravidade ainda exerce enorme influência sobre ele. Os primeiros passos nesta sua jornada também são os mais difíceis. Começar a sair da zona de influência de suas crenças sobre o mercado e sobre si mesmo é a parte mais difícil e esta você já fez, porque, se você chegou até aqui em sua leitura, você já iniciou sua decolagem, independentemente de qual seja seu momento profissional hoje.

Muitas pessoas desistem neste momento. Parece mais difícil do que realmente é. Gasta-se muita energia para pouco avanço e resultados *aparentes*. Esta é uma lei da natureza, expressa também por uma das Leis de Newton. O mais difícil é tirar um corpo de sua inércia. Mudar a direção e acelerar exige gastos consideráveis de energia. Mas a única coisa que você precisa saber agora é que é possível. Isto é o suficiente.

Pense em você como este foguete e seu potencial profissional como o combustível propulsor. Ele está em você. Nós somos a faísca que queima este seu potencial, transformando em realizações, o conduzindo ao tão desejado sucesso profissional.

Esta é uma forma de definir o que fazemos: nós aceleramos o sucesso das pessoas. Nossos alunos contratados sempre surpreendem seus gestores pela velocidade com que absorvem o volume colossal de conteúdos que recebem e já começam a gerar resultados, pela maturidade com que enxergam os desafios de seu setor e a criatividade com que criam soluções para eles.

Mas, antes de tudo isso, há neles uma característica importante, da qual falo melhor no próximo e capítulo.

53. NÃO EXISTE NADA MAIS IMPORTANTE DO QUE *ACREDITAR*

Mensagem Final

"- Qual o tamanho do universo?
- Infinito.
- Como você sabe?
- Porque os dados indicam.
- Mas não foi provado. Você não viu. Como pode ter certeza?
- Não tenho, apenas acredito.
- É a mesma coisa com o amor." Alicia para John Nash (Filme Uma Mente Brilhante - 2001)

"Nossa maior fraqueza está em desistir. O caminho mais certo de vencer é tentar mais uma vez." Thomas Edson

"...porque em verdade vos digo que, se tiverdes fé como um grão de mostarda, direis a este monte: Passa daqui para acolá, e há de passar; e nada vos será impossível." Jesus Cristo

Ele estava agitado, incomodado. Havia me enviado várias mensagens, e, logo em seguida, apagado. Queria muito me dizer algo, mas não sabia como. Hesitava, e, por fim, decidiu me ligar e desabafar:

- Celso, é que, como você sabe, estou participando de um processo neste laboratório que, sinceramente, é a vaga que sempre desejei. Havia participado de uma seleção nesta mesma empresa meses atrás e acabei não sendo escolhido e, desta vez, estou muito confiante.

- Que ótimo, meu amigo! Você tem grandes chances e acredito muito em você.

- Sim, Celso, eu sei disso. Você está sempre nos inspirando e, no último processo, apesar de não ter passado, eu fiquei muito satisfeito com meu desempenho, pois não precisei fazer nenhum personagem. E sei que o curso da BenchMarking teve papel fundamental nisto. Fui eu do início ao fim. Em muitos momentos, fui tão sincero que sinto que minhas respostas chegaram a causar até um certo incômodo nos gestores, que, talvez, não estivessem acostumados a escutar tantas verdades por parte dos candidatos.

- Perfeito! Fico muito feliz que me veja desta forma. Pela sua interação na nossa comunidade, a forma como se posiciona, além de já ter passado por todo o nosso programa de desenvolvimento, ter sido aprovado em todos os projetos e recebido o certificado, eu sei que você absorveu completamente a mentalidade do que significa ser um *Bench*. Mas sinto que tem algo te incomodando e eu preciso te pedir que desembuche logo!

- Então, Celso, é que recentemente conversei com um mentor,

ele me deu algumas dicas e foi muito bom. Ele tem muito conhecimento e me ajudou, mas, em certo momento, senti falta daquela sua positividade, que é algo extremamente raro.

- Explique melhor.

- É que esta pessoa pediu para que eu não depositasse tanta esperança neste processo, porque eles não estão contratando neófitos.

- Olha, Felipe (nome fictício), eu respeito muito esse mentor. Já fomos parceiros em outros tempos e ele realmente tem muito conhecimento. Mas quero lhe pedir que, em relação a este comentário, apague-o da sua mente. Esqueça isso. Na minha opinião, ele foi infeliz em dizer isso e tudo bem. Todos somos passíveis de cometer erros e não quero que, nem por uma fração de segundo, acredite que você seja pior do que alguém que esteja concorrendo com você neste processo. Eu e você não sabemos se será escolhido - isto é impossível e cabe aos gestores - mas se tiver que perder, que não seja para você mesmo. Caso contrário, será difícil conviver com esse tipo de arrependimento. Precisa acreditar piamente em você ou, do contrário, nem vá. Não importa se não estão contratando neófitos, se está participando do processo, tem chances reais de ser contratado e agora é a hora de agarrá-las com todas as forças, entendeu?

- Cara, eu sabia que você me ajudaria. É isso mesmo! Não esperava ouvir nada diferente de você. Eu vou pra cima, vou com tudo o que tenho e vou acreditar, porque realmente não existe motivos para eu me sentir inferior. Tenho me preparado para este momento, especialmente para o que virá depois, já há algum tempo e confesso que este comentário havia me afetado um pouco. Mas agora, com esta nossa conversa, já me recuperei.

- É isso aí, Felipe. Agora sim estou te reconhecendo!

- Muito obrigado, Celso!

Dias depois, ele me deu a feliz notícia de que foi contratado por este laboratório. Disse que, quando me contou, somente sua esposa sabia e, então, queria que eu fosse o segundo a saber (que honra!) pela importância que ele me dera para tudo o que estava acontecendo. De fato, foi um processo que ocorreu em várias regiões do país e absorveu muitos representantes que já atuavam na indústria farmacêutica. Confesso que não vi neófitos serem contratados por este laboratório que não fossem nossos alunos. Mérito nosso, certo? Errado. O mérito é e sempre será de nossos alunos. E tem um motivo muito especial para eu compartilhar esta história com você, justamente neste momento em que estamos nos aproximando do final deste livro: por favor, não permita que ninguém furte de você a sua capacidade de *acreditar*. Ela, de tudo o que você leu até aqui é, sem dúvidas, a coisa mais importante.

Eu tenho muitas histórias minhas e de *Benchs* relacionadas ao poder de acreditar. E algumas delas procurei compartilhar com você neste livro. Não por acaso, meu valor fundamental é a Fé. Não me refiro a uma fé religiosa. Me refiro a esta Fé que nos faz acreditar no impossível, no que ainda não podemos ver, mas já existe dentro de nós. A Fé que fez Santos Dumont acreditar que podíamos voar, que fez Thomas Edson tentar uma vez mais depois de centenas de fracassos consecutivos. A Fé que fez com que eu acreditasse que, mesmo enfrentando resistências e preconceitos mil no início, eu conseguiria fazer este projeto dar certo, impactaria vidas em todo o Brasil e escreveria um livro que seria lido até o final, até mesmo por profissionais experientes na indústria farmacêutica. De todas as formas que eu posso te ajudar, eu quero, mais do que tudo, te inspirar com a minha história e a dos meus queridos *Benchs* (que para mim jamais serão apenas números) a *acreditar*. Acreditar, acima de tudo, e apesar de qualquer coisa, em você e no que você tem dentro.

É muito fácil, porém, confundir Fé com otimismo infantil. Eu não estou dizendo que "basta acreditar", como diria a Xuxa, na música Lua de Cristal. Isto não é Fé, é delírio. "Tenho tanta fé, que ficarei aqui parado, acreditando, e então serei chamado para um processo e serei escolhido, mesmo sem fazer esforço nenhum para que isto aconteça." Não! Muito pelo contrário. Estou falando de acreditar a ponto de fazer o que é preciso para que ver o que acredita acontecendo. É parar de ouvir aquela voz interna que diz: "será?"; "mas e se não der certo?"; "e se não for para mim?"; "e se eu não for feliz?"; "e se..." Der certo? Ou: e se *desse,* se você tivesse se dedicado suficientemente para que este objetivo acontecesse e saísse de cima do muro? Como conviverá com a constatação de que algo que queria tanto não aconteceu, porque você não acreditou? Talvez por isto o apóstolo Paulo tenha dito que "a Fé sem obras é morta". Porque como pode dizer que acredita em algo, se não vejo em suas ações provas reais do que afirma?

Bem provável que você não saiba disto, mas a Samira já sofreu um aborto. Temos três filhos, porém tivemos quatro gravidez. Sua segunda gravidez gerou muita expectativa em nós, mas acabamos descobrindo que era anaembrionária e não foi para frente. Foi um baque, claro. Mas o que senti entre o momento em que suspeitamos e o dia do exame em que constatamos que não havia ali um embrião (as semanas mais longas da minha vida) é o que quero compartilhar com você. Enquanto eu pude, eu acreditei de todo o meu coração e amei aquele filho como se já o conhecesse. A verdade é que acreditar não muda o que irá ocorrer, como nossa mente mais infantil ou mística tende a elaborar. Na verdade, faz com que você consiga olhar para seu filho no futuro e saber que sempre acreditou nele. Consegue sentir paz de não se arrepender por ter duvidado um segundo sequer. Influencia a sua atitude para lutar enquanto houver possibilidades. E tal atitude acaba por contagiar outras pessoas, que passam a sonhar e, eventualmente, até contribuir no que podem para ver o que você sonha se realizando de fato.

Isso me lembra a linda história retratada no filme Sinais (*Signs*), de Night Shyamalan. Em determinado momento, as coisas se complicam para o filho do protagonista Grahan Hass, um ex-pastor episcopal, um homem que acabou perdendo sua fé após a morte de sua amada esposa, que se envolveu em um trágico acidente de carro. Seu filho, na ocasião, em meio a um ataque severo de asma aguda, não dá sinais de melhora e seu pai, diante desta situação, acaba temendo o pior e lança um olhar de descrença sobre ele, dando a entender que não acreditava mais que ele se salvaria daquela situação. Seu irmão percebeu isto e, após as coisas se acalmarem, o advertiu fortemente, dizendo-lhe que nunca mais queria ver aquele olhar novamente.

Se pararmos para pensar, do que é que realmente podemos ter certeza? Quando um propagandista sai de casa, que certeza ele tem de que tudo dará certo? Que certeza ele tem que conseguirá realizar suas visitas? Que os médicos responderão positivamente à sua propaganda? Que seus objetivos serão atingidos? Não há certezas. Da hora em que acordamos até o momento em que nos deitamos, o que nos mantém de pé, o combustível que nos faz perseguir o que desejamos, que faz com que busquemos sempre entregar não menos que a excelência no que fazemos, buscar nos desenvolver, que faz com que deixemos nossa família até que possamos reencontrá-la novamente, se chama *esperança*. É isto que nos move.

Talvez você já tenha passado por coisas que fez com que desacreditasse na vida, nas pessoas, em Deus (da forma como você o entende) e, quem sabe, em você mesmo. E às vezes acontecem coisas realmente desafiadoras conosco, como a traição de sua confiança por alguém que admirava. Saiba que tais coisas acontecem no momento que esta "corrente de confiança" que passa por todos nós se quebra em um elo mais fraco. Coisas assim acontecem quando existe no outro a incapacidade de confiar que tudo ficará bem, que a vida é um espetáculo e uma grande dádiva, que ele também pode confiar, até mesmo em si mesmo, apesar, talvez, de erros que já cometeu em outra fase da vida, mas que nunca se perdoou e nunca conseguiu acreditar que seria capaz de mudar de verdade. O grande ponto é se permitir ser curado. É deixar que certas feridas cicatrizem ou, do contrário, estará condenando seu futuro por fracassos passados. Isto sim seria algo lamentável.

Não é porque não deu certo em outro tempo que todas as outras histórias serão iguais. Não é justo julgar todos pelo comportamento de alguns. Não é justo sequer julgar a mesma pessoa quando esta dá sinais claros de mudanças. E quando digo isto, estou incluindo *você* também. A incapacidade de perdoar os outros está intimamente ligada à descrença de que você mesmo pode mudar e evoluir. Aceitar os fracassos e entender que eles foram importantes para te transformar em uma pessoa melhor é abraçar o futuro. Não é porque a indústria farmacêutica nunca contratou um determinado perfil que isto não pode acontecer. Sempre haverá a primeira vez, percebe? E é preciso entender que a vida é, sim, feita de mudanças.

Como a citação que trago para o início deste capítulo, muitas vezes o que nos resta é *acreditar*. Mas isto não é pouca coisa não. É muita, e é o suficiente. E influencia nossa atitude sobre todas as coisas. Como diria Henry Ford: "Se você pensa que pode ou pensa que não pode, de qualquer forma você está certo."

Toda vez que olho para meu tio Geraldo, me recordo do verdadeiro significado de acreditar. Com cerca de setenta e poucos anos, ele precisou fazer uma cirurgia no coração. Consistia em abrir o peito para implantar uma espécie de válvula. Não serei técnico na descrição do problema, até porque faz tempo e já não me recordo dos detalhes. O fato é que exames demonstraram que este implante infelizmente saiu do lugar. O médico disse a ele que não poderia fazer mais nenhuma intervenção cirúrgica e de que não havia nada a ser feito a não ser ir para casa e que, infelizmente, não teria muito mais tempo de vida. Pois é, não existe nada pior do que receber tal sentença, não é mesmo?

Paralelamente a isto, a 220 quilômetros daquele lugar, eu havia marcado uma cirurgia (nada grave), mas o médico que a realizaria teve que desmarcar, "por motivos de força maior". Quando consultei com ele para remarcarmos tal procedimento, decidi entender mais o que havia acontecido, quando ele revelou que sofrera um princípio de infarto, que foi identificado no momento em que realizava um exame cardíaco de rotina. Entrou em contato com um médico, o qual ele definiu como "o melhor cirurgião cardiovascular do país", para quem foi encaminhado imediatamente, para que realizasse uma cirurgia de emergência. Eu e minha mãe, ao ouvir aquela história incrível, pensamos ao mesmo tempo: "O Tio Geraldo!" Precisávamos tentar. Pegamos o contato deste cirurgião e, em poucos dias, estávamos levando-o para São Paulo, consultar com este médico. Na consulta, o médico não só disse que era possível sim realizar o procedimento, como afirmou que o caso era tão sério que meu tio poderia morrer no elevador daquele hospital. Precisava ser operado imediatamente.

A cirurgia foi feita com total sucesso e meu tio, que fora desacreditado por um médico e mandado para casa para esperar a morte, está vivo e passa bem até hoje, tudo isso fruto de *acreditar*. Sinceramente, se estas histórias não forem capazes de demonstrar a você o poder colossal que existe em "apenas" acreditar, eu não sei dizer o que poderia mudar sua opinião.

Eu só desejo, do fundo do meu coração, que este livro seja a ponte que você precisa para voltar a acreditar, se um dia perdeu esta capacidade, que coisas incríveis podem acontecer na sua vida, como aconteceu na minha e tem acontecido na vida dos meus alunos. Certamente, a principal marca de um *Bench*, dentre todas as competências que possui, é a incrível e irremediável *habilidade de acreditar.*

ETAPA 4: STORYTELLING

3º Ato: To Be Continued

S e sua vida fosse uma série da Netflix, quantas temporadas ela teria? Como você definiria o tema de cada uma delas? Na hora de contar sua história, lembre-se de que o fim é sempre uma oportunidade de um começo para uma nova história. E qual a próxima história que você deseja contar?

Diferentemente dos romances e do cinema, nossa vida não possui um roteiro pré-determinado. Pelo menos, não um que tenhamos completo conhecimento e controle. Que bom, não é mesmo? Escrevemos nossa história à medida que vivemos e tomamos decisões em prol do que queremos para nós e para quem amamos, a partir do que acreditamos sermos capazes de conquistar. Isto abre precedente para algo importante: não há desfechos definitivos. Nossa vida não para nos melhores momentos, nem nos piores. Eles viram memórias e histórias para serem contadas depois.

Uma venda não acaba em seu fechamento ou no "não" que o cliente te dá. Uma oportunidade não acaba no momento em que recebe a negativa ou quando é escolhido. Em ambos os casos, é somente um começo de mais um capítulo da sua história única de vida.

Quando nossos *Benchs* vêm alegres me contar que foram contratados, antes mesmo de dar os parabéns, tenho o hábito de dizer a eles: *"Vai passar"*. É muito fácil nos esquecermos disso. Tudo vai passar: momentos bons, momentos ruins, momentos alegres, dificuldades, crises... tudo passa. A consciência disto nos faz aproveitar cada um desses momentos, mesmo os mais desafiadores, porque eles também irão passar e é muito provável que sentiremos saudade deles também no futuro.

Na hora de contar sua história, lembre-se de passar a emoção, de estar presente para ela, de imprimir energia e vida no que fala. Viva com intensidade os momentos da sua vida e transmita isso a outras pessoas. Lembre-se que *vai passar*.

A alegria de ter escrito meu primeiro livro, as noites sem dormir para finalizá-lo para corresponder aos meus padrões pessoais de qualidade, a honra de saber que foi lido por você até o final(!), a felicidade a cada vitória de nossos *Benchs*, a cada realidade que ajudamos a transformar... *tudo isso vai passar*. Mas a semente disso vai permanecer, sempre que uma pessoa for transformada através de alguma contribuição que eu possa ter deixado para ela. Quem sabe até nesta leitura.

Eu quero te encorajar a fazer o mesmo. Nossa felicidade sempre estará no bem que fazemos ao próximo. Jamais seremos felizes e completos enquanto buscarmos a felicidade e realização apenas para nós mesmos. E é por isso que quero dizer a você: *sempre compartilhe o que te faz bem*. Se este livro fez a diferença para você, presenteie mais alguém com esta leitura. Dê a esta pessoa a oportunidade de transformar também a sua vida e você estará junto comigo nesta empolgante missão de deixar uma marca de bondade neste mundo. Este é o nosso jeito *Bench* de viver a vida. *Seja Bench sempre!*

AGRADECIMENTOS

Escrever um livro não é uma tarefa fácil, não mesmo. E eu jamais conseguiria sem a paciência de todos que conseguiram suportar minha ausência neste período. E é por isto que começo agradecendo à minha querida esposa Samira, que, além do suporte nas demandas da empresa, ela ainda conseguiu dar conta das coisas em casa, bem quando o Mateus tinha acabado de nascer! Agradeço à minha mãe, esta mulher excepcional, que sempre me coloca para cima quando eu acho que não vou conseguir ir mais além. Ela é uma empreendedora admirável. Sempre diz: "Vai dar sim, tem que dar!" Agradeço aos meus alunos que, além de confiarem em nosso trabalho, nos presenteiam com histórias e conquistas incríveis todo dia. Estão sempre honrando o nome que carregam no seu currículo e o transformando em algo ainda maior. Agradeço à equipe de colaboradores da BenchMarking, parceiros, amigos e torcedores, que abraçam nossa verdade e compartilham deste desejo de transformar definitivamente a vida de outras pessoas. Ninguém faz nada sozinho. Acima de tudo e de todos, eu agradeço ao Pai. Ele é tudo.

SOBRE O AUTOR

Celso G. Dias Jr.

Celso Dias é Administrador com MBA em Gestão Empresarial pela FGV. É CEO na BenchMarking Treinamentos, empresa especializada em formação de propagandistas vendedores para a indústria farmacêutica. A empresa já possui casos de sucesso de alunos contratados nos maiores e melhores laboratórios farmacêuticos em todas as partes do país. Celso também é dono do canal no YouTube Vida de Propagandista, o maior canal do Brasil dedicado a compartilhar conteúdos sobre a profissão. Possui experiência como mentor no evento Startup Weekend, sendo mencionado como mentor destaque em um deles. Acredita que sua grande missão é contribuir para a transformação da educação no Brasil e no mundo.

CONHEÇA TAMBÉM

Clique aqui ou aponte seu leitor de QR Code para o código a seguir para conhecer mais sobre nosso treinamento.

www.ingramcontent.com/pod-product-compliance
Lightning Source LLC
Chambersburg PA
CBHW071349210526
45465CB00001B/26